Historiæ Anglicanæ scriptores varii, e codicibus manuscriptis nunc primum editi. Volume 2 of 2

Historiæ Anglicanæ scriptores varii, e codicibus manuscriptis nunc primum editi. Volume 2 of 2

Multiple Contributors, See Notes
ESTCID: T152800
Reproduction from British Library
Editor's dedication signed: Josephus Sparke. With a list of subscribers. 'Vita sancti Thomæ Cantuariensis archiepiscopi, a Willielmo Stephanide, .. ' in vol.1 has a separate titlepage dated 1723, pagination and register. Vol.2 is entitled 'Historiæ Coe
Londini : typis Gul. Bowyer, M.DCC.XXIIV [1723]
2v. : ill. ; 2°

Eighteenth Century
Collections Online
Print Editions

Gale ECCO Print Editions

Relive history with *Eighteenth Century Collections Online*, now available in print for the independent historian and collector. This series includes the most significant English-language and foreign-language works printed in Great Britain during the eighteenth century, and is organized in seven different subject areas including literature and language; medicine, science, and technology; and religion and philosophy. The collection also includes thousands of important works from the Americas.

The eighteenth century has been called "The Age of Enlightenment." It was a period of rapid advance in print culture and publishing, in world exploration, and in the rapid growth of science and technology – all of which had a profound impact on the political and cultural landscape. At the end of the century the American Revolution, French Revolution and Industrial Revolution, perhaps three of the most significant events in modern history, set in motion developments that eventually dominated world political, economic, and social life.

In a groundbreaking effort, Gale initiated a revolution of its own: digitization of epic proportions to preserve these invaluable works in the largest online archive of its kind. Contributions from major world libraries constitute over 175,000 original printed works. Scanned images of the actual pages, rather than transcriptions, recreate the works *as they first appeared.*

Now for the first time, these high-quality digital scans of original works are available via print-on-demand, making them readily accessible to libraries, students, independent scholars, and readers of all ages.

For our initial release we have created seven robust collections to form one the world's most comprehensive catalogs of 18th century works.

Initial Gale ECCO Print Editions collections include:

History and Geography

Rich in titles on English life and social history, this collection spans the world as it was known to eighteenth-century historians and explorers. Titles include a wealth of travel accounts and diaries, histories of nations from throughout the world, and maps and charts of a world that was still being discovered. Students of the War of American Independence will find fascinating accounts from the British side of conflict.

Social Science

Delve into what it was like to live during the eighteenth century by reading the first-hand accounts of everyday people, including city dwellers and farmers, businessmen and bankers, artisans and merchants, artists and their patrons, politicians and their constituents. Original texts make the American, French, and Industrial revolutions vividly contemporary.

Medicine, Science and Technology

Medical theory and practice of the 1700s developed rapidly, as is evidenced by the extensive collection, which includes descriptions of diseases, their conditions, and treatments. Books on science and technology, agriculture, military technology, natural philosophy, even cookbooks, are all contained here.

Literature and Language

Western literary study flows out of eighteenth-century works by Alexander Pope, Daniel Defoe, Henry Fielding, Frances Burney, Denis Diderot, Johann Gottfried Herder, Johann Wolfgang von Goethe, and others. Experience the birth of the modern novel, or compare the development of language using dictionaries and grammar discourses.

Religion and Philosophy

The Age of Enlightenment profoundly enriched religious and philosophical understanding and continues to influence present-day thinking. Works collected here include masterpieces by David Hume, Immanuel Kant, and Jean-Jacques Rousseau, as well as religious sermons and moral debates on the issues of the day, such as the slave trade. The Age of Reason saw conflict between Protestantism and Catholicism transformed into one between faith and logic -- a debate that continues in the twenty-first century.

Law and Reference

This collection reveals the history of English common law and Empire law in a vastly changing world of British expansion. Dominating the legal field is the *Commentaries of the Law of England* by Sir William Blackstone, which first appeared in 1765. Reference works such as almanacs and catalogues continue to educate us by revealing the day-to-day workings of society.

Fine Arts

The eighteenth-century fascination with Greek and Roman antiquity followed the systematic excavation of the ruins at Pompeii and Herculaneum in southern Italy; and after 1750 a neoclassical style dominated all artistic fields. The titles here trace developments in mostly English-language works on painting, sculpture, architecture, music, theater, and other disciplines. Instructional works on musical instruments, catalogs of art objects, comic operas, and more are also included.

The BiblioLife Network

This project was made possible in part by the BiblioLife Network (BLN), a project aimed at addressing some of the huge challenges facing book preservationists around the world. The BLN includes libraries, library networks, archives, subject matter experts, online communities and library service providers. We believe every book ever published should be available as a high-quality print reproduction; printed on-demand anywhere in the world. This insures the ongoing accessibility of the content and helps generate sustainable revenue for the libraries and organizations that work to preserve these important materials.

The following book is in the "public domain" and represents an authentic reproduction of the text as printed by the original publisher. While we have attempted to accurately maintain the integrity of the original work, there are sometimes problems with the original work or the micro-film from which the books were digitized. This can result in minor errors in reproduction. Possible imperfections include missing and blurred pages, poor pictures, markings and other reproduction issues beyond our control. Because this work is culturally important, we have made it available as part of our commitment to protecting, preserving, and promoting the world's literature.

GUIDE TO FOLD-OUTS MAPS and OVERSIZED IMAGES

The book you are reading was digitized from microfilm captured over the past thirty to forty years. Years after the creation of the original microfilm, the book was converted to digital files and made available in an online database.

In an online database, page images do not need to conform to the size restrictions found in a printed book. When converting these images back into a printed bound book, the page sizes are standardized in ways that maintain the detail of the original. For large images, such as fold-out maps, the original page image is split into two or more pages

Guidelines used to determine how to split the page image follows:

• Some images are split vertically; large images require vertical and horizontal splits.
• For horizontal splits, the content is split left to right.
• For vertical splits, the content is split from top to bottom.
• For both vertical and horizontal splits, the image is processed from top left to bottom right.

HISTORIÆ
Coenobii Burgensis
SCRIPTORES
VARII,

E CODICIBUS MANUSCRIPTIS

Nunc primum Editi.

Historia non Oſtentationi ſed Fidei Veritatique componitur Plin. l. p.

LONDINI·

Typis GUL. BOWYER. M.DCC.XXIIV.

AMICO & PATRONO

Mihi summe colendo

JOHANNI BRIDGES

De Barton Segrave in Agro Nort-hamptoniensi Armigero,

Hospitii Lincolniensis socio.

SCRIPTORES rerum Anglicarum Petroburgenses nunc in lucem producti Te, vir ornatissime, tandem salutatum veniunt; qui primo editorem hortatus es illos sub praelum mittere, & deinde consiliis & sumptibus

a

DEDICATIO.

fumptibus adjuvifti   Exemplaria etiam duo
præbuifti ex locupletiffimo codicum penu,
quem ad opus illud tuum de agro Northam-
ptonienfi inftruendum, parafti. Tibi quoque
hæc ideo dicata velim, quippe quia cum
multi fint minus attente rem fpectantes, quibus hujufmodi ftudia fterilia & inania vi
deantur, tandem aliter fentire poffint, quando Te hominem polite literatum artibufque
bonis inftructum, omnique negotio parem,
noftris favere viderint conatibus, dum fcriptores hofce in angulo cœnobii olim latitan
tes, e tenebris eruamus, fperantes aliquid
inde lucis hiftoriæ Anglicanæ affufum iri.
Rudes quidem funt & incompti; at nuda
& fimplex rerum geftarum narratio præ fe
fert imaginem quandam veritatis, & metu-
endum eft ne artis affectatione incruftetur
vas fincerum, & nativæ illi pulchritudini
fucus obducatur.

Apud prifcos, tefte Cicerone, hiftoria
nihil aliud fuit quam annalium confectio
memoriæ retinendæ caufa, & fcriptores exi-
les non res exornarunt, fed tantummodo
narrarunt, ut apud Græcos Pherecydes, Hel-
lanicus, aliique, apud Romanos Cato, Pictor
& Pifo. Hujufmodi autores opera noftra
typis mandatos judicio publico fiftimus; at
que eos tibi omnibufque antiquitatis ftudi-
ofis haud ingratos fore fpero; præfertim
cum

DEDICATIO.

cum fumma diligentia, ut perquam emen-
date, ne dicam ornate, id ut fieret, curaf-
fem, tua in primis Bibliotheca ne prorfus
indigni cenfeantur, ubi non nifi quod in ge-
nere fuo fupra mediocre fit, locum merea-
tur ; ubi omnia utilia & ornata, multa rara,
quædam etiam mufeo principum digna
Quid dicam de Oratoribus, Poetis, Criticis,
cæteris Philologis, qui ficut flores maxima
varietate hortum tuum librarium commen-
dant? at has juventutis tuæ olim delitias,
quæ animum recreant potius quam inftruunt,
jamdudum folidis gravioris vitæ folatiis poft
pofuifti, hiftoriæ fcilicet & antiquarum re
rum ftudio   In hujufmodi libris conquiren-
dis nec diligentiæ nec pretio pepercifti, unde ad Te affluxerunt ex atriis auctionariis &
bibliopoliis, tum peregrinis tum domefticis,
præftantiffima quæque Romanorum & Græ-
corum monumenta ubivis gentium edita.
Hinc Tibi adfunt fcriptores optimi & rarif-
fimi e Gallis, Italis, & Hifpanis, adfunt e-
tiam infigniores inter Belgas, Germanos,
Suecos & Danos ; eaque propter Hiftoricos
illos collegifti non folum ut extranea & pere-
grina ad notitiam tuam perveniant, fed ut
noftra melius illuftrentur: Inter Gallos cte-
nim & Boreales autores plurima fefe offerunt
gentis Britannicæ five incunabulis five mere
mentis cognata   In id autem præcipue ferio
                              incumbis,

DEDICATIO.

incumbis, ut noftratium hiftoricorum Tibi
fuppetat plena copia Horum fcientix falu-
bri & frugiferx maxime intentus, debere
credis tuo erga patriam amori, ne quid foru-
lis tuis defit utile aut curiofum, ad intimam
rerum Britannicarum & prxcipue vetufta-
rum cognitionem; ideoque Bibliotheca tua
in aliis pretiofa, in his magnifica & fplendi-
da cernitur.

Inde lubet apud Te mirari peritiffima
illa Chalcographicx artis fpecimina, urbium,
templorum, & xdificiorum profpectus vel
virorum imagines exhibentia, prxfertim ab
Hollaro aliifque egregiis artificibus confecta,
qux vetuftatis faciem melius confervant &
ad vivum exprimunt.

His divitiis fuperbit Mufeum tuum in
hofpitio Lincolnienfi, & his villa tua Barto-
nenfis viris eruditis arridet; ubi in otio &
feceffu, qui Te Tibi reddit, libris gaudes tanquam comitibus, & ftudio antiquitatis deditus veteris xvi monumenta magno fumptu
cum ex archivis & codicibus tum ex hominum ore variis itineribus collecta, prx cxte-
ris ea qux ad Northamptonienfia pertinent,
in ordinem digerere laboras & opus matu-
rare jamdiu ab amicis magnopere efflagi-
tatum.

Eandem nimirum curam & folicitudi-
nem his ftudiis impendis, qua olim ufus es

in

b

DEDICATIO.

in muneribus publicis obeundis, postquam
gratia regia negotiis Portoriorum te admo-
vit, in litibus contra fontes profequendis
primo Procurator affiduus, deinde adfcribi
meritus es ordini eorum qui telonio præ-
fuerunt. At quanta cum laude hæc officia
exercuifti, nec mihi qui tali provinciæ fum
impar licebit dicere, nec fi fcirem, quæ tua
eft modeftia, permittes

Hoc nido invidia temporis, poft fervitium plufquam novendecim annorum, te
excuffit, & invitum traxit vis amicorum
importuna in officium Quæftoris Cenfuum
a Zytho provenientium, ubi velut qua-
drupes conftrictus vinculis graviffimæ cau-
tionis, facultates tuas periculo aliorum fidei
fubmittis, & faxum volvis vere Sifyphium.
Brevi ab hoc ergaftulo liberatus, & tandem laboribus publicis honefte defunctus,
in hæc otia erudita tanquam in portum te
recepifti, ubi ab omni adulatione & par-
tium ftudio alienus, tibi ipfi feorfim a
vulgo plaudere potes cum Horatio tuo,

— — Vivo & regno, fimul ifta reliqui,
Quæ vos ad cœlum effertis rumore fecundo.

Hinc tibi etiam congruit Ennianum illud,

DEDICATIO.

Ea eft libertas, qui pectus purum & firmum
  geftitat,
Aliæ res obnoxiæ nocte in obfcura latent.

Cum pro tua in me prona benevolentia
mihi femper in melius confulere foleas,
veniam dabit modeftia Tua, Vir Doctif-
fime, fi in hoc loco commemorem, quæ
de Johanne quodam Burgenfi Hiftorico mo-
nuifti, cujus a Lelando aliifque Biographis
Britannicis facta eft mentio Recte quidem animadvertis meum de ifto viro, feu
vero feu ficto, filentium, ubi de Chronico
Johannis abbatis differui Agnofco enim
nonnullos eruditos auctoritati Lelandi nimium fidentes, quicquid ille dicit de Johanne Burgenfi, temere de altero intel-
lexiffe, cum Collectanea ipfa, quæ Lelandus ex iftius Chronico excerpfit, manifefte
oftendunt eum longe a Johanne noftro di
verfum fuiffe, nec Annales ulla in re inter
fe convenire, & quæcunque Balæus & ex
eo Pitfeus tradunt, quafi Burgenfis ille an
no mccxi claruerit, eidem Lelando plane,
pro eorum more, afficta funt In fimilem
errorem inciderunt viri eruditi Gerardus
Voffius & Johannes Jofcelinus, & harum
rerum multo peritior Gulielmus Nicolfo-
nus,

4

DEDICATIO.

nus, Venerabilis Episcopus Derriensis, cum res sit notissima nullum Petriburgensem abbatem nomine Johannis in toto saeculo decimoquarto aut floruisse aut vixisse, & in Lelando de aevo aut catalogo scriptorum ejus autoris ullam nec volam nec vestigium invenire liceat Recte igitur judicas, quod etiam idem Venerabilis Episcopus Derriensis innuit, de Johanne abbate Buriensi haec debere intelligi, in cujus Annalibus referuntur Historica quaedam ad Robertum Capitonem seu Grosteste, celeberrimum illum praesulem Lincolniensem pertinentia; videlicet de inimicitia papae Innocentii quarti adversus eum, & de exhumando ejus cadavere, &c. Hoc modo Lelandus sibi constabit tum in Commentariis tum in Collectaneis, in his enim citantur eadem Historica veluti e Johanne Burgensi excerpta, in illis veluti a Johanne Buriensi seu Edmundoburgensi conscripta, quae in utrisque ipsi Lelando a quodam Montjoio mutuo dari asseruntur Inde conjicere licet levi quadam literae mutatione errorem hunc ortum esse, & ex una duas personas confectas. Sed his de rebus alias forsan agendum erit

J A M ut amicorum tibi vota expleantur, ut multos annos prospera valetudine utaris,

quo

DEDICATIO.

quo patriæ in decus & utilitatem incœpta
perficias, diuque eruditæ & ingenuæ artes
Tuo exemplo Teque fautore fruantur, ex
animo vovet

Tui Cultor Studiofiſſimus

JOSEPHUS SPARKE

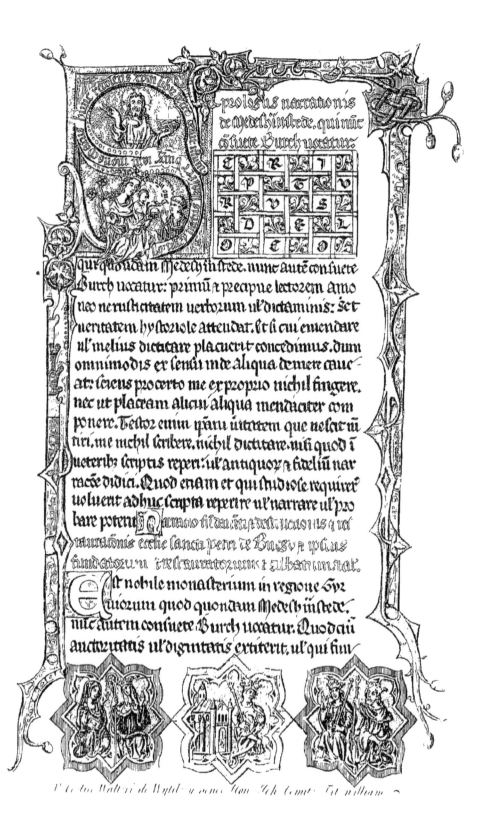

datores, & conftructores, vel reftauratores ipfius fuerint, dicemus; fed primitus de fitu loci pauca dicamus Gyivii vocantur
hii, qui juxta paludem, vel infra paludem habitant Nam
Gyr Anglice, Latine profunda palus dicitur. Ex inundatione
enim, vel ex fuperfluitione amnium ftans aqua inæquali terra
profundam paludem efficit, [a] atque ita inhabitabilem reddit,
præter quædam loca altiora, quæ credo, quod ad hoc Dominus
illa extulit, ut habitacula fierent fervorum Dei, qui ibi habitare
elegiffent. Habitant autem intra paludem in talibus locis Ra-
mefienfes, Torneienfes, Ciulandenfes, & plurimi alii, ad quos
accedi nullo modo, nifi navigio, poteft, præter ad Ramefiam
ex una parte laboriofe operatum Ely autem eft infula in eifdem
finibus conftituta, feptem milliaria longa & totidem lata, con-
tinens in fe xxii villas, undique paludibus & aquis circumdata,
fed tamen tribus pontibus honorata

BURCH vero in regione Gyiviorum eft fundatus, quia ibi incipit eadem palus in orientali parte, quæ per milliaria fexaginta,
vel amplius durat Eft autem eadem palus hominibus per maxime neceffaria, quia ibi accipiuntur ligna, & ftipula ad ignem,
& foenum ad pabula jumentorum, & coopertorium ad domos
cooperiendas, & plurima alia neceffaria, & utilia, & eft ferax
avium & pifcium Sunt enim ibi diverfi amnes, & plurimæ
aquæ, & maxima ftagna pifcofa, eftque regio in huis rebus a-
bundantiffima. Idem autem Burch in optimo loco eft con-
ftructus quia in una parte, palude & aquis optimis, in alia vero, terris, fylvis, pratis, & pafcuis plurimis honoratur, eftque
ex omni parte formofus, & per terram acceffibilis, præter ad
orientalem plagam, per quam, nifi navigio, non venitur Præ-
terfluit etiam juxta Monafterium amnis Nen in auftrali parte,
quo tranfmeato liberum habet ire, quo quifque vult continuo

Mirabile de Nen.

IN hujus amnis medio eft locus, quafi quædam vorago, qui
tam profundus, & frigidus eft, ut in media æftate, cum folis
calor camino videtur effe ferventior, nullus natantium ejus ima
adire poffit, nec tamen unquam in hyeme gelatur Eft enim
ibi fons, ut dicunt, unde ebullit aqua. hunc locum Medefuuelle an-

---

[a] Atque ita inhabitabilem reddit, *defunt* **W.** perperam

tiqui appellarunt, a quo primi fundatores ipsius Monasterii, quia juxta Monasterium est, Medeshamstede vocaverunt. Nam sicut Ely a copia anguillarum, quæ in paludibus, & in aquis capiuntur, & Thorneya, propter spineta ibi succrescentia, & Cjulandia, propter crudam terram, sunt dictæ, ita Medeshamstede ab illo loco, sicut diximus, nuncupabatur. Sed staurarores ipsius, sicut infra dicemus, eum melius Burch vocaverunt. Hunc igitur locum videntes primi fundatores ipsius tam egregium, tam perspicuum, tam amœnum, tam aptum, arque fertilissimum, & jocundissimum, omnibusque rebus uberrimum & formosissimum, & quasi paradysum in terris sibi a Deo oblatum, Monasterium ibi fundaverunt, non qualecunque, sed secundam Romam, vel filiam ipsius Romæ in Anglia constiuere [b] decernantes.

Et ut invidiam malevolorum & verba detrahentium, qui hoc contradicere volunt, vitemus, pauca de privilegiis illius loci, quæ Romæ firmata sunt, vel nomina eorum, qui hoc Monasterium fundaverunt, dicamus. Fuerunt tres fratres, id est, Peada, Wlferus, & Ethelredus, singuli Reges Christianissimi, filii, scilicet, Pendæ Regis paganissimi, interfectoris sanctissimi Oswaldi Regis, & martyris. Hii enim illud Monasterium cum sororibus sacris Kyneburga, & Kynesuwitha, quæ ibi modo requiescunt, & cum Oswio Rege a fundamentis construxerunt, & præ omnibus aliis privilegiis & terris auro & argento atque variis ornamentis amplissime ditaverunt.

De Peada Rege, quomodo dictam Ecclesiam fundavit, & de [c] moribus ejus.

ANNO igitur ab origine mundi V M octingentesimo, & ab incarnatione Domini [d] sexcentesimo quinquagesimo quinto, ab adventu vero sancti Augustini quinquagesimo octavo, mediterranea Anglia fidem Domini suscepit, sub Principe, & Rege Peada, biennio ante mortem Pendæ. Sanæ fidei opera non negligens idem strenuissimus, & Deo & hominibus amabilis, Rex Peada. Sed semen divinum, quod in cor ejus seminatum

[b] Decernentes S.   [c] Morte W. rectius.   [d] DCLXXV Cod. Cot. &
J. Landi Collectanea, sed perperam. S. & W. habent DCLV

erat,

erat, ad fructum bonæ maturitatis pervenit: Cœpit itaque fæpedictum monasterium summo studio cum Oſwio Rege, & cum devotiſſima plebe, quæ nuper fidei ſacramentis erat imbuta, per Saxulfum virum potentiſſimum a fundamentis ᶜ conſtruere. Immaniſſimos itaque lapides in fundamentis cœpit jacere, quales octo paria boum, vix unum traherent, quos & nos vidimus, cum eſſet combuſtum & deſtructum ipſum monaſterium, ut domus Dei firmiter ſtaret ſupra firmam Petram ædificata. Sed heu, proh dolor! cœptum opus perficere non potuit. Inimicus enim humani generis, invidens conſtantiam boni operis in adoleſcente, inſtigavit adverſus eum ipſam naturam, per quam nobis paradiſi gaudium abſtulit, uxorem ſcilicet ſuam, Alfledam filiam Oſui Regis, fratris ſancti Oſuualdi Regis & martyris, quæ, in ipſo tempore teſti Paſchalis, ipſum valde nefarie prodidit, & ᶠ peremit. Non recordata eſt ſanctitatem, & prudentiam parentum ſuorum, ſcilicet ſancti Oſuualdi avunculi ſui, & Oſuu patris ſui, nec non & Alhfridi fratris ſui, qui ſororem ipſius Peadæ, ſanctam Kyneburgam, in conjugem habebat, & multum eam diligebat. Sed ubi virtus Domini adeſt, ibi nihil valet Sathanæ malignitas.

De Rege Wlfero.

NAM, ubi frater ejus Wlferus regnum ᵍ adeptus eſt, bonum opus, quod frater ejus bene inchoaverat, ipſe diligere, honorare, terris & aliis rebus ditare, ac per ipſum Saxulfum, virum ſtrenuiſſimum & religioſiſſimum, & tam mundanis quam eccleſiaſticis rebus doctiſſimum, cœpit inſtantiſſime ædificare, adjuvantibus ſibi fratre ſuo Etheldredo & ſacris ſororibus Kyneburga & Kyneſuuytha. Monaſterio autem nobiliſſime vel glorioſe condito, & ædificato, ipſi, qui optinet principatum cunctarum eccleſiarum, & claves regni cœlorum, ſcilicet beato Petro, tanquam eccleſiæ primitias, conſecraverunt, & commendaverunt, ʰ quatenus eos ſolveret nexibus peccaminum, & aperiret portas regni cœlorum. Noverant enim ipſi datum eſſe, quod nulli alii ante ipſum, nec poſt ipfum ita tam fpecialiter & principaliter datum eft, ficuti ipfi ab ipfo Salvatore mundi dictum eft. " Tu es, inquit, Petrus, " & fuper hanc petram ædificabo ecclefiam meam, & portæ in- " ferni non prævalebunt adverfus eam, & tibi dabo claves reg- " ni cœlorum. Et quodcunque ligaveris fuper terram, erit li- " gatum & in cœlis, & quodcunque folveris fuper terram, erit " folutum & in cœlis ' Et ficut per ipfum principatum optinet Roma, ita & per ipfum filia ipfius Romæ libertatem, & prin- cipatum obtineret in Anglia

Saxulfus primus Abbas.

MUltitudinem vero fratrum ibi coadunaverunt, & 1 di- vinam monachorum familiam bene difpofuerunt Un- dique concurrentes clerici nobiles & ignobiles, quique & fi- lii nobilium illuc, ad Dei fervitium, abbatem eis præficientes ipfum Saxulfum, virum fapientiffimum Et ne, per inopiam, Deo fervire defifterent, omnem copiam, & habundantiam in mundanis rebus eis attribuerunt, & auctoritate extulerunt. Ipfe vero præfatus rex Wlferus, ipfam cœleftis clavigeri do- mum in Medefhamftede auctenticam, ac fi 2 Romam coluit ecclefiam, regia largitate, qua finitimas illuftraret ecclefias, provexit æternam libertatem, ne cui regia fponfa ferviret, donavit, circumcirca terras & aquas ei fubjugavit, fines pof- feffionum, feu extenta linea, attribuit, quæ fua propria erant, dono donavit, quæ vero aliena, vel optimatum, vel etiam comitum fuorum, aut mutuatus eft, aut de proprio emit, & fagacitate abbatis Saxulfi privilegiis & auctoritate propria ficut & fucceffores fui corroboravit 3 Hii 4 funt itaque termini poffeffionum, & ftagnorum, & paludum, & lacuum, & pif- caturarum, & terrarum, & omnium infra jacentium, qui, in ipfis privilegiis fcripti, & per ipfa, eidem monafterio con- tulit, ut in perpetuum libere famulentur Deo famulantibus. Ab ipfo Medefhamftede ad Norburch, & inde ufque ad locum quem vocant Folies, & inde totam paludem in directum uf-

---

1 Domino S deeft in W & C 2 Romam W 3 Qui vero & quanta dicto monafterio contulit, in carta ejuldem Regis, quæ prima eft omnium cartarum, plenius poffunt apprehendi, S 4 *Defunt ab* Hii funt *ufquead* Inter hæc vel cribilis puter Saxulfus, in pagina fequentia, Cod S habentur tamen in Wh

Vol II.   C   que

que ad Efendic; & de Efendic, ad locum quem Fethermute dicunt, & inde in directum ufque ad locum, via decem leugia-
rum, quem Cuggedic nominant, & inde ad Raggemulc, & de
Raggemulc quinque milliariis ad magiftiam aquam quæ ducit
ad Elm & ad Uvifebeche, atque inde ficut itui tribus leugiis,
contra cuifum magiftiæ aquæ, ad Tiechenholt, & de Tiechenholt in directum per immenfam paludem ad Deicnoide,
longitudine viginti leugaium, & inde ad i Giecefcios, & inde per
unam pulchram aquam Beadanea nomine fex leugiis ad Pac-
celade, & fic in mediis partitis ftagnis pluiimis & immenfis
paludibus cum habitatoribus Huntedunenfis provinciæ, una
cum ftagnis & lacs Scelfiemeie & Wiclefmere, & aliis quam-
pluiimis ad hæc peitinentibus, cum teiris quoque & manfio-
nibus quæ adjacent in auftrali paite Scelfiemeie, & cum infra
septa undique palude ufque ad Medefhamftede, & inde ufque
ad Welmesfoid, & de Welmesfoid ufque ad Clive, & inde ad
Eftun, & de Eftun ad Stanford, & de Stanford ficut aqua de-
cuiiit ad fupiadictam Noibuich Hæc itaque idem iex, ficut
iegalitei tenuit, ita effecit libeia, ut ab omni feivitute abfoluta,
libeirima poffideiet ipfa ecclefia, tanquam regina non tanquam
famula Adhuc etiam in ipfis piivilegiis præcepit, ut beato
Petio fibi piincipante piincipalis in fua iegione & fpecialis
Romana fit ecclefia Et hic quæiant vel quærent ipfum pa-
tiionum, qui Romæ non poffent Et alia monafteria, quæ
ex ipfo monafterio affuigeient, cum aliis finitimis ecclefiis
quæ deinceps geneiaentui, huic piincipali ecclefiæ, tanquam
fœcundæ matiis filias, commendavit

Quomodo Saxulfus fundavit Monafterium de Ancarig quod nunc vocatur Thorney.

INTER hæc veneiabilis patei Saxulfus habens monachos
anachoretica converfationis amatoies, fuggeffit regi cum
eifdem fiatiibus, velle fe quidem Dei nutu & ipfius affenfu mo-
nafteiium in ipfa fubjacente heiemo cum heiemiticis cellulis
conftiueie, in loco qui jam nomen acceperat Ancaiig, 2 id eft

---

1 In ipfa Wulfici caita fciibitur Gratefcros, ficut intia Bardanea pro Beadanea.
2 id eft Toineya *bene defunt in* Sw *fed* Wh *inferit*

TORNEYA. Quibus rex dulciſſimo eloquio libentiſſime annuit, dicens. Quod ſemel, inquit, vobis perpetuavi, etiamſi ad alios veſtros uſus converteretis, non habuiſſem contradicere; quanto magis cum id propoſueritis in ædificationem eccleſiæ, & in augmentationem religionis divinæ. Immo ego faveo & laudo, ut perficiatur eo loci hæc bona ædificatio, & laudabilis voluntas veſtra, juxta 1 veſtram ditionem in Domino laudetur. Hæc & alia permulta 2 privilegia ipſa idem devotiſſimus & ſapientiſſimus rex confirmavit & corroboravit in concilio, præſente apoſtolico patre Deusdedit, qui ſextus a beato Auguſtino Dorobernenſi cathedræ præfulgebat· conſentientibus, ſubſcribentibus, amplectentibus, annuentibus, ſubnotantibus, approbantibus, aſpirantibus, affectantibus, benedicentibus, & conclamantibus, 3 Oſwio rege Northanhymborum, qui illud monaſterium cum Peada, ſicut diximus, inchoaverat, & Sighero rege auſtralium Saxonum ipſi regi Wlfero ſubjecto, & Sebbi rege orientalium Saxonum ſimiliter eundem Wlferum habente prælatum, & Etheliedo fratre regis, & Kyneburga & Kyneſuuytha ſororibus regis, & Deusdedit archiepiſcopo, & Ithamer Roſenſi epiſcopo, & Wyna Londonienſi epiſcopo, & Jeruman Merciorum epiſcopo, & Tuda epiſcopo, & Wilfrido & Eoppa presbyteris, & Saxulfo abbate, & omnibus comitibus & principibus totius Angliæ. Omnes itaque iſti una voce & concordi voluntate anathematizaverunt, ipſo rege dicente & archiepiſcopo legente ipſam excommunicationem in hunc, quicunque hæc, quæ noſtra vel cæterorum fidelium donatione beato Petro conſecrata ſunt, auferre vel diminuere præſumpſerit, ipſe janitor cœli diminuat ejus partem in retributione æterna, ejus vero qui hæc largius auxerit, augeat ei Deus gaudia ſempiterna, omnibus vero reſpondentibus amen, dimiſſum eſt concilium. Sancitum eſt hoc privilegium anno Dominicæ incarnationis 4 ſexcenteſimo lxiv Wlferi regis ſeptimo, Deusdedit 5 archiepiſcopi Cantuarienſis nono, quod nullius inſana & punienda cupiditas violet.

SEDIT autem religioſiſſimus Saxulfus abbas, & doctor mediterrancorum Angloirum & Merciorum 1, donec in Epiſcopum

1 affumptus eft, docens incredulos, baptizans credentes, habens difcipulos, intus monachos religiofos, foras propagandæ fidei magiftros, poft fuum principale monafterium parturiens & ædificans fuffraganea cœnobia & alias ecclefias, tanquam hujus fœcundæ matris filias.

PRÆFUIT etiam idem gloriofiffimus rex decem & feptem annis genti Merciorum & mediterraneorum Anglorum, & quia fe fideliter Chrifto fubdidit, undique vicini reges erant ei fubditi Nam & orientalium & auftralium Saxonum reges Sigherius, & Sebbi cum cæteris ei fubjecti erant Habuit vero a fufceptione fidei gens mediterraneorum Anglorum fub Peada primum epifcopum 2 Dyuma, fecundum Ceollach, tertium Trumhere monachum tempore Wlferi, quartum Jaruman, quintum Ceddan, fextum Wynfridum, feptimum Saxulfum, qui erat, ficut fanctus Beda dicit in hiftoriis Anglorum, abbas & conftructor monafterii Medefhamftede in regione Gyruiorum. Pro quadam enim caufa inobedientiæ 3 depofitus Wynfridus de Epifcopatu a beato Theodoro archiepifcopo, omnium confenfu regis & cleri & populi univerfi, flentibus & mœrentibus ejufdem monafterii fratribus, eligitur Saxulfus ad epifcopatum mediterraneorum Anglorum & Merciorum fimul & Lindisfarorum 4 Sed ne grex Domini abfque paftore diu fluctuaret, omnium fratrum electione & Saxulfi confenfu & voluntate,

Cuthbaldus,

CUTHBALDUS ejufdem monafterii monachus abbas conftituitur, vir religiofiffimus & fapientiffimus Et non folum ibi fed circumquaque & per plura loca abbatem fibi inde expetebant, felices & beatos fe arbitrantes propter religionem & auctoritatem, fi contigiffet eis vel abbatem vel monachos ex ipfa prima matre fua accipere, qui eos diligenter inftruerent & fibi præeffent Unde factum eft ut ex ipfo monafterio plura alia funt condita, & de eadem congregati-

---

1 Dunelmia Wh   2 Dwym S Duma Wh   3 DCLXXV
obiit Wulferus Rex & Saxulfus factus eft Epifcopus   4 Nunc Dunelmiæ
W fupra voce Lind

one

one monachi & abbates conftituti, ficut ad Ancarig quod modo 1 Torneia eft dictum, & ad Brickleſuuitha & ad Bredun, & ad
2 Wermundeſeya, & ad Repingas, & ad Wochingas, & ad
plura alia

Poſt Wlferum autem Etheliedus frater ejus regnum adeptus eft, qui non ſolum diligere idem monaſterium, ficut fratres ſui, fed etiam præ omnibus aliis, terris & privilegiis ho-
noraie & auctorizare cœpit. Nam per Wylfridum archiepiſcopum reverentiſſimum quæcunque ipſe vel prædeceſſores
ſui ipſi monaſterio contulerant, ipſe Romæ confirmare & corroborare auctoritate apoſtolica curavit, præcipiens ſuum privilegium fraterno teſtamento adjungi, atque unicum votum in
unum corpus redigi ad perpetuam videlicet monaſterii ſtabi-
litatem Quod per ſanctum Agathonem papam auctorizatum
& confirmatum 3, & per ſanctum Wylfridum deſtinatum eſt,
ut in ſequentibus dicemus Illud autem privilegium ita incipit

Privilegium Agathonis Papæ.

GLORIOSISSIMO filio regi Merciorum Etheliedo, fratribus quoque & coepiſcopis Theodoro Dorobernenſi,
& Saxulfo mediterraneorum Angloium & Merciorum epiſcopo, cæteriſque conſacerdotibus, Agatho ſervus ſervorum Dei
in Domino ſalutem Et poſt multa, 4 quæ ad laudem ipſius
eccleſiæ & regis & cæterorum fundatorum ſcripfit, adjunxit
Annuimus pia veſtræ petitioni quatenus prædicta eccleſia in
Medeſhamſtede Romana fit & apoſtolica, ubi beatum Petrum
nobis quidem corpore, vobis vero ſpiritu ſemper præſentem
poſſideatis, ubi & a vobis, & in toto regno veſtro, ac fi Romæ
ſequaratur, & piis veneretur votis fidelium, & ficut regia auctoritate regia, ita apoſtolica confirmatione fit apoſtolica, ſi
ab omni ſervitute ſæculari libera, ita videlicet ut quemadmo-
dum vos dictaſtis, nec rex, nec epiſcopus, nec præſes aliquis

---

1 Thorney 1 W   2 Wermundileu S   3 omnia ſequentia defunt
in Sw *uſque ad* Et ſancitum eſt aſſentiente concilio, p 11 Whitleſeye vero hoc privile
gium ſuo codici inſeruit   4 quæ quidem omnia edidit S Gunton in Hiſt
Petroburg p 123 integrum vero hoc privilegium invenies in monaſtic Anglican
tom 1 p 66
Vol II   D   abbati

abbati ipſius, poſt electionem eccleſiæ & regis aſſenſum, quicquam terreni oneris injungat, non cenſum, non tributum.
Non milicia, non aliqua unquam ſervitutis occaſio de omnibus rebus ad eccleſiam ipſam pertinentibus, vel in magno,
vel in minimo, ab ullo exigatur, quatenus ſub rege ſuo de-
fenſore, non tyranno, libere Chriſto ſoli deſerviat Epiſcopus quoque diœceſeos, non typo prælationis, ſed officio caritatis,
huic ſe impendat, abbatemque ipſius ac ſi Romanum legatum, &
comminiſtrum evangelii habeat, & ſecundum ſibi ſocium æſti-
met, non ſubjectum. Nullum vero potentatum in hoc monaſterium præripiat, nec ordinationem ibi, nec quodlibet officium ſine abbatis favore arroget, ſed neque ab ipſis intimis
& peculiaribus locis, & parochiis, vel in omni privilegio ipſius
juris quicquam præter ejuſdem abbatis aſſenſum accipiat, vel
faciat, nequa ſcilicet abuſione pacem perturbat gregis domini-
ci, quales ſcandalizare eſt cum mola aſinaria in profundum
dimergi. Ubi autem electus ex ipſa congregatione abbas or-
dinandus erit, ab archiepiſcopo Dorobernenſi Romani pontificis vicario, aut a quo ipſe modo i efficatiori juſſerit, rege favente, ordinetur, nec parochianus pontifex, ſive ipſe, ſive a-
lius aliquis, prædicta duntaxat autoritate ordinaverit, quicquam
in eum præter fraternitatis obſequium præripiat Hanc eccleſiam cæteris imperii veſtri monaſteriis, quæ modo aſſurgunt,
vel deinceps in omnem poſteritatem naſcentur, tanquam religionis primitias excipimus, quatinus apoſtolica gratia ſuique
Petri, veſtræque promotionis prærogativa præſtet cæteris a
Tamenſe fluvio, 2 ſicut & orta perhibetur mater primaria
Abbas quoque ejus reliquis arctox plagæ prior habeatur, &
in omnibus conventibus anterior ſedeat, ita duntaxat, ut
ad ſacra fidei, religionis, caritatis, & concordia compaginem,
loco primogeniti, & vice Romana affectuoſe præluceat conſra-
tribus, non imperet Sed & in aula regia, & regalibus con-
ſiliis ſicut monaſterii præſtantia exigit, laudamus, ut primus
vel inter primos adhæreat regi, & exemplo Saxulfi omnes ſucceſſores opportune, ſeu importune regem frequentent, religioſa
converſatione a terrenis revocent, ad cœleſtia erigant, ad
pietatem, ad juſtitiam, ad Dei cultum hortatu crebro accen-
dant Hanc quoque ad veſtrum votum non ſolum voluntarie,

verum etiam neceſſaric concedimus benedictionem huic apo-
ſtolicæ eccleſiæ, quatenus tam vos quam cæteri populi veſtri
imperii, totius quoque Britanniæ, ſed & proximorum regnorum nationes, quicunque vel viæ longinquitate, vel varia ne-
ceſſitudine præpediti Romæ beatum Petrum in urbe ſua reviſe-
re non ſufficitis, hic eum ſpiritu vobis cohabitantem plena
fide requiratis, hic vota perſolvatis, hic abſolutionem peccatorum & apoſtolicam benedictionem per ipſum ligandi atque
ſolvendi principem, fideliter ſperetis, & juſta deſideria cum
precibus exaudiri, ac cœli januam vobis aperiri credatis Hæc
igitur & cætera quæcunque ſunt, tam a vobis, quam a fratribus, & anteceſſoribus veſtris huic monaſterio in æternam
hæreditatem, libertatemque perpetuam donata, ac privilegiorum ſanctionibus perhenniter commendata, quæcunque etiam
in poſterum, aut a vobis, aut a ſucceſſoribus veſtris, vel a
quibuſlibet perſonis uſque in finem jure tradentur, omnia ſcilicet ſecundum veſtram poſtulationem apoſtolica beati Petri
auctoritate confirmamus, & ita hæc obſervanda ab omnibus
regibus, & principibus Britanniæ conteſtamur, ſicut ipſum
cœli janitorem timent offendere. Siquis autem hæc in a-
liquo, quod abſit, violare præſumpſerit, cujuſcunque poteſta-
tis aut ordinis ſit, excommunicatorio ipſius ſancti Petri gladio, niſi emendaverit, excidatur Qui vero cuſtodierit, quique res eccleſiæ amplificare maluerit, ipſius clavigeri gratia
ſuſcipiatur, & ſicut infernus raptoribus, ita defenſoribus para-
diſus aperiatur 1 Scripſit quoque idem papa in eodem privilegio ad eundem regem, & ad reverentiſſimum archiepiſcopum
Theodorum, & ad Saxulfum epiſcopum, ut ſecum regiam, &
apoſtolicam ſæpe dictæ eccleſiæ libertatem corroborarent, &
indelibiliter ſubſcriberent, & anathematizarent, quicunque hæc
violarent

Hoc privilegium ſancitum & confirmatum eſt a ſancto papa Agathone, & ſancitum eſt aſſentiente concilio centum viginti
quinque epiſcoporum anno Dominicæ incarnationis ſexcenteſimo
octogeſimo, & per ſanctum Wylfridum 2 archiepiſcopum de-

---

1 Huic ergo definitioni regia dignitas veſtra ut veſtram majeſtatem decet indi-
libiliter ſubſcribat ┼ tua quoque devotio reverentiſſime Theodore. ſimiliter & tui
curtis fratri Saxulfi. & in Swapham Regiſt. fol 84   2 archiepiſcopum
deeſt in Sw ſed W inſerit

ſtinatum

ſtinatum eſt 1 ; poſtea vero approbatum ab archiepiſcopo Theodoro, in concilio celebrato in campo 2 Hetfelda, ipſo rege gratanter & devote cùm regali auctoritate has terras & poſſeſſiones cum omnibus rebus ad eas pertinentibus beato Petro ad præfatum Medeſhamſtede monaſterium tradente, anathematizante, & obſecrante, ut apoſtolico gladio animadverterentur quicunque de hiis, aut de omnibus rebus ad ipſam eccleſiam appendentibus, quicquam detraherent. Hoc eſt, Biddun, 3 Repingas, Cedenac, Suineſheved; Heanbyrig, Lodeſhale, Scuffenhalch, Coſtesford, Stictford, Wetelleburna, Luſgerd, Hethelhuniglond, 4 Barchanig   Hæc inquit beato Petro regaliter habita, regaliter concedo, habenda in perpetuam hæreditatem atque liberrimam eccleſiæ proprietatem, obſecrans per ipſum apoſtolorum principem nequis unquam ſuccedentium tam de hiis quam de omnibus rebus ad ipſam eccleſiam appendentibus quicquam detrahat. Quod ſiquis fecerit, omnibus epiſcopis damnantibus, & hiis præſentialiter ſubſcribentibus, apoſtolico gladio animadvertatur   Archiepiſcopus quoque Theodorus ita intulit, ego Theodorus Dorobernenſis cathedræ inthronizatus, juxta apoſtolicum papæ Agathonis mandatum, privilegium monaſterii Medeſhamſtede ſubſcriptione noſtra confirmo, cujus violatores dampno, & excommunico, defenſores vero gratifico, & benedico   Et Saxulfus. ego humilis Saxulfus, ejuſdem monaſterii fundator ita corroborare gaudeo, ſicut ei ſpecialius optima cupio, ut nihil uſurpem vel de rebus vel de officiis ipſius monaſterii, præter voluntatem abbatis & poſtulationem, nec ego nec ſucceſſores mei   Ego quoque omnem violentiæ abuſionem anathemate hinc excludo   Subſcripſerunt autem, & aſſenſerunt reverentiſſimus archiepiſcopus Eboracenſis Wylfrid, & Oſtryd Regina Etheiredi regis, & Adrianus Romanus legatus, & Johannes Romanus legatus, & Putta Roffenſis epiſcopus, & Waldhere Lundonienſis epiſcopus, & omnes comites & principes 5 totius Angliæ   Cuthbaldus quoque abbas ita finivit Ego Cuthbaldus ejuſdem monaſterii abbas ſpeciali amore amplector,

---

1 De auctoritate & libertate dicti monaſterii requiratur in eodem privilegio, quod primum eſt omnium privilegiorum S   2 Lithfeld Sw Hetfelda W
3 Hrepingas S Repingas, W   4 Barthanig S   5 W addit terra

ut

ut quifquis hæc fervaverit valeat, quifquis prævaricatus fuerit, quod abfit, omnium epifcoporum ac facerdotum excommunicatione difpereat Amen Cumque omnes acclamaffent & conclamaffent Amen, firmatum eft privilegium, & dimiffum concilium

SIMILITER & fuccedentes reges terris & libertate honorare, & privilegiis corroborare, & anathemate percutere, & terrere, quicunque aliquid fraudare, vel auferre temptaret, omnimodo ftuduerunt, id eft Ceolredus Ethelredi regis filius, & Ceduuala rex Canciæ, & Sygheri Saxonum rex ejus fucceffor, & Suebardus ejufdem gentis rector, & Wythredus idem regnum gubernans, & Offa orientalium rex, filius Annæ regis, & omnes alii In hujus abbatis, id eft Cuthbaldi tempore fanctus Wylfridus epifcopus in poffeffione ipfius monafterii Undalum tranfivit ad Dominum, & minifteriis fratrum deportatus eft ad fuum proprium monafterium in Rypum

Egbaldus &c.

SUccessit vero Cuthbaldo in fæpedicti monafterii regimine Egbaldus, illique 1 Pufe, 2 Benna, eidemque 3 Sleidus, ipfi quoque Hebba 4 Cætera autem vel miraculorum infignia, vel quæque tunc temporis funt gefta, aut fcriptorum negligentia, aut perfecutionis tempore abolita, noftra latent fæcula, præter ea, quæ in privilegiis funt fcripta, in quibus & eorum nomina funt reperta

POST hæc qui permifit Job temptari & flagellari, permifitque Petrum & Paulum, cæterofque apoftolos, & martyres martyrizari, omnefque electos perfecutiones pati, permifit etiam nunc populum fuum, populum fidelem, populum pacificum, populum chriftianum & timentem 5 Deum, a crudeliffimis paganis inimicis Dei & fanctæ chriftianitatis perfecutoribus flagellari ad probationem 6 electorum & ad condempnationem illorum qui eos injufte perfecuti funt

---

1 Pufe W   2 W add't, Benna qui non comparet nec in C neque in S Chron vero Sixon fub anno DCCLXXV affirmat Pufam fucceffiffe Beonna In textu Roffenfi Beonna abbas fubfcribit Cirtulæ regis Offæ anno 789
3 Celredus S Ceolred Chr Sax   4 ac poft Hedda W
5 Domini S   6 & coronam S

VENIENTES itaque Dani, miniſtri diaboli, quaſi canes rabidi & quaſi latrones ſubito irruentes de cavernis, ſic ipſi ex improviſo e navibus proſilientes ſuper populum nihil mali ſuſpicantem irruunt, urbes & villas & monaſteria concremant; pueros, ſenes cum junioribus jugulant. Matronalem ſeu virginalem pudicitiam ludibrio tradunt, omnia rapinis, & cædibus, & igne conſumunt. A provincia namque Northanhumbrorum incipientes omnia monaſteria monachorum & virginum, cum monachis & virginibus per totam Angliam concremavere, omnino caventes ne aliquis hujus cladis nuncius exiſteret, qui aliis, ut ſibi providerent, pronunciaret. Manu enim ad manum congredi non fuerunt auſi, ſed ſicut diximus quaſi latrones ſubito ſuper incautos irruentes, noctibus vero ſemper ad naves recurrentes, ſic ſicut diximus ex occulta permiſſione Dei omnia cædibus, & rapinis, & igne devaſtantes, & depopulantes, donec ad ipſum ſanctiſſimum regem Anglorum Edmundum, principibus & ductoribus 2 Inguar & Hubba pervenirent, ſicut in paſſione ipſius legitur, qui per eorum manus martyrizatus coronam cæleſtis regni promeruit.

Deſtructio monaſterii de Medeſhamſtede per Danos.

IN 3 hac ergo procelloſa tempeſtate, & ipſum famoſiſſimum monaſterium Medeſhamſtede, ſicut & 4 cæteri cum monachis igne conſumptum eſt. Sunt aliqui perverſæ mentis homines, qui ſi viderint aliquid adverſitatis, vel occiſionis, vel combuſtionis vel mortalitatis, vel hujuſmodi aliquid, ſub religione conſtitutis contingere, contentioſe contendunt dicentes, pro nihilo 5 aliud niſi pro peccatis eorum hoc illis contigiſſe, occulta Dei judicia pertinaciter ſibimet uſurpantes. non enim intelligunt, quod multis modis permittit Dominus electos ſuos temptari & flagellari. Aliquando ad probationem patientiæ ip-

---

1 & C & W   2 Inguare S   3 DCCCLXX deſtructio hujus loci, a fundatione illius CCXIV   4 Prima deſtructio Burgi & ſic ſtetit inhabitabile per XCVI annos uſque ad adventum ſancti Athelwoldi.
5 ſic C & S In W corrigitur, alio

forum, sicut sanctum Job, aliquando ad correctionem, & e-
mendationem, & ut in melius proficiant, sicut scriptum est,
justus justificetur adhuc, & sanctus sanctificetur adhuc Et
sicut ipse in apocalypsi dicit, ego quos amo, arguo, & castigo,
aliquando ne se i virtutibus extollant, sicut sanctum Paulum
apostolum, qui stimulis carnis colaphizatus est, ne se extol-
leret, nonnunquam vero ut si aliquid, sicut humanæ fragilita-
tis est, aut ignorantia vel negligentia deliquerint, temptatio-
ne tribulationis, sicut aurum in fornace ignis purgentur, ne
in æternum esuriant & sitiant, & ne cadat super illos sol,
neque ullus æstus, & ut abstergat Deus omnem lacrymam ab
oculis eorum, sicut plures 2 patres purgatos esse cognoscimus,
aliquando etiam propter exempla aliorum ne desperent, cum
adversi aliquid contigerit, sicut sanctum Tobiam & Susannam
false criminatam legimus. Interdum autem ut falsi fratres
manifesti fiant, sicut apostolus dicit, oportet hæreses esse, ut
probati manifesti fiant Et in evangelio, væ illi per quem scan-
dalum venit Nonnunquam etiam, ut probentur quomodo
diligant Deum, sicut in veteri testamento dicitur   temptat
vos Deus, ut sciat si diligatis eum   Et sicut scriptum est,
vasa figuli probat fornax, & homines justos temptatio tribulationis   Aliquando ut ipsi persecutores justas poenas citius
excipiant, sicut in apocalypsi, animæ sanctorum ad Deum
clamasse, ut vindicaret sanguinem sanctorum, dicuntur ; &
sicut Herodi propter necem innocentium contigit   Et sicut
Decio & Valeriano in passione beati Laurentii & Ypoliti evenit, aliquando etiam ut coronam æternæ retributionis justius
accipiant, sicut sancti martyres Aliter, ut ipsis loquar, qui
ita disputant, sicut superius diximus   Quis enim in hoc mi-
serrimo seculo persecutiones & angustias sustinet, nisi justi &
electi, nonne patriarcha, & propheta, & apostoli, & martyres, & omnes justi tribulationes & angustias sustinuisse pro-
bintur? Quis autem reproborum in hoc sæculo tales sustinuit, admodum pauci, immo pene nulli, nisi sint aliqui qui
propter enormitatem scelerum hic incipiant cruciari, sic deinceps sine fine cruciandi sicut Antiochus & Herodes Re-
probi in hoc sæculo deliciis & tranquillitate lætantur, ut hic
recipiant, si aliquid, vel parva bona fecerunt, ut in futuro

---

1 Sw *addit* de   2 Sw *addit* sanctos.

nullam requiem inveniant, justi autem omnia mala hic susti-
nent, ut in futuro in pace requiescant sicut in vitis patrum de quodam sancto patre & de quodam divite legitur,
quod cum mortuus esset ipse dives, qui in deliciis vixerat, cum
grandi apparatu & honore sepultus est, ministerque ipsius
patris, qui hæc prospexerat, venisse & invenisse belluam eum
comedentem, ac ipsum qui hæc viderat tam diu prostratum in
terra jacuisse, deprecans Deum, ut sibi ostenderet quid hæc
portenderent, donec angelus Domini astaret eique diceret,
quia propter parva bona, quæ dives egit, mercedem hic recepit, ut in futuro nullam requiem inveniet, & ille senex
pro negligentiis quas gessit, supplicium hic sustinuit, ut in
futuro gaudium possideret. Hæc pauca iccirco diximus, ut si
aliquid tale contigerit servis Dei, vel in religione positis,
quale superius diximus, vel monasteriis destrui, sicut monasterio beati patris nostri Benedicti contigit, quod illi illo adhuc vivente revelatum est. Et sicut istis per Angliam de quibus prælocuti sumus evenit, non illico alii scandalizentur, non
illico detrahant, non illico propter peccata sustinentium hoc
illis evenisse deputent, sed occulto Dei judicio omnia permit-
tant, qui novit omnia, antequam fiant, & per quem omnia,
& ex quo omnia, & in quo omnia sunt.

NUNC autem ad proposita revertamur Ita itaque sicut
superius diximus servis Dei per Angliam martyrizatis monasteria eorum destructa & deserta per plures annos permanse-
runt nonnulla tamen postmodum restaurata sunt plura autem usque in hodiernam diem destructa permanent, parietibus
tantum monstrantibus quomodo monasteria & alia i officina
erant disposita

Restauratio Burgi per sanctum Adeluuol-
dum.

POST præfinitum autem tempus a Domino, surrexit sanctissimus Ædelwoldus Episcopus Wentanæ civitatis, in
tempore Edgari regis christianissimi, qui expandens aureas alas
aquilæ sibi præfiguratæ late per orbem, Anglia cœpit plu-

i Officia S

iuma

rima monasteria per diversa fundare vel construere aut re-
parare loca, adjuvante Domino, & amminiculante nobis rege pi-
issimo & benignissimo Edgaro. Cumque in tali opere die
noctuque insudaret, astitit ei quadam nocte in visu Dominus
monens eum ut ad mediterraneos Anglos proficisceretur, quatenus quoddam antiquum sancti Petri monasterium destructum
in priorem statum repararet. Quid multa? paruit ille statim
jussis, qui ad omnia bona agenda promptus erat. Veniens-
que in provinciam ad ipsius monasterii quondam possessionem
Undala dictam, putansque ipsum esse locum, quem sibi Dominus demonstraverat, quia aptum & idoneum ad hoc ipsum locum invenerat, cœpit construere. Et ecce iterum
ei Dominus apparere dignatus est, monens ipsum ut per cre-
pidinem ipsius alvei paululum progrederetur, donec ad ipsos
parietes ipsius combusti monasterii perveniret. Qui, lætus
de visione, & jussa complens, reppelit ibi in ipsa ecclesia
stabula facta jumentorum & pecudum, omnemque locum
spurcitia & immunditia repletum. Qui dolens in intimis
visceribus, quod tam pulchrum Dei templum ita ad nihilum
esset redactum, cœpit tamen instanter emundare locum. Et
videns, quod ad tam magnum locum multa oporterent,
Wintoniam redit, ut se præpararet, & die ac nocte deprecans eum, qui sibi hæc ostenderat, ut ei necessaria præberet,
quo tam grande opus perficere posset. Et dum die quodam
intrasset solus oratorium suum more solito oraturus, ac ex-
pandisset manus suas ad Deum, deprecans, ut sibi regem &
reginam cæterosque optimates, pios & adjutores ad prædictum opus, & ad cætera, quæ ipse inceperat, faceret, fertur
stetisse ibi reginam clanculo ex industria retro hostium in
angulo ut ausculatret, quomodo vel quid Deum servus Dei
deprecaretur. Qua cum audisset omnia, quæcunque rogasset,
subito præsilut ac comprehendens eum, dixit Deum & ipsam
exaudisse preces ejus, ipsamque pollicetur consolatricem &
adjutricem in omnibus fore, compulsuramque regem cæterosque & similia agere. At ille quamvis paululum verecunda-
tus increpasset eam, tamen omnium bonorum largitori gratias egit. Qua mox ad regem veniens cuncta per ordinem
quæ audierat bonamque voluntatem ipsius pontificis coram
cunctis pandit, ipsumque hortatur, & deprecatur, ut ecclesias Dei ædificet, & restauret, quo sibi regnum cœleste ad-

quiciet. Et quia erat idem rex sapientissimus, & erga religionem & ecclesias Dei devotissimus; mox ad se accitum
episcopum præcepit, ut instanter, qua inceperat, consumma-
ret, promittens se ei in omnibus auxiliaturum fore. Quod
& largiter implevit, ut postea patuit.

De Adulfo cancellario regis Edgari.

INTEREA contigit, ut cancellarius ipsius Edgari regis A-
dulfus nomine filium haberet unicum, quem in tantum
dilexit, ut inter se & genitricem ejus noctibus eum dormire
permitteret. Et ecce heu proh dolor, quadam nocte cum
multo vino inebriati essent dormientes, suffocatus est inter
eos. Qui ad sæpedictum episcopum veniens ad confessionem, dixit se velle Romam ad sanctum Petrum proficisci, quo
citius misericordiam Domini posset consequi. At sanctus vir,
qui spiritu Dei plenus erat, videns mutationem, & dejecti-
onem, & humiliationem viri, intellexit eum magnum futurum, & quod sibi soli, si pergeret, proficeret, magis cum
retinuit, ut multis prodesset. Docuit ergo eum, & suasit,
ut quod in tam periculosum iter expenderet, ipse potius ad
restaurationem ecclesiæ ipsius clavigeri conservaret. Quid
multa? consensit prædictus vir consiliis episcopi, quia erat
compater ejus, ac post non multum tempus cum rege Edgaro, & cum eodem episcopo ad Medeshamstede monasterium destructum ¹ perrexit. Cumque vidisset tam nobile monasterium dissipatum ita, vehementer condoluit, ac restaurari
cum cupiens optulit Deo & sancto Petro plenam hastam ar-
millis extra argentum & variis ² ornamentis, ad reædificationem,
& renovationem ecclesiæ ipsius clavigeri, coramque rege ton-
soratus, & cuculla indutus, monachus factus est. Rex quoque benevolus, gratulatus de tali conversione viri, optulit
tunc quidem & ipse cum optimatibus suis multa in auro, &
argento, & terris, sancto Petro.

---

¹ DCCCCLXIX restauratio hujus loci, à prima fundatione ejus, anno
CCCXIII à destructione vero ejusdem, anno XCIX   ² varia or
namenta. W

Adulphus primus abbas post restaurationem.

IN pauco itaque tempore multitudinem fratrum ibi sanctus Adelwoldus congregavit, certatim concurrentes clerici, nobiles, & filii nobilium illuc ad Dei servitium, abbatemque in eis praefecit ipsum Adulfum virum religiosissimum, quondam regis cancellarium. qui unanimiter & instanter ecclesiam Dei confluxerunt, ac fratrum conventum honestissime rexerunt, & circumquaque terras & possessiones emerunt, & ecclesiam Dei terris & variis ornamentis honorifice ditaverunt. Post tempus autem, cum ipsum idem rex Edgarus revisere venisset idem delectum sibi monasterium, cum sanctissimis Dunstano Dorobernenti & Oswaldo Eboracensi archiepiscopis, & cum omnibus episcopis, & abbatibus, & ducibus & optimatibus totius Angliæ, & vidisset tam nobile monasterium, tam bene fratrum in conventu ordinatum, & officinis variis tam bene dispositum, & illud in tam optimo loco positum, insuper & audisset, quod antiqua privilegia, quæ monachi jam mortui in ipsis parietibus ecclesiæ inter petras absconderant, essent reperta, & cognovisset quantæ auctoritatis esset, & inter cætera, quod quicunque non solum de tota Anglia, sed & de proximis regnorum nationibus, vel viæ longinquitate, aut varia necessitudine præpediti, Romæ beatum Petrum revisere non sufficiunt, hic cum requirant, hic vota persolvant, hic absolutionem peccatorum, & apostolicam benedictionem accipere, ac cœli januam sibi aperiri fideliter credant, valde lætatus est idem rex, quod tantæ auctoritatis locum in regno suo haberet, ac præ nimio gaudio lacrymasse fertur. Et convocatis mox in unum eisdem archiepiscopis, & episcopis, & abbatibus, & ducibus, omnibusque 3 optimatibus, optulit Deo & sancto Petro terras, & possessiones inferius scriptas, & privilegiis corroboravit 4. 5 Vi-

---

1 DCCCCLXXII   2 qui conventum Wh   3 & Wh
4 & libertatis quas carta sua plenissime distingunt. Qui vero de prædictis certiorari voluerit, cartam ejusdem regis requirat. Sancita est illi carta, anno &c. S.   5 Desunt a voce Videtur usque ad Hoc privilegium supra Swidetur

detur etiam nobis de hujus devotiffimi regis privilegio pauca
quæ excerpfimus effe fcribenda, ut cognofcamus devotionem
ejus, & quomodo hæ poffeffiones ad ipfam ecclefiam pervenerunt, & mifericordiam Domini maxime fuper ipfum locum
profpiciamus Et fic, ficut diximus, coram ipfis primatibus
optulit 1 & ita inter multa & poft multa fcripfit

Carta regis Edgari

GRATIA 2 Domini noftri Jefu Chrifti regis omnium
fæculorum, omnia fuo nutu diftribuentis regna terrarum,
& moderantis habenas rerum, ego Edgarus fub ipfo fydereo rege præfidens regno Magnæ Britanniæ, pro gratia
fancti Petri venerabilifque & Deo dilecti pontificis fæpe petitione, patrifque noftri Ædelwoldi caritate, atque animæ meæ
redemptione, concedo gratantiffime illud fanctum & apoftolicum cœnobium in perpetuum effe liberum ab omni fæculari
caufa, & fervitute, ut nullus ecclefiafticorum vel laicorum
fuper ipfum, vel fuper ipfius abbatem, ullum unquam habeat dominium fed ipfo abbate cum fubjecta Chrifti familia in pace Dei & fuperni janitoris Petri patrocinio illud regente, ac rege in omnibus neceffitatibus adjuvante, ab omni
mundiali jugo tam fecurum æternaliter perfiftat, quam liberum, fed & ab epifcopali exactione, & inquietudine, ex
apoftolica libertate, & reverentiffimi archiepifcopi noftri Dunftani auctoritate, cum fuis appenditiis, id eft, 3 Dodeftorp,
& Eye, & Paftune, perpetuo maneat abfolutum Villam quoque Undalem, cum toto jure adjacentium quod Eata hundred
Anglia nominatur & cum mercato ac thelonio, ea profus
libertate donamus, quatenus nec rex, nec comes, nec epifcopus præter Chriftianitatem attinentium parochiarum, nec vicecomes, nec ulla unquam major minorve perfona ulla dominatione occupare, nec de ipfa villa Undale, ubi legitime confidere
debet, in alium locum transferre ullatenus præfumat fed tantum abbas prædicti cœnobii illud cum fuis caufis & legibus

1 Ut in carta fua inferius pleniffime divulgatur Whit qui fequen n omifit
ufque ad vorer Hiis itaque peractis p 22 2 Edgari carta plenius exhibetur in monaftic Anglic tom 1 p 65. 3 Chron Six addit Afhfield
rorum

totum in sua potestate liberrime teneat, & quando, vel in
quo loco sibi placuerit, sine ulla contradictione sedere faciat. Item terras nostro adjutorio, vel dono, vel optimatum
meorum per præfatum episcopum eidem monasterio adjectas,
quæ hic ex parte titulantur, id est, Barwe, Wermintune, Æstune,
Kyteringas, Castra, Æyleswurthe, Waltun, Withcringtune,
Ege, Torp, & unum monetarium in Stanforde in perpetuam libertatem concedimus. Sint ergo tam istæ villæ, quam cæteræ omnes, quæ ad ipsum monasterium pertinent, cum universis rebus &
rationibus suis, & tota saca & socne, ab omni regali jure in
æternum liberæ, & in magnis & in minimis, in sylvis, cam-
pis, pascuis, pratis, paludibus, venationibus, piscationibus,
mercationibus, theloneis, omnibus rerum procreationibus Dei
beneficio provenientibus Concedimus etiam quartam partem stagni, quod dicitur Witlesmere, per episcopum Adelwoldum acquisitam, cum omnibus scilicet aquis, piscuariis, stag-
nis, & paludibus attinentibus usque ad hos terminos circum-
jacentes quorum septentrionalis est ubi primum intratur
Merelade de amne Nen, Orientalis ad Kyngesdelf, australis
ad Alduines Barwe, qui locus est in palude contra medicta-
tem viæ Ubbemerclade, occidentalis ubi aqua de Opbete finitur
ad terram, quæ omnia antiquitus ad illud sacrosanctum monasterium multo latius & longius pertinuisse probantur. Mercatum quoque constituimus in Burch singulare, ut nullum a-
liud habeatur inter Stanforde & Huntadune Et ad illud da-
mus, ibidemque persolvi jubemus totum sine contradictione
theloneum, hoc est primo de tota Witlesmere usque ad theloneum regis, quod jacet ad hundred de Normannescros, &
de Witlesmere sicut Merclade venit ad aquam Nen, & inde
sicut aqua currit ad Welmesforde, & de Welmesforde ad
Stanforde, & de Stanforde juxta cursum aquæ usque ad Crv-
lande, & de Crulande usque ad Must Et de Must usque ad
Kyngesdelf, & inde usque ad prædictum Witlesmere Propter varia quippe lucra & corporalium & spiritualium utilita-
tum, hoc mercatum decrevimus illic celebrari, & undique
illud requiri, quatenus & Dei ministri inde adjuventur pro-
pinquius, & a concurrente populo inter terena necessaria
cœlestia petantur subsidia, dummodo per sancti Petri quæ-
sita patrocinia, & per missarum audita mysteria secundum
fidem cujusque ibi possint redimi diversarum offensionum de-

bita　Porro decedente abbate de eadem congregatione fratres successorem ydoneum eligant, & regis favore ordinetur.
Hanc igitur totius abbatiæ tam in longinquis quam in propinquis possessionibus regificam libertatem ab omnibus appro-
batam 1 sategimus, per ipsum devotissimum hujus descriptionis auctorem Adelwoldum a sede apostolica Romanæ ecclesiæ juxta primitivam ejusdem monasterii institutionem perpetuo corroborare, quam quicunque in aliquo violare præsumpserit, ipsius summi præsidis Petri, & Romanæ Ierarchia omnium sacrorum ordinum animadversione in infernum æternum dampnetur. Qui vero provexerit, & defensaverit, in sorte electorum Dei remuneretur. Sancitum est hoc privilegium anno Dominicæ incarnationis nongentesimo septuagesimo secundo, ipsiusque regis sexto decimo, subscribentibus,
confirmantibus, & consignantibus Dunstano & Oswaldo archiepiscopis 2 & Ælfstano & Athulfo pontificibus, & Æswio,
& Osgaro, & Æthelgaro abbatibus, & Alfeo & 3 Athel-
wino & Brichnotho & Oslaco ducibus, & omnibus principibus & ministris regis

His itaque peractis, & singulis singula sicuti erant of-
ferentibus, alii terras & possessiones, alii aurum, vel argentum,
alii varia ornamenta, & alii quæque erant preciosa, omnibus
in commune sapienter & prudenter placuit, ut idem locus
fausto nomine Burch vocaretur, id est civitas, secundum hæc
præconia, gloriosa dicta sunt de te civitas Dei &c. Civitas
supra montem posita &c Magnus Dominus in civitate Dei
nostri, in monte sancto ejus Non in monte terrena mole &
congerie prominenti, sed in illo qui in montibus sanctis optinet principatum, cui dixit mons montium, tu es Petrus &
super hanc petram ædificabo ecclesiam meam Nec suffecit
eis, ut solummodo Burch vocaretur, quin potius terris, auro
& argento, diversisque rebus in tantum ditaverunt, ut eum
merito Gyldeneburch, id est, auream civitatem vocarent

---

1 Wh fol 170 b *addit* excepta moderata expeditione, & pontis arcisve re-
stauratione　　　2 & Adelwaldo S W.　　　3 Adthelwino W

De reverentia monasterii.

IN tanta namque reverentia celeberrimus & sacer locus ille tunc temporis habebatur, ut quicunque aut rex, vel episcopus, clericusve aut laicus, orandi causa illuc venisset, mox ut ad portam monasterii venisset, statim discalciatus, non aliter nisi nudis pedibus ecclesiam humiliter intraret, & quæque optima haberet libenter Deo & sancto Petro offerret, propter nimiam caritatem, quam inter fratres ejusdem loci invenisset. Et ubicunque frater ipsius coenobii transiret, vel veniret, ut angelis Dei propter religionem ab omnibus inclinabatur, & suscipiebatur, & ei obediebatur, & ab eo benedictio petebatur. Inde actum est, ut plus illuc in terris & rebus, quam usquam alibi vicinorum locorum, collatum est. Verum præstantissima ecclesiarum arce rege Edgaro intempestive nimis ruente, quod suis diebus non potuit, bonis successoribus supplenda & amplificanda votis benedictionis reliquit, ut inferius inter cartas regum denotatur.

Relatio 2 Heddæ abbatis quomodo incipiente christianitate in regione mediterraneorum Anglorum initiatum sit Medeshamstede monasterium, & subsequentibus 3 privilegiis confirmatum, quod nunc ut prædictum est, Burch, vulgariter nominatur.

REX Alhfridus regis Peada sororem habebat reginam Kyneburgam, & Peada mutua cognatione sororem Alhfridi acceperat Alfledam, Alhfridus, filius erat regis Northanhumbrorum Osuui fratris septrigeri martyris Osualdi. Peada

---

1 morte ruente Wh   2 Relationem Heddæ abbatis Walterus Whitleseyus in textu suo inseruit. Robertus vero Swaphamus actum illam, ut mea sert opinio, Heddæ relationem ante regum privilegia tanquam introductionem legit.

3 Quæ quidem privilegia Swaphamus & Whitleseyus ad calcem historiæ suæ inseruere.

filius Pendæ regis Merciorum　Hic suadente fideli cognato
& pia sorore baptizatus est a Finano pontifice· plus jam
gaudens de æterna salute, quam de petita virgine　Assump-
tisque secum quatuor evangelizatoribus religiosis cum conjuge
fidem Christi & suo & paterno regno, patre licet pagano
satis consentiente primus invexit　Hiis accessit comes & co-
operator illustris Saxulfus, vir præpotens & sæculo & religione,
regique & ecclesiæ acceptissimus　Qui cupiens novellam
plantationem christianitatis sua vice ingenter dilatare, Dei
clementia & christiani regis benevolentia molitus est monasterium nobile quod Medeshamstede dicitur in regione Gyrvi-
orum, quod beato Petro, in quo scilicet Dominus ecclesiam
suam ædificavit, tanquam ecclesiæ primitias consecravit

Hic itaque aggregato numeroso fratrum contubernio sedit abbas & doctor mediterraneorum Anglorum ac Merciorum, donec
in episcopum assumptus est; docens incredulos, baptizans credentes　habens discipulos intus monachos religiosos, foras propagandæ fidei magistros, post suum principale monasterium parturiens & ædificans suffraganea coenobia, & alias ecclesias tanquam
hujus foecundæ matris filias. Cultu quoque divino sub christianis-
simis & beneficis regibus, Peada, Osuvio, Wlfero, atque Etheliedo
qui sibi successerant latius regnante, ut sapiens Macchabæus Simon dilatavit terminos suos, & augmentavit gloriam ecclesiæ suæ.

Utque domum suam contra tam varias mundi tempestates
perpetuo muniret, quam supra firmam petram fundaverat,
etiam regiis cartis & privilegiis fulcire studuit

Igitur post biennium susceptæ fidei, Penda ydololatriæ capite exciso, victor Osuuius regnum Merciorum triennio optinuit, totam gentem subjectam ad Christum convertit.
Monasterium Medeshamstede regaliter provexit　Interea a-
mabilis indoles, & regno condecentissimus Peada, indigna
& immatura nece ablatus, fervorem dilatandæ ecclesiæ successuris fratribus dereliquit. Deinde excluso alieno rege Mer-
cii susceptam christianitatem cum naturali rege Wlfero alio
Pendæ filio constanter servavere　Anni erant ab adventu
Augustini Anglorum luciferi quinquaginta quinque, ab incarnatione salvatoris DCL exacti, jam sextus a beato Au-
gustino sacer Deusdedit Doroverneñ cathedræ archiepiscopus apostolice præfulgebat.

Cum igitur Wlfere adeo flagraret in Christi cultura, ut non solum patrias gentes, verum etiam subjectos sibi australium reges, & populos regiis muneribus & ampliatis regnis ad veram Dei sectam accenderat; coelestis vero clavigeri domum in Medeshamstede autenticam, ac si Romanam coluit ecclesiam regia largitate, qua finitimas illustraret ecclesias provexit; æterna libertate, ne cui regia sponsa serviret, donavit, fines possessionum ceu extenta linea attribuit, auctoritate extulit, privilegiis, ut denotatum est, sagacitate abbatis Saxulfi, sicut & successores sui corroboravit.

Quarum rerum 1 exemplaria seorsum descripta jubente rege Ethelredo, suum fratcino testamento adjungi, atque unicum votum in unum corpus redigi, ad perpetuam videlicet monasterii stabilitatem, subtractis aliquibus versibus causa breviandi hic inseruntur 2.

Præscriptum autem privilegium sanctus Edwardus rex & martyr, filius 3 ipsius Edgari, Anglorum monarchiam tenens, per deprecationem Adulfi abbatis 4 perhenniter adfirmavit 5 his testibus adjunctis quos supra nominavimus Æthelredus vero frater ejus, Anglorum imperio sullimatus, has donationes prædecessorum suorum, rogante abbate Kenulfo, 6 cum prædictis testibus solidavit Cnut autem rex Anglorum, Deo favente & Ælflino abbate deprecante, hoc 7 privilegium cum suis optimatibus 8 corroboravit.

9 Edwardus etiam rex in ipso privilegio ita scripsit Ego Edwardus Dei gratia rex Anglorum hoc testamentum antecessorum meorum, postulante abbate 10 Lesrico comprobavi, & villam Fiskertune, quam regina mea ipso abbate Lesrico instante per me dedit, vel potius reddidit juri sancti Petri in Burch, concedo liberam cum terris, sylvis, & aquis & om-

---

1 Hæc periodus superius inseritur in codice Cottoniano & in Swaphamo rectius ante ipsa regis privilegia 2 Huc usque relatio Heddæ abbatis 3 prædicti regis W 4 Wh addit, omnia prædicta privilegia perhenniter affirmavit, ut patet inferius per ejus cartam 5 W omisit sequentia usque ad Æthelredus

6 cum testibus in carta notatis Wh 7 illud Sw privilegia, ut in carta ejus exprimitur Wh 8 Quomodo autem sanctus Edwardus rex illud privilegium confirmavit, & quæ de suo proprio adjecit in eodem evidenter denotantur Sw & Wh 9 Desunt a voce Edwardus usque ad In illis quoque privilegiis, tam in Sw. quam in Wh qui in appendice inter alias regum cartas ordine suo posuere 10 Leofrico Sw Leufrico Wh

nibus

nibus rebus pertinentibus   Similiter de aliis terris, id est,
Æstuna, Flettona, Overtona, Aluuoltuna, Osgotebi, & cæteris quæ in eo tempore adjecta sunt   Concedo eidem loco
Saca & Socna, & Tol & Teme   1 Hinc contestor omnes
posteros meos reges & judices per Dominum omnium judicem, nequis unquam audeat quicquam tam ex his quam de
omni jure sancti Petri quicquam detrahere aut diminuere
Qui autem hæc violaverit, omnium sacerdotum & ministrorum Dei ore anathema sit

In aliis quoque privilegiis idem rex rogatus ab abbate Le-
fricho, & a monacho ipsius nomine Brand pro terris & possessionibus quas 2 ipse Brand & fratres sui Askitillus & Syricus de proprio patrimonio in propriam hæreditatem monasterii donaverant, id est, Scotere, Scottune, Malmetune
Thorpe, Walecote, 3 & plurimis aliis ita scripsit   Ego Edwardus Dei munificentia rex Anglorum   sciendum omnibus
prætendo, quod ego pro redemptione animæ meæ prædictas
terras ita concedo præsentique descriptione in æternum con-
stituo, quatenus ipsæ terræ sancti Petri in usus servientium
sibi semper sint liberæ, sicut omnes aliæ, quæ sunt ipsius
liberrimæ   Quicunque autem hæc decreta nostra transgre-
di præsumpserit, Deo & omnibus sanctis ejus regique suo reus
habeatur, & si digne non emendaverit in infernum inferiorem
cum diabolo semper arsurus dimergatur   Item pro eisdem
in alio ita scripsit   Siquis inimicus hæc auferre ecclesiæ
Dei conatus fuerit, auferat Dominus partem suam de medio
omnium electorum suorum   Brand quoque ita scripsit &
excommunicavit, Ego quoque Brand cum abbate nostro Le-
frico cunctisque fratribus nostræ congregationis æternam ma-
ledictionem imprecor hujus descriptionis adversariis, quicun
que sancto Petro præscriptas terras abstulerit

Willielmus quoque rex Anglorum & dux Normannorum
ita hæc confirmans scripsit   Ego Willielmus Dei beneficio

---

1 Testibus regina Eadgitha, Stigando & Aliedo archiepiscopis, Haraldo, & Cos-
tino, cum ceteris optimatibus meis   Sw fol 40 & Wh fol 1-1   Verba Hinc
contestor &c ad anathema sit, ex illa ejusdem regis carta sumuntur, apud Swapham fol 111   2 idem monachus S & W   3 & plurimas
aliis regulariter & æternaliter, ut in eisdem privilegiis patet, confirmavit   Sw &
Wh ceteri vero desunt a vocibus ita scripsit,   usque ad hæc & alia multa pagg
sequentium in Sw tum in Wh

rex Anglorum, petente abbate Brandone, istud privilegium in omnibus laudo, & confirmo, sicut supra scripti reges ante me, similiter etiam terras fratrum, vel propinquorum suorum, quas habebant sub rege Edwardo hæreditarias, & liberas, hoc est, Scotera, Scottona, Malmigtun, Regenaldetorp, Messingham, Cletham, Hibaldestouua, Walacota, Muscham, cum omnibus adjacentibus, ego concedo monasterio suo & ejusdem loci patrono beato Petro apostolo, in perpetuum liberas, & quietas, cum omnibus consuetudinibus, quæ appellantur Anglice Sace & Sacne quatenus jugiter sint propria & dominicæ, in firmas vel quaslibet necessitates ibidem Deo servientium. Hæc ergo nemo hæredum vel successorum meorum temerare audeat, ne excommunicationis gladio intercat, & pro hæreditate ecclesiæ infernum possideat 1 Hæc & alia multa præfati reges Deo, & sancto Petro, & fratribus corcessere, & suis scriptis confirmavere.

Tractatus de Thorneya.

NUnc autem adhuc ad superiora revertamur Prædicto autem cœnobio, tam regaliter & gloriosissime, a Sancto Adelwoldo in antiquo statu, sicut ei promiserat Dominus, restaurato, reparavit idem episcopus & ecclesiam in Ancarig quam quondam Saxulfus primus abbas, & constructor Medeshamstede, fundaverat, & construxerat, qui locus propter spineta circumquaque succrescentia Thornig modo solito nuncupatur Anglice vocabulo, qui antea melius Ancarig vocabatur, id est, insula conclusorum, vel solitariorum Non enim venitur illuc nisi navigio ex una parte, ita palude conclusa est Quem locum pretio adquisivit, & pari conditione monachis aptissimum delegavit, rectorem illis & abbatem Godemannum præponens, constructum monasterium dedicavit, & bonorum omnium possessione gratanter ditavit

---

1 Willielmus quoque rex Anglorum & dux Normannorum dictas terras & possessiones & plurimis alias cum quibusdam libertatibus scil quæ Anglice appellantur Sake & Sokne carta sua corroboravit & confirmavit. S & W

Restau

Reftauratio Elienfis ecclefiæ.

Adhuc Chrifti aquila Adelwoldus expandit aureas alas fuas, & plures alias ecclefias, vel monafteria conftruxit, vel reparavit in Anglia. Eft enim quædam regio formofa in provincia orientalium Anglorum, quæ a copia anguillarum, quæ in paludibus ibi capiuntur, Elig nomen accepit. In qua regione & infula locus omni veneratione dignus habetur, magnificatus nimium reliquiis & miraculis fanctæ 1 Etheldrydæ reginæ, & perpetuæ virginis, ac fororum ejus Sed in ipfo tempore erat deftitutus, & regali fifco deditus Hunc ergo locum famulus Chrifti, pro dilectione tantarum virginum, magno opere venerari cœpit, datoque pretio non modicæ pecuniæ emit eum ficut & alios omnes a rege Edgaro, conftituens in eo monachorum gregem non minimum, quibus ordinavit abbatem 2 Brithnothum præpofitum fuum · Et ejufdem loci fitum monafterialibus ædificiis decentiffime renovavit, cumque terrarum poffeffionibus affluentiffime locupletatum, & æternæ libertatis privilegio confirmatum, omnipotenti Domino commendavit

Conftruxerat quoque 3 quendam locum vocabulo 4 Abbendun fibi commiffum Non enim nocet fi priora pofterioribus poftponamus, congregavitque 5 fibi in brevi fpacio gregem monachorum, quibus ipfe abbas, jubente rege Edredo, ordinatus eft In quo videlicet loco modicum antiquitus habebatur monafteriolum, fed erat tunc neglectum ac deftitutum, vilibus ædificiis confiftens, & quadraginta tantum manfas poffidens Dedit etiam rex poffeffionem, quam in Abbandonia poffederat, hoc eft, centum caffatos cum optimis ædificiis abbati & fratribus ad augmentum cotidiani victus, & de regio thefauro fuo multum eos in pecunia juvit, tantamque gratiam Dominus fibi fervientibus contulit, ut ad præfatum cœnobium, quod antea rebus erat pauperrimum,

---

1 Etheldrythe S. Etheldritha W　　　　2 Brihtnothum S
3 ante epifcopatum *fupra lineam, manu ni fallor R Swaphami*
4 Abbandun Sw　　　5 fibi W

omnes simul divitiæ putarentur affluere Regnante vero glorioso rege Edgaro, insigni & clementissimo, præpotente ac invictissimo regis Eadmundi filio, honorabile templum in honorem sanctæ Dei genetricis sempeque virginis Mariæ in eodem construxit loco, & consummavit

Sanctus Athelwoldus factus est episcopus de Wintone

POST hæc elegit eum idem Edgarus, scilicet Anglorum basileus, ad 1 episcopatum Wintoniensis ecclesiæ Fiant autem tunc in veteri 2 monasterio, ubi cathedra pontificalis habetur, canonici nefandis scelerum moribus implicati, elatione, & insolentia, atque luxuria præventi, adeo ut nonnulli illorum dedignarentur missas suo ordine celebrare, repudiantes uxores, quas illicite duxerant, & alias accipientes, gulæ & ebrietati jugiter dediti Quod minime sciens sanctus Adelwoldus expulit citissime detestandos blasphematores Dei de monasterio Misit quoque rex Edgarus illuc cum episcopo quendam ministrorum suorum famosissimum, qui regia auctoritate mandavit canonicis, ut unum de duobus eligerent, aut sine mora dare locum monachis, aut suscipere habitum monastici ordinis at illi nimio pavore conterriti, & vitam execrantes monasticam, intrantibus monachis, illico exierunt Et adducens 3 sæpedictus episcopus monachos de Abendonia locavit illic, quibus ipse abbas & episcopus extitit Nam hactenus ea tempestate non habebantur monachi in gente Anglorum, nisi tantum qui in Glestonia morabantur, & Abhandonia

De novo monasterio Wintoniæ.

PARI quoque modo innuente rege Edgaro canonicos de 4 novo expulsit 5 monasterio, illacque monachos introduxit regulariter conversantes, ordinans illis abbatem disci-

pulum ſuum Æthelgaium. Qui poſtmodum provinciæ au-
ſtialium Saxonum epiſcopus, ac deinde, ſancto Dunſtano ad
cœleſtia regna tranſlato, Cantuariorum archipræful effectus
eſt. In Abbandonia vero Oſgaium pio ſe conſtituit abbatem,
ditatuſque eſt locus ille ſexcentis & eo amplius caſſatis, inſuper & æteinæ libeitatis ſuffultus privilegiis, divina ſimul &
regia auctoiitate conſciiptis, quæ laminis aureis ſigillata inibt
uſque hodie conſeivantur

De tertio cœnobio Wintoniæ.

I<small>N</small> teitio quoque Wintonienſi cœnobio, quod Anglice
Nunnaminſtei appellatui, in honoie ſemper virginis
Maiiæ Deo conſeciatum, mandias ſanctimonialium oidinavit, quibus matrem 1 Ætheldrydam piæfecit, ubi iegula-
iis vitæ noima hactenus obſeivatui. Erat autem vir Dei 2
Athelwoldus a ſecretis Ædgaii inclyti iegis, ſeimone & opere
magnifice pollens, in pleiiſque locis eccleſias conſtruens, &
dedicans, & ubique evangelium Chriſti prædicans, ſicque factum eſt, conſentiente iege, ut paitim Dunſtani conſilio & actione, paitim Ædelwoldi ſedula cooperatione monaiteiia ubique in gente Angloium, quædam monachis, quædam ſancti-
monialibus conſtituieientui, ſub abbatibus & abbatiſſis iegulaii-
ter viventibus, & ciicumivit ipſa beatus Adelwoldus ſæpe. Hæc
pauca de multis, quæ exceipſimus de hujus ſanctiſſimi & Deo
& hominibus dilecti antiſtitis factis, tetigimus, ut cognoſ-
catui, quia multa ſunt & magna, quæ geſſit, & quia magnos
laboies, & ſudoies, & immenſas tiibulationes, & peiſecuti-
ones, & maxima peiicula pio ædificandis ecclefiis, & pio
ieligione monachoium ſuſtinuit, ſicuti quando venenum bibit,
& multa alia, quæ peitulit, & quia optima exempla paſto-
iibus eccleſiaium deieliquit

Adulphus

Adulphus abbas factus est archiepifcopus.

NUnc vero unde digreffi fumus redeamus. Præfcripto fancto Ofwaldo Eboracenfis ecclefiæ archiepifcopo ad Dominum tranfeunte, omnium confenfu, & voluntate regis, & epifcoporum, cleri, & populorum, eligitur Adulfus abbas Burgenfium 1 ad archiepifcopatum memoratæ ecclefiæ.

Kenulfus abbas præficitur.

ET ne diu grex Dominicus in Burch pofitus abfque paftore fluctuaret, unanimi fratrum electione, & regis Ethelredi favore abbas conftituitur, & ordinatur Kenulfus, flos litteralis difciplinæ, torrens eloquentiæ, decus & norma rerum divinarum, & fæcularium. Jam vero ordinatus, quanta diligentia, & inftantia, & quam bene ovile fibi creditum rexerit, & quam mitem, & pacificum, & humilem ovibus fuis fe exhibuerit, & qua vigilantia curam paftoralem exegerit, quanto ftudio libros emendaverit, quam dulciter, & libenter ad fe venientes, vel fecum morantes erudierit, quam dilectus Deo & hominibus extiterit, quomodo monafterium muro cinxerit, & res ecclefiæ fuæ auxerit, non eft noftræ parvitatis explicare, concurrunt cotidie tam ex longinquis, quam & de proximis terrarum finibus, epifcopi, clerici, & monachi, divites & mediocres ad ejus magifterium, & ad ejus, ut ad quondam Salomonis, fapientiam audiendam, donec poft annum decimum quartum rapitur, magis quam eligitur ad pontificatum Wintoniæ civitatis.

Kenulphus factus epifcopus, cui fucceffit Ælfinus abbas.

SUccessit tamen & huic in monafterii regimine, pari fagacitate, & virtute animi vir, Ælfinus, quem fibi omnis concors congregatio abbatem elegerat, & poftulaverat.

Hic per quinquaginta annos eandem ecclesiam rexit, & variis ornamentis, & bonis omnibus, & maxime sanctorum
reliquiis, eam honorabiliter ditavit, hic etiam per tres annos cum regina 1 Ymma in Normannia demoratus est, &
inde regis 2 Etheliedi & ipsius reginæ gratiam multum promeruit, & multa ibi adquisivit, & semper, ut prudens apes,
domui suæ prodesse curavit. Et factum est cum esset ibi,
ut acerba fames crudeliter vexaret totam provinciam, & maxime Franciam, ita ut multi relinquerent patriam. Unde contigit, ut abbates, & monachi, quæque optima haberent, venderent, ut periculum tantum evaderent. 3 Ælfsinus vero ibi
constitutus multa emit, qui cuncta pene pro nihilo habere
potuit.

Sanctus Florentinus adquiritur.

INTER alia cum ad monasterium sancti Florentini de
Bona Valle venisset, & distracta jam omnia invenisset,
& adhuc fames illos cruciaret, & nihil habentes, quod amplius venderent, præter ipsum sanctum Florentinum, suum pa-
tronam, & protectorem, ipsum cum toto feretio totum, præter solum caput ipsius, illi vendiderunt, ut esset tutor & ad-
jutor ipsius, & monasterii sui omni tempore, unde monachi
prædicti monasterii sancti Florentini, pro tali commutatione,
gemunt per sæcula, sicuti nobis retulerunt quidam ex ipsis,
qui cum requirere & orare venerant in Anglia. Datis pr æc
quingentis libris argenti, continuo illum, cum mul .. in
reliquiis, & ornamentis, in Angliam per monachos suos ad
proprium monasterium scilicet ad Burch transmisit.

De Rameseye.

IN diebus quoque illius, monachi Ramesienses pro quadam
causa nimis accusati sunt apud regem, ita ut coram co
monasterium destruendum, & monachos exterminandos adju

dicatum

dicatum sit. Rex autem natus nimium jussit impleri judicium praedictum. At abbas Burgi 1 Elfsinus in Domino confisus, qui opportune & inportune sicut in privilegiis suis scriptum reppererat, & exemplo Saxulfi, & Adelwoldi, & aliorum, consiliis regis intererat, & quia sapiens erat, primitus se ad Dominum contulit, & postea reginam exoravit, ut secum pro tanto monasterio regem intercederet: quae mox innuit, & cum rex vino debriatus esset hilarior, a sententia eum permutavit, dicens non esse justum pro culpa unius vel duorum, tale monasterium, & tantos patres perire, cum non essent consentanei, & se deprecari, ut sibi, & Elfsino abbati amico suo, qui multum ei serverat, illud condonaret. Quod rex libentissime annuit, ea tamen conditione, ut ipse Elfsinus propria gubernatione illud regeret, & quemcunque vellet ex suis monachis, abbatem ibi constitueret. Sed ille amicitiam, quam inceperat, vicinis suis servans, simul & implens, quod scriptum est, quod tibi non vis fieri, alteri non feceris, abbatem illis ex propria congregatione constituit, libertatemque in perpetuum donavit.

De sancta Kyneburga.

ERAT & in diebus ejus ecclesia Kyneburgensis castri valde destructa, ubi sancta Kyneburga, & soror ejus sancta Kynesuytha, filia Pendan regis interfectoris sancti Oswaldi regis, & martyris, requiecerant, quas monachi Ramesienses, summo studio, nocte & die insistendo, auferre & ad suum monasterium transferre cupierant, sed nec Domini, nec illarum voluntas fuit, ut usquam alibi requiescerent, nisi, sub divina potestate, qui eas ante Christum introduxit. Frater enim quidam 2 secretarius Burgi Leofwinus dictus, qui eas summo studio exoraverat, & invitaverat, ac summo honore honorandas spospondierat, cujus preces, & vota benignissimus Deus, & piissimae virgines exaudierunt sicut in translatione illarum plenissime invenitur, quod longum est enarrare per singula.

<hr>

1 Ælfsinus W ficut alibi   2 i e Sacrista

De sancta Tibba.

SIMILI modo quoque idem abbas cum eodem Leofuuino transtulit sanctissimam & piissimam virginem, Tibbam de Rihale Burgo, ipsa scilicet mandante, & magnis miraculis oftendente se cum sacris amicis ibi requiescere velle

SED quia stylus in translatione ipsarum est, & quomodo etiam sanctus Florentinus de Bona Valle apportatus fit, qui cum ipsis in Burch Dei misericordia requiescit, jam dictum est Placuit etiam, ut partim reliquiarum cæterarum 1 quæ ibi requiescunt describantur, non enim omnes possunt describi. Habetur autem inibi, quod super omne aurum preciosum est, dextrum brachium sancti Oswaldi regis, & martyris, integrum in carne & cute manens, juxta votum benedictionis sancti Aydani episcopi, quod 2 nos oculis nostris inspeximus, & osculati sumus, & manibus tractavimus, & lavimus, cum oftensum fuisset Alexandro Lincolniensi episcopo, & toti conventui, & plurimis aliis clericis, & laicis, tempore Martini abbatis in quadragesima, die annunciationis Dominicæ anno ab interfectione ejusdem martyris CCCCLXXXVII De quo dextro, & in cujus laude quidam hos versiculos veraci 3 voce edidit

> CUM digitis dextram cute sanguine carneque tectam
> Oswaldi regis, Burgensis continet ædis,
> Ungues sunt tales, fuerant vivo sibi quales
> Intus in hac dextra, patet cernentibus extra
> Nervus & hinc vena, dextra junctura serena
> In cubito veluti nova, patet fossa veruti,
> Quo 4 affuit appensum præcisum martyris almum
> Habentur quoque ibi de costis ejus,& de terra in qua cecidit.

De reliquiis Burgi.

DENIQUE & aliæ multæ reliquiæ ibi sanctorum requiescunt, ex quibus pauca hic annotabimus Reliquiæ de panno ubi involutus est Dominus, duæ particulæ De præ-

---

1 Burgi ecclesie W   2 ipse viz Hugo White.
3 DCXLIII sanctus Oswaldus passus fuit   4 fuit W.

sepi Domini, 1 duobus in locis. De ligno Domini, quod in
igne follicantium inustum apparuit, duæ particulæ De ligno
Domini 2 quatuor in locis De sepulchro Domini quatuor
in locis De quinque panibus, quos dedit Dominus quinque
3 millibus hominum, de vestimento sanctæ Mariæ duobus in
locis. De velamine sanctæ Mariæ duobus in locis De virga Aaron De reliquiis sancti Johannis Baptistæ De sancto
Symeone sene De sepulchro sancti Lazari 4 duobus in locis.
De lapidea patena sancti Johannis evangelistæ Reliquiæ de
sancto Petro apostolo De sancto Paulo, 5 & de sancto Andrea De sancto Bartholomæo, & de sancto Philippo, &
Jacobo, & scapula de innocentibus, reliquiæ de sancto Stephano, & de sancto 6 Dionysio Rustico, & Eleutherio, & de
cilicio 7 Wenceslavi, & de lanea camisia ejusdem martyris.
De manu sancti Magni martyris, 8 & de sancto Laurentio.
Os, & dens, & brachium sancti Georgii martyris, reliquiæ de
sancto Yppolito De sancto Gervasio, Os & dens sancti
Christofori Reliquiæ de sancto Cyriaco, de sancto Potito,
de sancto Quirino, & duo dentes de sancto Edwardo rege
& martyre, reliquiæ de sancto Trudone & de sancto Maximo,
9 & de sancto Salino, & de sancto Theodoro De sancto
Vincentio De sancto Mauritio De sancto Apollinare De
sancto Gorgonio De sancto Cosma & Damiano, & de sancto Sergio & de Baccho, & digitus Sancti 10 Leufridi abbatis.
De sancto Hugone, confessore, de sancto Wlgaro Reliquiæ
de sancto Adelwoldo De sancto 11 Cuthbaldo, de sancto
Vindunano De sancto 12 Fuchario 13 & tres articuli manus sancti Athelardi abbatis Corbeiæ De sancto Acca e-
piscopo, & de sancto Machuto De sancto 14 Egunio abbate De sancto Kenulfo, Brachium S Suythuni episcopi.
De sancto Medardo 15 Scapula sancti Ambrosii & dens sancti Aidini, 16 & de sancto Grimbaldo presbytero De sancto

1 uno loco, Pitchley   2 tribus P   3 suis de sepulis P
4 martyris P   5 desunt usque & de S Philippo in P   6 sancti
7 Reliquiæ sanctorum Martyrum Florentini, Johannis, & Pauli P
8 desunt hæc omnia usque ad digitus S Leufridi abbatis P
10 Leufrid Sw   11 Episcopo &c P
12 Reliquiæ sancti Magni   13 Egwino S Eugiivio P
14 Reliquiæ sancti Salini episcopi martyris P   15 episcopi P
16 episcopi reliquiæ sancti Theodori martyris de sanguinea veste sancti Edmundi & martyris P

Aldelmo

Aldelmo   De fancta Cecilia duæ particulæ.   De fancta Lucia.   De fancta Criftina   De offibus & de fanguine & veftimento Eutropiæ, 1 & de fancta Maria Ægyptiaca, & de fancta Maria Magdalena   De capite & de brachiis fancti Rogelidæ 2 de fancto Auftroberta & de fancta Luburga & de fancto Emenciano & de fancta Juliana virgine & de capillis fancti Adelwoldi 3 epifcopi   Et dens fanctæ Sexburgæ virginis.

R E L I Q U I Æ quæ conditæ funt 4 in magno altari   De ligno & fepulchro Domini, de capite fancti Georgii   De brachio fancti Sebaftiani.   De fancto Pancratio.   De fancto Priccopio.   De fancto Wilfrido   De fancto Botuuino, & de fancto Aberto, & de fancto Sicfrido, & de fancto 5 Ladberto, & de fancto Wildegelo abbatibus

I N turre vero argentea de fepulchro Domini   De vefte & fepulchro fanctæ Mariæ.   De fanctis apoftolis Andrea, Philippo & 6 Jacobo   De fancto Dionyfio, Ruftico & Eluthcrio   De fancto Ofwaldo & de fancto Laurencio   De fancto Vincentio 7, de fancto Potito, & de Cofma & Damiano   De fanctis epifcopis 8 Adelwoldo & Aldelmo.   De Egwino abbate   De fancta Cecilia de fancta 9 Edburga.

Genealogia quorundam fanctorum & fanctarum in Anglia quiefcentium.

A D H U C 10 etiam placuit, ut de fanctis, qui in Anglia requiefcunt, pauca dicamus   11 Sanctus Auguftinus archiepifcopus baptizavit Ethelbrithum Cantuariorum regem &

---

1 Virginis, Pitchley   2 martyre P   3 patris noftri P
4 in altariolo rubei marmoris In margine Sw   5 Ladberto S
6 particulam partis offis fincti Jacobi P   7 de vefte fincti Vincentii Martyris P   8 capillo fancti Adelwldi &c 9 Pichley addit reliquias Maurici martyris De fincto Apollinare epifcopo & martyre De coftis fancti Ofwaldi regis & martyris, & de terra in qua cecidit De oleo fincti Katerinæ virginis & martyris, de lapide ubi fedit Chriftus Jefu quando baptizatus fuit De cruentata vefte fincti Maurici fociorumque ejus De vefte fincti Ofwini regis & martyris, cum magna parte pulvinaris, vel pulvere de fancto martyre Dens fincta Sexburga Dens fancta Hyda De vefte fincta Virginis Mariæ & Liberita   10 Explic. de reliquiis LXXVII præter CCX in rotulo martyrologii quæ abb Benedictus adquifivit Summa omnium reliquiarum CCLXXXVII exceptis XXX, conditis in magno altari Marg C 11 Narrationem huic confonam videfis in Hickefii differt epift thefaur antiq feptentr p 115

totum

totum populum ejus. Nam Berta ejus regina, Francorum regis filia, ad eum venerat Christiana. Habueruntque filiam Edbaldum, & filiam Ethelburgam, quam desponsavit Edwino regi Northanhumbrorum, quem sanctus Paulinus, qui cum illa venerat, convertit, & baptizavit. Postea vero mortuo Edwino reversa est cum Paulino ad Edbaldum, qui tunc Cantuariorum rex erat, deditque ei memoratus villam maximam Lininge cum omnibus adjacentibus, construxitque ibi monasterium, ibique modo requiescit, & sancta Edburga cum ea. Habuit quoque ipse Edbaldus Ymmam filiam regis Franciæ, & ex eis nati sunt sancta 1 Eamswytha, quæ ad Folkeston requiescit, & Erconbrihtus Cantuariorum rex & Ermenredus & sancta 2 Toneva & sancta Ermenburga & sancta Ermengitha. Tunc fuerunt filii Erconbrihti, filii Edbaldi & sanctæ Sexburgæ ipsius reginæ, Egbrihtus rex & Lotharius rex & sancta Ermenilda & sancta Ercongota, filii vero Hermenredi fratris ipsius sanctus Ætheldredus, & sanctus Æthelbrihtus ex conjuge Oslafe.

SANCTA autem 2 Toneva soror eorum desponsata fuit Merwalæ filio Pendan regis Merciorum, & genuerunt sanctam Milburgam, & sanctam Mildritham, & sanctam Milgitham, & sanctum Merwinum, qui in infantia transivit ad Dominum. Postea vero sancta 2 Toneva reversa est ad Kent propter necem nepotum suorum Æthelredi & 3 Æthelbrihti filiorum scilicet Ermenredi, quos Thunor iniquissimus peremerat in villa Estrei dicta, eosque conculcaverat sub sella ipsius regis, sed Deus omnipotens innocentium cadavera abscondi noluit, sed media nocte per columpnam lucis manifestavit, ita ut ipse rex nimio terrore perterritus miserit propter sanctam 2 Tonevam amitam illorum, ut per ipsam placaret Dominum, deditque ei octoginta jugera arvorum ad construendum monasterium, ibique Deus ipsum Thunor pro hoc facto terribiliter occidit, ita ut terra eum degluttiret. Misitque sancta Toneva filiam suam sanctam Mildritham ultra mare ad monasterium Caul dictum, ut ibi disceret monasterialem ritum, quod ipsa honestissime perfecit, ac multas ibi sanctorum

---

1 Eanswitha S. W. 2 alias Donneva & Domneva S. & W. et alibi
3 Æthelbrihti S

reliquias adquisivit　Et postquam domum reversa est, sacrum velamen suscepit　Et postea abbatissa 1 facta est, ubi LXX virgines jam erant coadunatæ, & sancta Ermengyda amita ejus cum ea.　Ipsaque sancta Ermengyda ibi requiescit, successitque beatæ Mildrithæ in monasterii regimine beata Edburga

SANCTA vero Sexburga regina Erconbrithi construxit monasterium sanctæ Mariæ in Sceptege, eumque cum Lothero filio honorifice ditavit, ipsaque sancta Sexburga & sancta Etheldritha & beata Withburga filiæ erant Annæ regis orientalium Anglorum　Desponsata est vero beata Etheldritha Egfrido regi Northanhunbrorum, & tamen in virginitate usque ad finem permansit　Filia autem Sexburgæ Ermenilda desponsata erat Wltero regi, & ex eis nata est sancta Wereburga, quæ nunc requiescit in Legecestre.

De filiis & filiabus Pendæ pagani regis, & eorum generationibus.

MERWALA autem & Peada, & Wlferus, & Etheliedus, & sancta Kyneburga, & sancta Kyneswytha, ex Penda nati sunt　Et quamvis pater esset paganus, ipsi tamen christianissimi & sanctissimi erant.　Sanctaque Tibba erat eorum consanguinea　Sanctus quoque Oswaldus rex ex regibus ortus patre Egfrido, & nepos inclyti regis Edwini, sanctitate & prudentia omnes antecessores suos superavit　Hæc pauca iccirco diximus, ut cognoscatur illorum sancta generatio

Nunc autem ubi requiescunt vel ipsi vel alii, adhuc pauca dicamus　Sanctus Augustinus qui christianam fidem genti Anglorum prædicavit, ipse requiescit in ecclesia sancti Petri in Cantuarebyri, cum episcopis sanctis Laurentio, Mellito, Justo, Honorio, Deusdedit, Theodoro, Brithwaldo, Tatwyno, Nothemo, & Leodardo, qui cum Berta regina venerat, & Adriano abbate, & cum sancta Mildritha virgine.　Et in ecclesia Christi infra muros requiescunt sancti archiepiscopi Dunstanus, Odo, Ethelgerus & Elphegus 2　Et in 3 Rouecestre requiescunt sanctus Paulinus, qui archiepiscopus in 4 Everwyc primus erat, & in Lundonia sanctus Sebbi rex & sanctus Fi-

---

1 esseca S.　　　2 W addit, & gloriosus Thomas　　　3 Rouecestre S
4 Eboraco. S

conwaldus

conwaldus & sanctus Theodredus episcopus, & in Glestingbuii sanctus Patricius episcopus & sanctus 1 Selfridus ejusdem loci abbas, & in Abbandun sanctus Vincentius martyr, & sanctus Albanus in monasterio suo, & in Wyncestre in veteri monasterio sanctus Suythunus, & sanctus Adelwoldus, & sanctus Briinus, & sanctus Hedda, & sanctus 2 Briustanus episcopi, & sanctus Justus martyr, & in novo monasterio sanctus Grymbaldus presbyter & sanctus Judocus confessor, & in Nunaminster sancta Æthelburga Et in Hamptune sanctus Ragaher rex, & in Bredun sanctus Ædulfus rex, & monachi cum eo sanctus Cotta, & sanctus Benno, & sanctus Fretheiicus. Et in Barthaneya sanctus Oswaldus rex, & in Tinemuthe sanctus Oswinus rex, & in Extoldesham sanctus Alfwaldus rex, & in Bedricswithe sanctus Edmundus rex, & sanctus Botulfus episcopus, & in Dunelmo sanctus Cuthbertus episcopus, & sanctus Bogels abbas Et in 3 Halgacland sanctus Edbrithus episcopus, & in Higceland sanctus 4 Columba abbas & sanctus Egbrithus episcopus, & in Beverlie sanctus Johannes episcopus & 5 Brctunus abbas Et in 6 Cccefege sanctus Hybaldus episcopus, & in Hevesham sanctus Egwinus episcopus, & sanctus Wynstanus martyr, & in Wynchelcumbe sanctus Kenelmus martyr Et in Derebi sanctus Alchmundus martyr, & in 7 Stetford sanctus Berthelmus martyr, & in Bucingeham sanctus Rumoldus trium noctium puer, & in Hereforde sanctus Egelbrithus rex, & in Sceldeford sanctus Egelwynus martyr, & in Licchesfeld sanctus Cedda, & sanctus Ceada & sanctus Ceata episcopi, & in Malmesbiri sanctus Aldelmus episcopus, & sanctus Paternus episcopus Et in Hah sanctus Rumwaldus, & in Sereburna sanctus Wlsius episcopus, & in Cernele sanctus Edwaldus frater sancti Edmundi regis, & in Cicce sancta Osgytha, & in Thamwithe sancta Edgitha, & in Rumesege sanctus Merewen & sancta Falfled abbatissa, & sancta Baltilda regina Et in Buckeswitha sanctus 8 Ivitium confessor, Et in Elteslea sancta Pandone & sancta Wyndritha virgo. Et in Stortesforda sancta 9 Aldytha, & in Iverwic sanctus Euorhilda, & in Coventre

---

1 Elfridus S   2 Birnstanus S   3 Halyclond W
4 Columbanus W   5 alias Bertunus   6 Cetelege. W
7 Stetford W   8 Inicium S   9 Aldgytha Sw

ıınct? Ocburga, & ın Buttuna ſancta Modwenna, & in Ri-
pun ſonctus Wylfridus, & ſanctus Acca & ſanctus Egelſi epiſcopı, & ın 1 Wybuıne ſancta Cuthbuıch ıegına.   Ft in Ely
ſancta Etheldrıtha & ſancta Withburga & ſancta Eımenilda
& ſancta Sexburga vııgo, & in Oxanſoıda ſancta Fıetheſwy-
tha, & ın Colodesbuıch ſancta Ebba abbatiſſa, & ın Rame-
ſeya ſanctus Yvo & ſanctus ſelix epıſcopı, & ſanctus Fthelre-
dus & ſanctus Ethelbrıthus maıtyıes, & ſancta Egelſled re-
gına, & ın Wigerceſtre ſanctus Oſwaldus archiepiſcopus, &
ın Lrolſesbuı ſanctus Neotus pıesbyteı, & in Grantham ſanctus Wıfſarnos epiſcopus & ſanctus Symphoıianus maıtyı, &
ſancta 2 Etıytha vıIgo   Et in Tornere ſanctus Athulfus, &
ſanctus Fıumınus & ſanctus Heıcfıidus epiſcopı, & ſanctus Bo-
thol_ıı abbas, & ſanctus Benedictus qui fuıt abbas monaſterii
apud Weremutham, & ſancti Ciſſe & 3 Lume Pıesbyteıı, &
ſanctus Taıcıedus & ſanctus Toıhtredus heıemitæ, & ſanc-
ıı Tova vııgo   & ın Beıcıng ſancta Ethelburga & ſancta
Hıldeıtha & ſancta Wıhlda abbatiſſæ, & ın Eſca ſancta Hil-
da abbatiſſa, & ın Cıulandıa ſanctus Guthlachus Pıesbyteı;
& ın Botıaene ſanctus Petıocus, & ſanctus Credanus, & ſanctus Medanus, & ſancta Dachuna vııgo, & ın Sceſtesbuı
ſanctus Edwaıdus ıex & maıtyr & ſancta Flgıva ıegına, &
ın 4 Wıtedun ſancta Monegunda, & in Cathleu ſancta Bega;
& ın Haceancſſa ſancta Lthelburga, & ın Gyıum ſanctus Beda Pıesbyteı, & ın 5 Megelıos ſanctus Drıhthelmus confeſſoı;
& ın Wınloca ſancta Mılıbuıga, & ın Tenet ſancta Eımen-
gytha, & ın Legeceſtre ſancta Weıbuıga, & ın Buıch ſanctæ
ıelıqıæ ıeqaıeſcunt, quæ ſupıaſcııpſimus   Hæc propter
utılıtaı m legentıum inſeıuimus, ut qui alıquem ſanctum ad-
ıe ıoleaıt, ſcıat quo eum ıequıiat

  Nunc veıo ad pıopoſıta ıeveıtamuı   Pıædictus abbas 6 Elf-
ſius poſtquam quinquagınta annos ſicut dıximus eccleſiam de
Buıch ſtıenue ıexeıat, tandem vıam unıveıſæ caınıs ingreſſus eſt
In dıebus tamen cjus cum eſſet ultıa maıe cum ıegına, multæ
teıı ablatæ ſunt ab eccleſia ſicut Hovedene in provıncia
~ Ivcıwyc & Baıwe & multæ alıæ quas nomınaıem, ſi alı-

---

1 Wıbıunc S   2 Etrythun S   3 Hunc S *recte*
4 Wıe aun W   5 corıgitur Mevcıos in W   6 Lſınus W
~ Ebοıum W

quid
8

quid prodesset, nimium enim tributum Angli dabant Danorum
exercitui, qui in tempore Ethelredi regis & Ladmundi pene
per quadraginta annos prædabant & devastabant & ardebant,
& nimis affligebant totam Angliam, sicut scripta testantur, donec Suein, sive Cnut filius ejus ex eorum progenie exaltati
sunt in regnum. Semper enim dabant & augebant tributum
usque LXXII millia librarum & eo amplius per annum, & sine
hoc quod de Londonia dabatur XI millia librarum, & nihil aut
parum eis profuit. Semper eam in omnia mala agere non cessabant. Tunc qui habuerunt ad tantum tributum solvendum
dabant, qui non habuerunt terras & possessiones & alias res
irrecuperabiliter perdiderunt. Unde factum est, ut ecclesia
ista, & multa aliæ multa perdiderunt.

M LV. obiit Ælsius abbas Burgi, cui suc-
cessit Erwinus

MORTUO autem, sicut diximus, 2 Elfsio abbate, electus est ab omni congregatione vir magnæ sanctitatis &
simplicitatis 3 Erwinus ad ipsum monasterium regendum.
Hic pro nimia simplicitate sua dedit regalem villam Holn ..,
quæ in dominico sancti Petri erat, sicut scripta in eadem ecclesia posita testantur, pro Stokes, pro nihilo alio nisi quia 4
propinquior ei erat ad Stokes ... ad suam firmam, quam ad
Holne. Et hic in prosperitate vitæ suæ & voluntate dimisit abbatiam suam, octo postea ... vivens annos.

M LVII Lefricus abbas

ELECTUS est pro eo cum consensu regis & ipsius ad
ipsam ecclesiam regendam a tota congregatione pulcher-
rimus monachorum, flos & decus abbatum, Lefricus monachus. Hic ex nobili progenie Anglorum ortus, nobilior in moribus, nobilissime rexit & dilexit ecclesiam suam. Et sicut
scriptum est, ornavit tempora sua usque ad consummationem

vitæ. Hic multas terras & varia ornamenta ad honorem
ecclesiæ suæ acquisivit, sed & magnam crucem quæ super altare est mirabili opere de argento & auro fecit. Candelabra etiam aurea & argentea & magnam tabulam ante altare
totam ex auro & argento & preciosis gemmis & plurima
feretra & textas evangeliorum & multas alias res, similiter
omnia ex auro & argento fecit. Casulam quoque ex purpura optime de auro & preciosis gemmis ornatam & aliam
candidam similiter ex purpura, cappamque viridem ex purpura, & alias multas casulas & cappas & pallia & alia ornamenta
dedit plusquam ullus ante eum fecit aut post eum facturus est.
Ditatusque est locus ille in tempore ejus in terris & in auro
& argento & variis ornamentis incredibiliter, ita ut non jam
simpliciter Burch sed i Gildeneburch, hoc est, aurea civitas
vocaretur. Dilectus enim erat a Deo & hominibus, & ideo
omnia bona illi habundabant, nec mirum, qui Deum diligit & voluntatem ejus facit si ab hominibus diligitur a rege Edwardo & regina Edgit in tantum dilectus est, ut pro a-
more ejus dederint sancto Petro & ipsi alias 2 abbacias viz.
Brutune, & Coventrie, quam comes Leuricus avunculus ipsius construxerat, & nimis in auro & argento ditaverat, sed
& Crulandiam & Torneyam dederunt ei, ita ut esset abbas
& pastor super quinque monasteria. Dedit tamen regi viginti marcas auri pro villa Pilkertune quam quædam matrona
Leviva de Londonia dicta, Deo & sancto Petro fratribusque
pro redemptione animæ suæ & societate loci dederat. Sed
rex & regina Edgit illam villam ei auferre conati fuerant
simili modo & pro Piketune dedit regi octo marcas auri,
quam eadem fœmina dederat, pro Burchle quoque quæ erat
in Dominio & ad firmam, dedit regi octo marcas auri,
quia cuidam capellano regina Elfgaro dicto ad firmam di-
miserat quamdiu vixit. Quando vero fuit mortuus, rex &
regina illud conati sunt auferre.

Et quia stylus noster in hiis terris scribendus est, libet pauca
scribere de terris, qui eas dederunt, vel nomina eorum, vel
terrarum quæ in tempore istius abbatis vel aliorum data sunt

---

1 propter copiam auri & argenti Gildeneburg vocabitur post restaurationem
usque ad adventum Haroldi tempore Willielmi Conquestoris. M. Cot.
2 quatuor cœnobia subjecti Burch

notis

notificare, quantum ad notitiam nostram pervenerit, ne omnino oblivioni tradantur, ideo pauca, quia nec scimus, nec possumus omnia scribere, quia propter scriptorum negligentiam ad notitiam nostram non pervenerunt. Omittimus autem eas, quæ in antiquis privilegiis scriptæ sunt, vel eas quæ a sancto Adelwoldo, vel Aldulfo adquisitæ sunt, quas alibi scripsimus, solummodo scribentes eas, quæ in istis temporibus adquisitæ sunt.

Nomina eorum, qui dederint tenementa & possessiones sancto Petro antiquitus.

Hæ 1 sunt autem terræ. Leofwynus 2 Alderman filius Elfwynæ dedit Deo & sancto Petro Adelwoltune. Halfdene filius Brenctini dedit sancto Petro Walecote apud Tirkingham, & Birchestorp, & Riale, & Belmestorp. Elfgarus de Dunesbi dedit sancto Petro Dunesbi, sed abbas Brand dimisit illud cuidam propinquo suo ad firmam Haldene 3 dicto, pro eo quod rex Willelmus abstulerat ei omnem terram suam & dederat episcopo Lincolniensi Remei. Et ideo ipse Remei injuste abstulit sancto Petro hanc terram. Wlf filius 4 Topi frater ejus dedit sancto Petro Manetorp & Carletun. Burred & parentes ejus dederunt Deo & sancto Petro 5 Bartune juxta Keteling, & erat in dominio & ad firmam, sed Geffridus episcopus de sancto Loth Justiciarius regis ad dampnacionem animæ suæ illud injuste abstulit. Et sic usque in diem hodiernum qui dominium prædictæ villæ a monasterio sancti Petri de Burg detinent malæ fidei possessores dinoscuntur. Alfelmus Alderman dedit sancto Petro Coungham, & Middeltun, & Benefeld, & omnia quæ ad ipsa pertinent. Raulfus comes, 6 propinquus regis Edwardi dedit sancto Petro Istun, & Brinnighyrst & Prestegrave, & Dictun, & Glithestun. Langetun in provincia 7 Legecestriæ Franc de Rogingcham dedit. Kinsius archiepiscopus dedit Tinewelle de

---

1 Hæc antiquarum donationum recensio iterum occurrit in registro Rob. Swaphami fol. 121 & 122. unde quasdam varias lectiones excerpsi.
2 S fol. 121 Princeps. 3 fol. 121 adast. filio Topi fol. 37 a W. 4 Topi S & W Copi C. 5 Barton Hinred sed manu recentiori, & supra vocem Barton W. 6 nepos S fol. 121. 7 Lethecestræ S.

patrimonio

patrimonio suo. Turkilus Hoche dedit sancto Petro Colingham, & monetarium in Stanford, & terram ibidem ex ista
parte aquæ. Et Winegotus apportavit brachium sancti Oswaldi de Bebeburch. Godgit domina dedit sancto Petro Hah,
& Langele Denham, & Wassingburch, & Binitun, & Cunun-
gesburch, & terram in Bernewelle & casulam Wlurie 1 Child
dedit Marham. Comes Harold dedit Cliftune & terram in
Londonia juxta monasterium sancti Pauli 2 juxta portumque
vocatur Itheredisbythe. Elfsi Child filius Outi dedit 3 Turlebi, Fredgist filius Catæ dedit Guedhawing & ea quæ ad
illud pertinent in Hoyland.

4 BRAND 5 abbas & Askylus & Syricus & Sivorthus fratres dederunt has terras Deo & sancto Petro & fratribus in
Burch, scilicet Muscham ex alia parte Trentæ, & Scotere &
membra quæ adjacent in Scotere, & in 6 Scalkestorp, undecim carrucatas terræ. In Scottune sex carrucatas terræ, in
Torp duas carrucatas terræ. In Loletorp dimidiam carrucatam terræ. In Risum dimidiam carrucatam terræ. In Messingham quatuor carrucatas terræ & sex bovatas terræ. In
Malmetun duas carrucatas terræ. In Cletham unam carrucatam terræ. In Hybaldestove unam carrucatam terræ, & quartam partem ecclesiæ. In Rachemildetorp duas carrucatas
terræ & dimidiam. In Holme duas carrucatas terræ. In
Risebi dimidiam carrucatam terræ. In Walecote 7 octo
carrucatas terræ. In Alchebarve unam carrucatam terræ, &
ecclesiam. In Normannebi unam carrucatam terra. In
Alethorp dimidiam carrucatam terra. In Muscham unam
carrucatam terræ, & duas bovatas terræ, & terram in 8 Lincolnia, quæ reddit duodecim solidos per annum, & alias terras,
quarum nomina non retinemus, ita ut inter tota quinquaginta
& duas carrucatas terra dederunt. In provincia Lincolnia

---

1 Child S W W. addit sancto Petro   2 & post portum Heredi prop-
ı tam selli Holmhida S f 122   3 Osgoteby S fol 122 & Turlebi erat donum
f. 129 f 3 h W 4 Askil filius Toka dedit Walecore supra Humbrum, dum adhuc
viveret, & post obitum illius & fratrum ejus scilicet Sirici & Sivorthi dedit Brando
abbas et fratrum eidem ecclesiæ sancti Petri Muskam ultra Trente & Scotere
Sc S fol 122 Yolthorp W & S fol 122   5 monachus & postea abbas Burg W h   6 Scalthorp W   7 W addit super Humber
8 Lincolnia

non sunt Hydæ sicut in aliis provinciis, sed pro Hydis sunt carrucatæ terrarum, & non minus valent quam Hydæ.

Agelricus episcopatu Dunelmensi relicto ad ecclesiam Burgi rediit anno MLVI.

IN temporibus illis ita carum & amatum erat monasterium sancti Petri de Burch propter magnam religionem & caritatem, quæ ibi erat, ut non solum comites & divites sed etiam archiepiscopi & episcopi relinquerent sedes proprias & se suaque omnia Deo & sancto Petro traderent, sicut 1 Eluricus archiepiscopus de Eboraco, qui dedit albam de purpura cum optimis aurifriciis paratam & duas cappas optimas & stolas & Dalmaticam albam & altare cum reliquiis optime cum auro paratam, & 2 tria pallia & duo magna candelabria de argento quæ postea furata sunt, & baculum suum, omnia optimi. Hæc omnia & multa alia cum corpore suo dedit, ibique requiescit, similiter & sanctus Kinsinus ejusdem civitatis archiepiscopus dedit textum evangeliorum optime de auro paratum & villam de Tynewelle, & in ornamentis, quæ fuerunt appreciata trecentis libris, quæ omnia cum corpore suo 3 dedit, sed regina Edgit ea omnia abstulit. Hic Kinsinus monachus erat, & abstinentissime & sanctissime vivebat, ita ut cum clerici vel familia ejus affluentissime & splendide cotidie epularentur, ipsemet cum grossiori pane vel ordeaceo, & cibis, ac potibus vilioribus corpus suum sustentabat. In quadragesima vero semper de villa in villam pedibus ambulabat, & sæpe nudis, prædicando, & eleemosynam faciendo, & magis noctibus ibat, cavens jactantiam & vanam gloriam, itaque beato fine, & in bonis operibus in pace requievit. Sed & Wlstanus archiepiscopus se & omnia sua dederat in eodem loco. Sed cum isset ad visitanda sanctorum loca, & venisset ad Ely, ibi infirmatus est, & mortuus & sepultus.

In diebus istius abbatis, id est, Leuricii electus est 4 Egelricus sanctissimus monachus ejus ad archiepiscopatum Eboracæ civitatis, & consecratus, sed tamen facientibus quibusdam ex

---

canonicis, vel ex clericis, quia pene naturale est eis semper
invidere monachis, quia monachus erat, noluerunt pati eum
archiepiscopum esse, factus est tamen episcopus Dunholmiæ;
& cum magna gratia omnium tam laicorum, quam monachorum, episcopatum suum aliquantis annis tenuit, & postea
pio amore Dei illum derelinquens, ad suum monasterium,
scilicet ad Burch rediit, illic feliciter per duodecim annos
vivens. Episcopatum tamen dedit fratri suo Egelwino, &
eum fecit ordinari Postea vero cum Willielmus, qui bello
Angliam conquisivit, factus est rex; accusati sunt ambo a-
pud eum, & 1 Eilricum quidem misit ad Westmonasterium,
mittens eum ibi in boias, quamdiu vixit, & quando mori
debuit, prohibuit auferri boias, sed cum ipsis sepeliri 2, spe-
rans se pro hoc martyrio in gloria resurrecturum Sepultus
est autem in ipso monasterio, in portico sancti Nicolai;
fratri autem ejus Egelwinus expulsus est de episcopatu, &
postea misit eum rex ad Abbandoniam, & ibi mortuus est.

Willielmus dux Normanniæ venit in Angliam.

IN his diebus id est decimo tertio anno Leurici abbatis
venit Willelmus dux Normannorum, & Angliam bello adquisivit, sicut quidam versibus scripsit

Anno milleno sexageno quoque seno
A genito Verbo, duce jam regnante superbo,
Anglorum metr crinem sensere cometæ
Belli transacti, sunt hic anni numerati.
Quod fuit hic factum quod & est nunc usque vocatum
Dilecti Christi fuerant tunc festa Calixti

IN illo exercitu fuit ipse Leuricus abbas, & ibi infirmatus est, domumque reversus mortuus est 3 Kal Novembris in
nocte solemnitatis omnium sanctorum, multum lugentibus, &
flentibus tam monachis, quam laicis, & vix inventus est
aliquis, qui cum in sepulchro poneret præ nimio dolore.
Sed cum ægrotaret, sedente prædicto Egelrico, qui fuerat episcopus, quodam vesperi in ecclesia more solito intentus in

---

1 Egelricum W   2 supple voluit   3 Leuricus mortui MLXVI
                                            orationibus,

orationibus, apparuit ei visibiliter diabolus in similitudine pueri horribili aspectu, dicens se noviter triumphaturum de altissimo eorum Adjecit etiam dicens sese tribus vicibus vindicaturum de monachis, & de monasterio, dixitque modum, primitus expulsurum se omnes monachos, & omnia bona ecclesiæ Danis diripienda dixit, & alia vice omne monasterium per ignem destruendum protavit Hæc duo prophetiæ scimus jam esse completa, & avertat Deus a tertia, ne sit vera, & sit ipsa, sicut est pater ejus spiritus mendax. Nollem dicere, quæ sit ista tertia, sed cogunt me aliqui fratrum dicere propter providentiam, ut unusquisque caute se agat, & caveat se ab insidiis diaboli, & ne ita eum superet. Dixit enim diabolus se instinctu suo facere, ut aliqui fratrum se invicem cultellis suis interficiant & tunc destruendum monasterium, quod avertat Deus, ne siat Cum autem episcopus ei nihil responderet, sed in oratione persisteret, cœpit ire quasi ad altare ire vellet, sed cum prohibuisset eum episcopus, & dixisset, increpet te Dominus sathan, non licet tibi ingredi in sancta sanctorum, diabolus ut fumus evanuit, & maximum fœtorem post se dimisit, ita ut cum fratres a collatione ad completorium venissent, adhuc duraret fœtor ille, sed tunc nesciebant unde esset.

Brando monachus Burgi electus est in abbatem Burgi.

ABBATE autem Leurico, sicut diximus, mortuo, omnis congregatio elegerunt & constituerunt 1 pro eo abbatem Brandonem, cooperatorem & adjutorem ejus in omnibus bonis rebus, qui maximas possessiones, ipse & fratres ejus, sicut ante diximus, Deo, & sancto Petro, & monachis dederunt, & miserunt eum ad Edgarum Etheling, qui erat de semine regio, ut concederet ei abbatiam· quod & libentissime fecit Omnes enim putaverunt eum terram adquirere & regem facturum esse, pro qua re iratus est nimis contra eum Wilhelmus jam inunctus rex, sed facientibus amicis dedit

ci prædictus abbas quadraginta marcas auri pro amicitia ejus,
& ut confirmaret omnes terras quas dederant ipse & fratres
sui scripto suo, quod & fecit, 1 sicut superius scriptum est;
sed ipse abbas non plusquam tribus annis postea vixit Mortuo autem ipso secundo Kal Decembris omnia mala ex tunc venerunt ad ipsum monasterium.

Dani venerunt in Angliam.

TUnc venerunt Dani in Angliam, scil Sueynus rex filius Cnuti regis, & maximus exercitus cum eo, & putaverunt Angli, quod ipse bello adquireret terram. Tunc
comes quidam ex ipsis Osbernus nomine, & episcopus Chri-
stianus, & multi cum eis venerunt in insulam Ely, & adjunxit se Herewardus cum suis ad eos, & faciebant omnia mala.
Et ipse Herewardus incitabat & invitabat eos, ut venirent ad
monasterium de Burch, & acciperent quicquid ibi erat in
auro & argento & cæteris preciosis rebus, quia audierant quod
abbas esset mortuus, & quod rex dedisset abbatiam cuidam
monacho Normanno nomine 2 Turoldo, & quia ipse nimis
austerus homo esset, & quod jam ad Stanford cum militibus
suis venisset, propterea festinaverunt ire & accipere quicquid
invenissent Nec hoc latuit monachos de Burch. Erat tunc
quidam secretarius in monasterio Ywarus dictus, qui audito
rumore per consilium monachorum accepit quicquid potuit
conducere in textus evangeliorum & casulis, & cappis & albis & talibus parvis, & venit ad abbatem Turoldum ad Stanford, & narravit ei quomodo Herewardus, & Dani venirent,
& deprædarent ecclesiam,

Destructio monasterii tempore Willielmi Conquestoris.

EAdem vero die summo mane venerunt prædicti malefactores cum multis navibus, sed monachi & sui clause-
runt portas, & cœperunt viriliter defendere desuper, factaque

eſt pugna gravissima ad portam 1 Bulehithe Et videntes
Herewardus & socii ejus quod non poſſent eos vincere, nec
intrare, miſerunt ignem in domibus, quæ erant juxta portam,
& ſic per ignem intraverunt, arſerunt etiam omnia 2 Officina
monachorum & totam villam, præter ecclefiam & unam domum Monachi tamen venerunt contra eos, & depreca-
bantur ne hoc malum facerent, & nolebant audire, ſed ſicut erant armati intraverunt in ecclefiam, & volebant auferre
magnam crucem, ſed non potuerunt Acceperunt tamen
coronam auream de capite Crucifixi cum pretiofis gemmis,
& ſcabellum ſub pedibus ejus ſimiliter ex auro puro & gemmis Acceperunt autem duo feretra aurea, & novem alia
argentea, ex auro & gemmis bene parata, & 3 duodecim
cruces, aliquantas aureas, & alias de argento & auro & gemmis Nec hæc ſuffecerunt eis, ſed aſcenderunt in turrim, &
acceperunt magnam 4 tabulam, quam ibi abſconderant monachi totam ex auro & argento & gemmis pretiofis, quæ
ſolebat eſſe ante altare, & acceperunt tantum aurum &
argentum in variis rebus & variis ornamentis, & libros,
quod nemo poteſt dicere, vel appreciare. Omnia hæc
fuerunt optima, nec remanſerunt in tota Anglia talia. Tamen dixerunt, quia pro fidelitate ecclefiæ hoc facerent,
& melius illa Dini ſervarent ad opus ecclefiæ, quam Franci
Siquidem & ipſe Herewardus homo monachorum erat, &
ideo aliquanti credebant ei, ſed & ipſe poſtea ſæpe juravit ſe
bona intentione hæc feciſſe, quia putabat illos vincere Willielmum regem, & ipſos poſſeſſuros terram. Quod ad abbatem Turoldum apportatum eſt, hoc ſervatum eſt, quod autem illi rapuerunt, omnino perditum eſt Acceperunt itaque
omnia, quæ conducere potuerunt, & miſerunt in navibus ſuis,
& navigaverunt feſtinantes, quia timebant ne ſupervenirent
Normanni Et cum veniſſent ad Lly commendaverunt omnia ipſis Danis Duxerant autem ſecum Adelwoldum priorem, & Igelfinum monachum, & plures ex ſenioribus monachis Tunc diſperſi ſunt omnes alii, huc & illuc, ſicut
oves non habentes paſtorem, ita ut non remaneret in monaſterio, niſi unus monachus infimus nomine Leofwine Lan-
ge, hic jacebat in domo infimorum. Et adimpletum eſt

---

1 Bothithe S Bolchithe W   2 Officia S   3 XV. *Chr. Sax*
4 Pallium *Chr. Sax*

quod dictum erat ad episcopum Eilicum, hoc autem totum factum est quarto nonarum Junii. Eodem die venit Turoldus abbas ad monasterium cum centum & quadraginta Normannis bene armatis, sed eos invenire non poterant, quia jam naves ascenderant; invenit autem combusta omnia intus & foris, præter solam ecclesiam, tunc illa quæ vocabatur civitas aurea facta est pauperrima. Prior autem Adelwoldus, & cæteri seniores ducti sunt, sicut diximus, cum thesauris, & fuerunt in Ely cum Danis. Et quia ipse prior sapiens & prudens erat, promittebant ei, ut si vellet cum eis ire ad illorum patriam protegendam, episcopum eum esse & futurum. Ipse vero simulavit se hoc libenter velle, ac illi commendaverunt ei omnem thesaurum, & claves tradiderunt ei. Ipse autem adquisivit sibi clam malleos & omnia ferramenta, quæ necessaria sibi erant, & habuit apud se. Quodam vero die fecerunt grande convivium ipsi Dani, & quasi festivitatem facientes pro thesauro, quem sine magno labore adquisierant, in magna lætitia erant. Illisque tota die epulantibus & bibentibus, Adelwoldus prior sumpsit ferramenta sua, & facta oratione, egressus est aperire feretrum, ubi noverat brachium sancti Oswaldi regis & martyris esse reconditum. Duos tamen servientes suos fideles constituit speculatores & exploratores, unum in domo ubi bibebant, & alium media via ne Dani supervenirent ei, aut interrogaretur ab eis. Qui cum abstulit omne aurum & argentum, invenit locellum ligneum ita fortiter ferro ligatum, ut omnino desperaret, nisi de Dei adjutorio & sancti Oswaldi confideret. Tamen quamvis cum magno labore omnia ferramenta abstulit, & abscondit, & ipsum locellum aperuit. Invenitque capsulam intus, in qua sacratissimus & preciosissimus thesaurus erat reconditus, brachium scilicet sancti Oswaldi cum pluribus aliis reliquiis. Quod accipiens cum magno timore illud sacrum furtum abscondit in stramine lectuli sui sub capite suo, sic enim pro angustia temporis oportuit fieri. Postea vero aptavit aurum & argentum, sicut antea fuerant. Sed inter hæc surrexerant omnes Dani, ut irent ad vesperas, & penitus in his captus esset, nisi misericordia Dei & sancti Oswaldi adfuisset. Qui de loco non sunt moti, donec prior lota facie de frigida aqua, quia rubens erat pro labore & sudore, ingressus est ad eos. Illi autem videntes eum, omnes
assurex-

assurrexerunt ei, quia omnes diligebant eum sicut dominum & patrem, & adgaudebant ei, nec fuit aliquis, qui eum interrogaret ubi fuisset vel quid fecisset. Postero vero die accipiens intersigna 1 ad Herewardum propter socios illius, qui vagabantur per aquas, misit prædictos suos servientes quasi aliquid de loco Burch apportaturos. Misit autem eos ad Rameseyam cum sanctis reliquiis, ut ibi servarentur. Interea concordati sunt 2 duo reges Willelmus rex Anglorum & Sueynus rex Danorum, & convenit eis, ut quicquid ipse Sueynus in auro & argento adquisierat, suum esset & ad patriam suam secum portaret, unde factum est, ut ipsi Dani qui in Ely erant, acciperent omnem illum thesaurum, & mittentes in navibus suis ad Daciam sunt reversi. Cumque essent in medio mari, orta est eis tempestas valida, ita ut quædam ex navibus ubi thesauri erant, appulsæ sunt in Norweyam, aliæ in Yrlandiam, aliæ in Daciam, nec de toto thesauro aliquid venit ad Daciam nisi magna tabula, & aliquanta ex feretris & crucibus. Tamen quicquid habuerunt apportaverunt ad quandam villam regis, ibique in ecclesia posuerunt 3 Ynnarus autem secretarius Burgi, de quo diximus, postea ivit ad Daciam, & eodem modo & ingenio, quo prior fecerat, adquisivit omnes reliquias, quæ in aliis scriniis erant, & domum apportavit. Postea vero per negligentiam & ebrietatem illorum combusta est ipsa ecclesia cum toto thesauro, sicque Dei judicio juste perdiderunt, quod injuste adquisierant. 4 Eylricus autem episcopus, qui jam in vinculis erat apud Westmonasterium, cum audisset hæc omnia, excommunicavit omnes, qui ista mala fecerant. Adelwoldus vero prior, cum Dani issent Daciam, ipse cum omnibus aliis reversus est ad ecclesiam suam, ubi jam 5 Turaldus abbas erat, monachi quoque qui dispersi fuerant reversi sunt ad locum suum, & fecerunt Dei servitium, ubi per septem dies non fuerat factum. Et cum prior domi esset reversus, voluerunt monachi Ramesienses detinere sanctas reliquias, sed gratia Dei illis non licuit. Nam Turaldus abbas minatus est arsurum se esse monasterium, nisi reddidissent, quod eis commendatum fuerat. Quadam autem nocte cum esset secretarius illorum in ecclesia & vigilaret, audivit infantem infantili voce

___

1 ab Herewardo S   2 & inter sicl. S   3 Yuurus W.   4 Egelredus W
5 Thoraldus W.

&

& alta dicentem tei, fanctus, fanctus, fanctus. Qui cum abbati mane retuliffet, intellexit ftatim idem abbas, quod non poffet retinere fanctas reliquias, & juffit ut redderentur. Erat enim in ipfa capfula cum brachio fancti Ofwaldi & cum a- liis reliquiis, fcapula una de innocentibus, quam & nos ali- quando vidimus, cum brachium fuiffet oftenfum Martyno ab- bati, & magnum miraculum evenerat una vice de ipfa. Nam erat quidam fecretarius Burgi nomine Filricus Cnorri in tempore abbatis Matthiæ, qui, cum idem abbas non credi- diffet quod brachium integrum effet, juffit aperiri fibi cap- fulam, ac fecretarius, cum non haberet manus aptas ad hæc tractanda, incaute accepit ipfam parvam fcapulam, quæ & inter digitos ejus fracta eft, ftatimque exivit fanguis ex ea, & cecidit fuper pannum in quo erat involuta, & ita recens eft ufque hodie, quafi hac die exiffet, quod & oculis noftris vidimus, ideoque credimus, quia is qui minimus erat in cor- pore non tamen in merito, intimaffet pro fe & pro aliis non ibi fe velle remanere, cum dixiffet tei fanctus, ac fi dixiffet tei, nolumus hic requiefcere. Erat tunc temporis in ipfo monaf- terio quidam prior Turbernus vocabulo, amicus Adelwoldi prioris & amicus ecclefiæ noftræ, qui omnia & multo plura ex illorum rebus reddidit. Sicque factum eft, ut nihil aliud de omnibus rebus, quæ ablatæ funt, recuperari poffet, nifi folummodo reliquiæ, & monafterium quod antea erat ditiffimum tunc factum eft pauperrimum. Et ex ea die ad ea quæ re- manferant nihil additum eft vel reftauratum fed femper im- minutum. Quoniam ipfe abbas Turaldus non folum non addidit, fed etiam teiras bene congregatas male diftraxit, & dedit eas parentibus & militibus fuis qui cum eo venerant.

VIDELICET fexaginta duo feoda militum, & de eifdem feodis eos hæreditarie feoffavit, quorum hæredes faciunt ab- bati & conventui fervicia fua debita & ordinata, & alia jura quando accidunt, de quibus abbas & conventus feititi funt, ut de Wardis, Releviis, Maritagiis, & aliis juribus fimilibus, prout per cartas regum infra fcriptas pleniffime denotatur & confirmatur. Nomina feodorum militum prædictorum five hæredum ipforum hic fcribuntur.

Defcriptiones feodorum militum & aliorum tenentium de abbacia Burgi, per fervitium militare 1.

GALFRIDUS de fancto Medardo tenet de fancto Petro & de abbate & conventu de Burch in Northamptonefyre decem hydas, & tres partes unius virgatæ terræ, fcilicet in Thornhauue, Weterringe, Sibertone, & Ettone & pertinentiis eorum.

ET in Lincolnefyre tres carrucatas terræ, fcilicet in Angoteby & pertinentiis fuis & inde facit plenum fervitium fex militum

DE feodo hujus militis Willelmus rex fenior dedit Eudoni Dapifero in Eftone unam hidam & dimidium, & mandavit de Normannia in Angliam per brevia fua epifcopo Conftancienfi & R   De Oyluy ut inde darent ei efcambium in quocunque vellet de tribus 2 comitatibus, fed abbas de Burgo noluit

Primus feoffatus Asketillus de fancto Medardo 3.

ANKETILLUS de fancto Medardo genuit Ricardum & Gyrardum   Ifte Gyrardus genuit Robertum   Robertus genuit Margaretam quæ tenuit terram in Sibertone & Ettone   Ricardus hæres Anketilli genuit Galfridum de fancto Medardo, & Hugonem Ridel de Mabilia Ridel   Ifte Galfridus genuit Petrum   Petrus genuit Galfridum   Ifte Galfridus fuit in cuftodia abbatis Burgi, qui poftea fuit leprofus, & genuit Petrum qui fuit in cuftodia Akarn abbatis   Ifte Petrus genuit Galfridum, qui fuit in cuftodia Matthæi abbatis

---

1 Ex Swiphami regiftro fol 267 b   2 Comitatibus W.   3 Swapham ibid

Torpel.

PRIMUS Rogerus infans. Rogerus de Torpel tenet in Northamptonescire duodecim hydas terræ, scilicet in Torpel, Makescye, Ufforde, Pilketone, Clapethoin, Cotherstoke, Northburch, Leaulme, Badingtone & Estone, & pertinentiis suis, & inde facit servitium sex militum. Thomas filius Roberti de Gunthorpe tenet octo hydas teriæ in Norhamtonscire, scilicet in Gunthorp, Suthorp, Stoke, Hemmintone, & inde facit servitium trium militum plenum.

De la Mare.

PRIMUS Radulfus de la Mare Galfridus de la Mare tenet duas hidas & dimidium terræ in Norhamtonscire, scilicet, in Makeseie, Northburch, & Wodecroft.

Et in Lincolnscire duas carrucatas & dimidium, scilicet in Thurleby, & inde facit i servitium trium militum. Brianus de la Mare genuit istum Galfridum Post mortem vero Briani prædicti, rex 2 H III voluit habere wardam filii sui Galfridi ratione cujusdam serjantiæ quam tenuit de domino rege, scilicet, ut esset forestarius de Kestevene antequam deaforestata esset Sed Martinus abbas impetravit a domino rege, ut inquireretur per duodecim milites, de quolibet quatuor vicinorum comitatuum, utrum dictus Brianus & antecessores sui feoffati fuerunt prius de militia abbatis Burgi, quam de serjancia prædicta, tandem inquisitio dixit quod de militia abbatis. Et sic abbati coram domino rege adjudicata fuit warda prædicta & abbas dedit eam R. episcopo Cicestrensi, cancellario domini regis

Marham

PRIMUS Ascelinus de Waterville Reginaldus de Waterville tenet tresdecim hidas terræ, & duas partes unius virgatæ in Norhamtonscire, scilicet in Thorp[Waterwille,]

Ascehiche,

Afechiche, Maiham, Cloptone, Tichemeife, & inde facit feivitium trium militum.

Ei piæterea tenet unam hidam & unam viigatam teiiæ, pio decem folidis pei annum, quos ieddit ad altaie fancti Petii die fancti Michaelis pei citam

De Doure.

PRIMUS Willelmus filius Radulfi Hæies Fulbeiti de Doueic tenet in Norhamtonfcie, fcilicet in Luddingtone & Caftie, quatuoi hidas teiiæ & unam viigatam & tciiiam paitem unius viigatæ Lt in Lincolnefcie quatuor caiucatas fcilicet in Meffingham [& Buteiwic] & pertinentiis fuis, & inde facit plenum fciviitium tiium militum

De Nevile.

PRIMUS Radulfus de Nevile Hæies Radulfi de Nevile tenet decem caiiucatas teiiæ in Lincolnfcie, fcilicet in Scottone, Malmetone.

Er in Noihamtonfcie unam hydam & dimidium, fcilicet in Holme, 2 Bayniltoipe, & inde facit plenum fcivitium tiium militum.

De Baffingburne.

PRIMUS Vitel Ingain 3 Humfiidus de Baffingbuine tenet feoda quatuoi militum, unde ficit fcivitium unius militis, & unum quiiteiium in Benifeld & Glapethoin

Lt Mauiicius de Aundch unum feodum unius militis in Adintone, & Sliptone, & quaitam paitem unius militis in Cotheiftoke

Ei Willelmus de Bello unius militis & dimidii in Litlingbuich It pei Iulconem de Lifuies monachi de Pippewelle fcivitium unius militis de novo occupaveiunt

POST mortem Nicholai de Baffingburne, Humfridus filius ejus recognovit & fecit relevium pro quatuor feodis integris militum, sicut scriptum est, & secundum tenorem cartarum patris sui coram multis viris, scilicet, monachis & militibus & aliis secularibus, domino Johanni de ¹ Kaleto abbati de Burgo sancti Petri, anno Dom. MCCLII.

De Miltone.

PRIMUS Thoroldus de Miltone   Galfridus de Miltone tenet duas hidas in Northamtonescire, scilicet in Miltone, & pertinentiis   Et in Lincolnscire sex bovatas terræ, scilicet in Cletham, & Yoltorpe, & inde facit servitium duorum militum

De Caftre.

PRIMUS Thoroldus de Castre.   Willelmus de Castre tenet duas hidas, & unam virgatam & tertiam partem unius virgatæ in Northamptonscire, scilicet in Castre, & inde debet servitium duorum militum

RICARDUS & Galfridus antecessores istius Willelmi fuerunt fratres, sed Ricardus fuit primogenitus, & quia fuit sacerdos, ita convenit inter eos, quod primogenito remansit ecclesia & tertia pars terræ, & sic Persona servitium dimidii feodi militis ² detinet.

De Suttone.

PRIMUS Ansketillus de Suttone   De feodo Thoroldi de Suttone in Northamptonscire, sunt tres hidæ scilicet in Suttone, & inde debetur plenum servitium duorum militum: sed sokemanni & alii tenentes totum faciunt.

---

¹ Calceto Sw.   ² S. addit de novo

Fauuel

Primus Gilbertus Fauuel. Hugo Fauuel tenet in Nor-
hamptonscire, in Walcote & Suthorpe & pertinentiis
suis unam hidam & unam virgatam & dimidium In Lincolnescire unam carrucatam, scilicet in Hibaldestouue, & inde facit plenum servitium duorum militum

Burlee.

Primus Galfridus de Wintone Willelmus de Burglee
tenet tres hidas & unam virgatam & dimidium in Norhamtonscire, scilicet in Burgelee, & Armistone & in Lei-
cestrescire dimidiam hidam, scilicet in Glastone cum perti
nentiis, & inde facit servitium plenarie duorum militum

Luvetot.

Primus Rogerus de Luvetot Haeres Nigelli de Luvetot tenet feoda duorum militum in Norhamtonscire, scilicet in Cloptone, Cattewothe, Kynesthorpe & Pokebroc

Isti Nigellus dedit Galfrido fratri suo terras istas Qui
Galfridus non dedit relevium, unde dictæ terræ saisitæ fuerunt in manu abbatis per judicium, pro defectu servitii Mortuo illo Galfrido successit feodum illud tribus sororibus, quarum
homagium & relevium non recepit abbas, quia non fuit
satisfactum de primo relevio

Robertus de Hemenk dominus de Pokebroc, tenuit in
Pokebroc, Kynesthorpe, & Cloptone de sancta terra feodum
unius militis & dimidium, & tertiam decimam partem unius
militis de illis de Luvetot.

Walterus filius Walteri tenuit residuum de eisdem in
Catuuothe, ipso mortuo, successit ei Walterus de Gisneto,
filius sororis ipsius Walteri, qui terram prædictam nunquam

Vol II.   Q   optinuit,

optinuit, quia Johannes de 1 Vallibus nepos vel cognatus ipfius Walteri implacitavit iftum Walterum in curia domini regis de dicta terra, & hoc factum eft confenfu & voluntate ipfius Walteri, quia ipfe odio habuit fororem fuam, fcilicet matrem Walteri de Gifneto nepotis fui & factum eft chirographum inter eos in curia domini regis, hoc tenore, fcilicet, Walterus filius Walteri teneret dictam terram tota vita fua poft obitum vero fuum eam haberet & teneret Johannes de Valle, fi contingeret eum Walterum filium Walteri mori fine hærede de fe

IST E Walterus filius Walteri juravit coram domino R. abbate, quod refponderet pro illis donec fatisfacerent ei.

Marmioun.

PR IMUS Robertus Marmiun. Robertus Marmioun tenet feoda trium militum, & dimidium in Norhamtonefcire, fcilicet in Langetone, Pokebroc, dimidium militis, & in Leiceftrefcire, fcilicet, Piftegrave, & in Warwiefcire fcilicet Filingele cum pertineatiis. Filingele eft caput tenementi quod Robertus Marmioun tenet de abbate de Burgo in Ardeine. Ad quod pertinet Leyre & Smarkertone, & Odeftone

ET fciendum quod Henricus de Haftinges tenet Filingele cum dictis villis de Roberto Marmioun. Matthæus de Cameles tenet Odiftone de dicto Henrico Oliverus Saracenus tenet Smarkerftone de eodem Henrico

PR ÆTEREA dictus Robertus Marmioun tenet de abbate de Burgo, quicquid eft de feodo fuo, in Langetone & Pokebroc, & debet refpondere dicto abbati de feodo trium Militum & dimidio, pro omnibus prædictis terris

Wake.

PR IMUS Hugo de Turemu Baldewinus 2 Wake tenet in Depinge, Pluntic & Stove feoda duorum militum Et Robertus de Ganges de eodem Baldewino in Lincolnefcire,

---

1 Wallibus W   2 W ic Sw *rectius*

scilicet in Careby, Byamel, novem carucatas terræ, & in Norhamtonescire duas partes dimidiæ virgatæ, scilicet in Burgo,
pro feodis duorum militum. Et præterea dictus Baldewinus
tenet feodum unius militis in Wytham & Burgham de terra
Affordi. Et prædictus Baldewinus de prædictis feodis abbati de
Burgo debet plenarie respondere de omni forensi.

Malfe.

PRimus Rogerus Malfe. Hares Rogeri Malfe tenet in
Norhamtonescire, scilicet in Wodeforde & Kynilthorpe,
& pertinentiis, quinque hidis, & tres virgatis, & inde facit
plenum servitium duorum militum

De Luci.

PRimus Robertus de Luci. Hæres Galfridi de Luci tenet
in Norhamtonescire, scilicet in Daylingtone, quatuor
hidas, & inde facit servitium duorum militum, post tempus
Benedicti abbatis detinuit unum.

De Bringhirst.

PRimus Galfridus de Bringhirst. Willelmus de Bringe-
hirst tenet in Leycestrescire, scilicet in Bringhirst, Prestegrave, & Draytone, unam hidam & unam virgatam, & inde
facit servitium unius militis

De Nevile.

PRimus Gilebertus de Nevile. Hæres Galfridi de Nevile tenet in Lincolnescire, scilicet in Waltone juxta Fol-
kingham, & Yoltorpe duas carucatas terra, & inde facit
plenum servitium unius militis.

De Muſcham.

PRIMUS Geraldus de Muſcham. Adam de Muſcham tenet terram in Nottinghamſcire, ſcilicet in Muſcham, & facit ſervitium dimidium militis, & dimidium ſervitium militis detinet de novo.

De Tot.

PRIMUS Galfridus de Tot Willelmus de 1 Tot tenet in Norhamtoneſcire ſcilicet in Paſtone unam hidam, & in Leiceſtreſcire, ſcilicet in Pieſtegrave unam virgatam, & inde facit ſervitium dimidium militis.

De Peverel.

PRIMUS Walo de Paſtone Robertus Peverel tenet in Norhamtoneſcire, ſcilicet in Paſtone & Werming-tone unam hidam, & unam virgatam terræ, & inde debet ſervitium unius militis.

SED abbas Martinus [ſecundus] quietam clamavit ter-tiam partem propter terram quæ fuit Gilberti Peverel in Wermingtone per cartam.

De Pappelee.

PRIMUS Iſenbardus Artifex Martinus de Pappele te-net feodum unius militis in Norhamtoneſcire, ſcilicet in Pappele, & inde plenarie reſpondet.

---

1 Deltot Sw?

De Waterville

PRIMUS Anfredus de Waterville Robertus de Waterville tenet in Norhamtonefcire, fcilicet in Torpe, & in
Huntingdonfcire, fcilicet in Overtone, feodum dimidium militis & unum quarterium, & inde facit fervitium

JOHANNES de Folkewwrthe per placitum Henricus Engayne habuit iftam terram quondam, fed modo habet Johannes de Folkifwurthe Henricus Engayne unum quarterium
unius militis in Norhamtonefcire, fcilicet in Torpe.

Gaingat.

PRIMUS Robertus i Gargat Hugo Gaingat tenet in
Norhamtonefcire fcilicet in Wermingtone & Irtlingburch
feodum unius militis, & inde plenarie refpondet camerae abbatis.

De Avenilli

PRIMUS Willelmus Avenel Hæres Avenilli tenet feo
dum unius militis in Irtlingburc, & inde refpondet,
unde Robertus Baffet tenet unum quarterium

De Engayne.

VITALI fuit pater Fulconis de Lifures, & Ricardi Engayne
qui genuit fecundum Ricardum Vitalis Engayne tenet
in Thorpe tres virgatas, & in Haregrave dimidiam hidam,
& in Pybteflee hidam & dimidiam, & unam virgatam, &
facit tres partes fervitii unius militis, fecundum rationem unius
militis totum fervitium

De Bernake.

Hugo de Bernake tenet quartam partem feodi unius militis in Bernake & Cathueyt, & inde plene respondet.

De Oyli.

Henricus de Oyli tenet feodum unius militis, in Cranefoide, Cotinghame & Mideltone, hanc teram tenet Radulfus de Aundeli, & Willelmus de Aubeney 1 dedicit unum quarterium, & aliud facit, & illud debetui de Carletone

De Stoke

Simundus 2 de Stokes tenet duas hidas & unam virgatam in Stokes, Afchtone & Wermingtone, & inde facit servitium dimidium militis secundum rationem unius militis

De Andegav.

Willelmus Andegavensis tenet feodum dimidium militis in Norhamtonefene, scilicet in Chirchefeld, Undele, Wermingtone & Stoke, & inde facit servitium dimidium militis

De Stoke.

Yvo de Stoke tenet ties virgatas & tertiam partem unius virgatæ in Norhamtonefene, scilicet in Stoke & Chirchefeld, & inde facit servitium quartæ partis unius militis

---

1 *Iti* MSS   2 Wimundus Sw

De Helpiftone.

JOHANNES de Helpiftone tenet tertiam partem feodi unius militis in Helpiftone.

De terra in Wodecroft.

THOMAS filius Euftachii tenet in Wodecroft quartam partem feodi unius militis, & inde plene refpondet 1.

Dumar.

RICARDUS Dumar tenet feodum dimidium militis in Eftone Willelmus de Waltone tenet quartam partem unius militis in Waltone

GALFRIDUS de Caxftone tenet quartam partem unius hidæ in Northamtonefcire, fcilicet in Wyneuuyk, & inde facit fervitium vicefimæ fextæ partis unius militis

ITEM ibidem tantum

PHILIPPUS de Armiftone tenet terram in Armiftone, & inde facit fervitium tertiæ decimæ partis unius militis cameræ abbatis

HÆC omnia fupradicta alienavit abbas Thoroldus, dum modo tenerent de ecclefia, ut prædictum eft 2 Et ideo caftellum juxta ecclefiam conftruxit, quod his diebus nuncupatur Mount Thorold Ac multa ornamenta & terras ecclefiæ abftraxit Ita ut vix tertia pars abbatiæ remaneret in dominio Ad mille & quingentas libras fuit appreciata abbatia quando venit, quam ita difperfit, ut vix appreciaretur quingentis libris Quodam 3 vero tempore duos monachos de ultra mare fecit fecretarios, qui furati funt cafulam optimam Elurici archiepifcopi, quæ quafi aurum refulgebat in

---

1 Walterus de Paftone tenet illam terram Sw   2 fiquentia ufque ad ab
ftraxit, *adduntur ab* S & W   3 *etiam* S W

domo

domo domini quando veſtiebatur. Hanc ſecum & multas
alias res ultra mare portaverunt, & ſunt in monaſterio quod
dicitur Prateles ſed & ipſe Turaldus abbas emit alio tempore epiſcopatum, Beluacenſem & multa ſecum tulit ornamenta eccleſiæ quæ pene omnia perdita erant Fuit autem ibi per
tres dies, quarto vero die expulerunt cum clerici, reverſuſ-
que eſt in Angliam, deditque regi magnam pecuniam, ut
intrare poſſet abbatiam ſuam In hujus tempore, duobus
annis ante mortem ejus, per papam Urbanum facta eſt motio
valida p'r omnes terras Chriſtianorum eundi Jeroſolymis, ſicut
ſcriptum eſt

    Anno milleno novies deno quoque ſeno
    Ad Jeroſolymam plebs concurrit capiendam

    Isti r abbas per viginti & octo annos abbatiæ magis ob-
fuit quam profuit

    Quo 2 mortuo reminiſcentes monachi omnia mala quæ per-
peſſi ſunt, dederunt regi uſque ad trecentas marcas argenti,
quo poſſet habere electionem ſuam, & pene omnia de altari acceperunt

Godricus abbas Anno MXCIX.

QUO concedente elegerunt probum virum dominum Godricum fratrem abbatis Brandonis, quamvis invitum,
qui antea electus erat ad archiepiſcopatum in Britannia minori, ſed tamen non niſi uno anno abbatiæ præfuit Quando enim Ricardus abbas de Ely, & Aldwinus abbas de Ra-
meſei, & omnes alii de Anglia, qui abbatias emerant, in
concilio depoſiti ſunt, tunc & ipſe depoſitus eſt cum eis

    In ejus tempore 3 venerunt latrunculi in hebdomada Pente-
coſtes, aliqui de Alemannia, aliqui de Francia, alii de Flan-
dria, & intraverunt per ſcalas in eccleſiam, per feneſtram,
quæ erat ſuper altare Philippi & Jacobi & furati ſunt magnam crucem auream de viginti marcis auri cum gemmis,
quæ erat ſuper altare, & duos magnos calices cum patenis,
& candelabra Elfrici archiepiſcopi, omnia aurea Et, quando

quando hæc acceperant, unus ex focns eorum ftetit cum e-
vaginato gladio i ad caput Turci fecietam, ut fi evigilaret
eum interficeret. Et quamvis poftea capti effent, nihil tamen de huis quæ acceperant ad proficuam ecclefiæ provenit,
fed omnia regi data funt.

Matthias abbas MCIII.

POst hunc vero mifit eis rex quendam monachum Matthiam
nomine, fratrem Galfridi Ridelli Jufticiam fui, & dedit ei
abbatiam, fed non præfuit fimiliter nifi uno anno. Eodem
enim die quo receptus eft cum proceffione, eodem die id eft
duodecimo kalendarum Novembris, in alio anno mortuus eft
apud Glouceftre & fepultus. Hic conceffit fratri fuo Galfrido
manerium de Pithefle ad firmam uno anno, fed poftquam abbas
mortuus eft, ipfe illam villam vi tenuit quamdiu vixit. fed
tamen juravit poft fe & pro hæredibus fuis fuper fanctum
altare & fuper fanctas reliquias fancti Petri in Burch quando accufatus fuit apud regem, & promifit compulfurum fe
fœminam fuam & filios fuos hoc idem facramentum facere,
fcilicet hoc idem manerium cum corpore fuo & cum catal-
lis fuis & cum reftauratione ipfius villæ eidem monafterio
reddere fine calumpnia, & omnibus annis quamdiu teneret
quatuor libras redderet. Hoc facramentum fecit in tempore
Ernulfi abbatis. In tempore vero Johannis abbatis anno
ab incarnatione Domini millefimo centefimo decimo feptimo indictione undecima idem Gaufridus Ridel per fe &
per multos alios probos viros, expetens eundem abbatem
Johannem, tandem impetravit ut fibi concederet in vita fua
ipfum manerium Pithefle. Venit igitur prædictus Galfridus
Ridel ad abbatem Johannem, & in camera fua apud Burch
conceffit ei abbas fupradictam terram pro quatuor libris ad
firmam, ad opus abbatis tali prætio talique conventione ut
poft mortem Galfridi ipfum monafterium cum omni inftau-
ratione quæ effet in eo in illo die quo Galfridus effet vivus
& mortuus, fine aliqua calumpnia uxoris fuæ & filiorum, in

dominium sancti Petri de Burch atque monachorum rediret,
atque hoc sibi juraret. Juravit igitur super textum evangelii
Galfridus hoc pactum quod fecerat & conventionem Scilicet sicut prædictum est, manerium illud sine aliqua calumpnia in dominium rediit, atque jurando promisit, hoc idem uxorem suam atque filium suum concedere atque jurare fecit.
Hujus vero pacti seu conventionis atque sacramenti multi
testes fuerunt audientes & videntes, quos nominare superfluum
um duxi, quia in texto evangelii scripti sunt Tertio autem anno postquam hæc conventio facta fuit, anno viz.
millesimo centesimo vicesimo supradictus Galfridus Ridel
in mare demersus cum filio regis Willelmo obiit, abbasque
Johannes manerium suum saisivit in dominio sicut pactum
inter eos fuerat, timensque ne aliquid calumpniæ oriretur
regem expetit, atque ei sexaginta marcas argenti dedit, &
tunc rex per breve suum concessit ut manerium illud Pithesle,
videlicet in dominio sancti Petri de Burch atque abbatis & monachorum firmiter atque in perpetuum esset atque remaneret Abbas vero Johannes illud tenuit quamdiu vixit, sed
post eum parum profuit.

Matthia mortuo anno MCIII Ernulfus suc-
cessit anno MCVII.

ABBATE autem Matthia sicut superius diximus, mortuo,
rex tenuit in manu sua abbatiam quatuor annis Post
hæc factum est grande concilium apud Lundoniam, ibique
dati sunt multi episcopatus & abbatiæ Inter quos oblatus
est monachis de Burch prior, de archiepiscopatu Cantiæ, Ernulfus nomine, quem libentissime acceperunt, quia erat bonus
monachus, & sapiens, & pater monachorum In ejus diebus erant omnia bona, gaudium & pax, quia rex & optimates diligebant eum & patrem suum semper vocabant eum Ipse fecit dormitorium novum & necessarium, & capitulum perfecit quod inchoatum erat, & refectorium inchoavit, & multa alia bona operatus est Hic per annos septem ecclesiam
& abbatiam optime rexit
Ipse quidem hanc conventionem constituit inter monachos,
& milites ecclesiæ de Burch, ut unusquisque miles dabit duas
partes

partes decimæ suæ sacristano Burgi in finem vero vitæ suæ tertia pars totius substantiæ suæ ad sepulturam defuncti cum militaribus indumentis, tam in equis quam in armis, secum deferatur, & Deo & sancto Petro offeratur. Conventus autem contra corpus honorifice procedat, & ab omnibus pro eo plenarie celebretur officium. Et ut particeps sit ipse, & uxor ejus, & filii eorum omnibus beneficiis, quæ in perpetuum Deo annuente in ecclesia sancti Petri fient. Illi vero, qui decimam non dant, non eo minus ad ecclesiam Burgi corpora sua, & militaria instrumenta tam in equis, quam in armis, & tertiam partem totius substantiæ suæ asportari faciant. Quia pro eis a conventu solempne persolvetur officium. Ipse autem abbas Deum timebat & diligebat, & ideo a rege & ab omnibus diligebatur. In ejus diebus venit quidam in infirmitate sua Robertus de Castre dictus, & dedit sancto Petro & abbati & monachis quinquaginta libras argenti, & monachus factus est cum filio suo Willelmo bonæ indolis puero, & ex his dedit abbas prædictus viginti libras ad comparanda pallia ad cappas per manus secretariorum Wictrici scilicet & Reinaldi Spiritus, socii ejus, quod & ipsi fierue perfecerunt, sicut ipsa adhuc in ecclesia posita testantur. Isti pene per triginta annos secretarii erant, & multa bona operati sunt, fideles enim erant & ecclesiam diligebant. Casulam magnam & cappam deauraverunt, & aurificis pluri mas casulas & cappas ornaverunt. Wictricus senior erat & socium diligebat, & sicut ipse sæpe dicebat sine ipso nihil facere poterat, Reinaldus vero Spiritus, ita vocabatur, quia parvus erat & spiritualis, semper seniorem honorabat, & eum in omnibus adjuvabat. Wictricus cum diu in obedientia illa laborasset, tandem propter ætatem, & infirmitatem illam dimisit, & Reinaldus omnibus illum cogentibus usque ad finem vitæ in illa perseveravit. Ipse enim spiritu prophetiæ maxime pollebat, & quando aliquis fratrum moriturus erat semper ante sciebat & dicebat, & sæpe per visiones ei Deus ventura præmonstrabat. Nam quidam nocte visum est ei esse se in porticu sancti Andreæ, adhuc stante veteri monasterio, & appropinquasse ei, & sedisse ibi duas honorabiles personas circum-

Totum hinc pericopen ib. Ipse ad officium ex Swaphami margine Whitlesee in textum suum transtulit.

amictos

amictas veſtimentis albis & caſulis, & deſuper pallia habebant epiſcopalia, & in capitibus eorum mitras Vocantes
itaque eum nominantes ſe Kinſinum & ¹ Elfuicum, qui in
eadem eccleſia requieſcunt, juſſerunt ei plures vocare ſenio-
res de eodem monaſterio per nomina, ut venirent ad ſe, primum Adelwoldum priorem, deinde Eilſinam, & Godricum
Album, & plures alios, omnes honorabiles perſonas, quos &
nos vidimus, qui cum veniſſent coram eis, præceperunt Reinal-
dum exire, dicentes adhuc illum cum illis eſſe non poſſe.
Qui vero poſt ſicut vocati fuerant unus poſt alium tranſie-
runt ad Dominum Alia vice viſum eſt ei ſedere ſe ante magnum altare ſancti Petri, & exire de tumbis eorum duas can-
didas columbas, ipſumque in ſinu ſuo habere frumentum,
& advolantes ad eum legebant grana de gremio ejus. Quod
puto eſſe orationes, quas pro illis fundebat.

De Hugone Albo.

Iᴘsɪ vero Reinaldus quendam fratrem ſuum in puerili ætate fecerat monachum nomine Hugonem, qui ei ſemper
adhærebat & ſcribebat, qui modo defunctus eſt, qui etiam
hanc ² libellum collegit collectumque ſcripſit Idem vero
Hugo in puerilia ſua in infirmitatem quandam incidit, ut
omnibus annis & ſæpe ſanguinem nimium excrearet, & inde
nimium debilis fieret, unde factum eſt ut una vice ita infirmatus ſit, ut quindecim bacillas plenas ſanguine in una ebdomada per os excrearet Quod videntes fratres & de eo
deſperantes cum nimio dolore & fletu eum ſacro oleo ungunt,
& ſancto corpore & precioſo ſanguine Domini communicant,
qui nihil aliud ei niſi mortem adeſſe putaverunt, & die ac
nocte exitum ejus obſervaverunt, & tamen orationes pro eo
incer... iter ad Dominum fuderunt, altera vero die cum fratre... capitulum introiſſent, ipſe ipſa infirmitate ita gravatus
eſt, ut ſubito plenum majorem bacillum ſanguine excrearet,
& I quædam perderet Et jam deſperatus cucurrit dominus
Nicolaus, qui tunc cuſtos erat infirmorum & intravit ca-

---

¹ Elſuicum W.   ² libellulum S.

pitulum clamans & dicens jam mori fratrem, veniant & commendent animam. At illi dolentes nimium, noluerunt, sicut mos est, intrare ad eum, sed citius intrantes monasterium, humique prostrati septem psalmos cantantes, & cum lacrymis & gemitu Deum deprecantes, ut, per intercessionem Dei genitricis Mariæ semper virginis & beati Petri apostolorum principis, cui servierat, & eorum quorum reliquiæ ibi requiescunt, & omnium sanctorum, ei vitæ donaret spatium. Dixerat enim Dominus Egelbrihtus sanctissimus vir, & alii similiter antequam exiissent de capitulo, eamus omnes fratres citius in ecclesiam, imploremus Domini auxilium & non negabit nobis unum hominem. Finitis autem septem psalmis cucurrerunt ad domum infirmorum, & invenerunt eum jam super terram positum, sicuti se projecerat, & anhelitum longius trahentem, & in exitu laborantem. Cernentes autem hæc fratres paraverunt quæcunque erant necessaria ad tale officium, & psalteria super tabulam scripserunt quæ canenda erant. Cumque hæc agerentur & dominus Turicus prior sederet juxta eum, fraterque ejus Reinaldus ex alia parte, omnesque qui aderant flentes & lugentes, repente magnum miraculum contigit & nostris temporibus inauditum. Nam pulsatus Dominus, ut credo, suæ genitricis & omnium suorum sanctorum precibus, & lacrymis fratrum, subito revixit, qui jam totus erat frigidus, aperiensque oculos & videns supradictum priorem juxta se, intuitus est eum diutius. Intellexit vero ipse prior ipsum aliquid velle dicere si posset, aurem ori ejus apposuit. Tandem ei Domino vires dante loquela, qua potuit, dixit priori, ut sumeret candelam, portaretque ad altare sanctæ Mariæ, devoveretque ipsum horas ejus canere omnibus diebus vitæ suæ. Per hoc intellexerunt fratres, quia per ipsam ipsum esse redditum vitæ, quia hoc primum fuit verbum ejus. Quod cernentes & audientes fratres, qui antea flebant præ tristitia, nunc lacrymas lacrymis addebant præ gaudio, & Domini laudabant magnalia. Ipse vero paulatim cœpit revivscere & loqui. Sumentes eum fratres posuerunt super lectum, & calefacientes vestimenta apposuerunt lateri ejus, & pedibus, & cæteris membris, & refocillabant eum. In paucis autem diebus bene convaluit, Deoque & suæ adjutrici gratias egit & servivit. Ex integro vero sanatus, quia a bonis doctoribus, scilicet Finulfo abbate, & Reinaldo fratre ejus, ca-

rerisque

terifque fenioribus bene inftructus erat, & vocabatur Hugo
Albus, quoniam albus, & facie erat decorus, & fide Chrifti-
anus, habitu vero dicebatur ipfe niger monachus. Quod fi
monachalia geffit, in illis gaudebit In puericia & in juven-
tute filius feniorum erat, & frater coævorum, nunc autem fenior omnium pater eft omnibus, fuos diligebat ut amicos,
& ipfe diligebatur ab eis, & non folum a monachis, fed etiam ab abbatibus, fcilicet, Johanne, Henrico, Martino, Willelmo, fub quibus & in quorum temporibus erat, & quibus,
ut illis placeret, promeruit, fed & in vicinis monafteriis, &
longe lateque ubi cognitus fuerat, nec minus diligebatur, nec
laudabatur Nec non officia, & minifteria, & poffeffiones
ecclefiæ intus & foris, per temporum vices in manus ejus
commendatæ, quam diu potuit, tenuit. Ad ultimum ad gradum fubprioratus vix pervenit, & primitus quidem fub abbate Martino, poft fub abbate Willelmo de Waltervilte. Nunc
vero fufficiant hæc pauca de tanto tamque mirabili viro ftylo
agrefti me peroraffe, dicendum eft quam gloriofe obiit.

Obiit tandem ifte beatus, iftis virtutibus ditatus,
Tempore Willelmi abbatis,
Cujus anima fit in cœlis prece Michaelis, Amen.

Supradictus autem abbas Ernulfus, ficut diximus, a rege
& principibus diligebatur Et utinam non tantum dilectus
effet quoniam feptimo anno ex quo ad abbatiam venerat, &
minus quam vellet adhuc profecerat, cum rex mare transfre-
tatus effet, & ventum attendiffet ad villam, quæ dicitur Burne, mifit pro eo ut feftinanter ad eum veniret, quafi fecre-
tius cum eo locuturus, quia erat conteffor ejus. Cum au
tem illuc veniffet, coegit eum rex, & archiepifcopus Raulfus
qui noviter erat electus, & omnes alii accipere epifcopatum
Roueceftriæ, ipfoque viriliter & diu refiftente juffit rex archiepifcopo ducere eum ad Cantuariam & ordinare quamvis invitum.

MCXV. Abbas Arnulfus factus episcopus Roucestriæ cui successit Johannes de Sais.

STatimque rex dedit abbatiam cuidam monacho Johanni de Sais nomine, eumque Romam statim misit pro pallio Raulfi archiepiscopi, & Guarnerium monachum & Johannem archidiaconum nepotem ejusdem archiepiscopi cum eo; & legationem suam bene perfecerunt, & pallium apportaverunt. Monachi autem Burgenses, cum audissent patrem & pastorem suum sibi ablatum esse, flebant & lacrymas lacrymis addebant, quia nihil aliud agere poterant. Johannes vero abbas, cum domi venisset, a conventu honorifice susceptus est. Qui præparans se continuo ivit Romam, & anno alio ante festivitatem sancti Petri reversus est

MCXVI. De secunda combustione Monasterii.

NEc multo post eodem anno, id est secundo nonarum Augusti in vigilia sancti Oswaldi regis & martyris, per incuriam combustum est totum monasterium, præter capitulum, & dormitorium, & necessarium, & refectorium novum, ubi solummodo per tres dies manducaverant, refectis prius pauperibus, sed & tota villa combusta est Abbas enim eadem die maledixerat domum, & per iram quia iracundus erat nimis, commendavit incaute inimico Intraverant autem fratres mane refectorium, ut emendarent tabulas, & displicuit ei & maledixit, & statim exivit ad placitum apud Castre Sed & quidam serviens de pristino cum faceret ignem & non cito arderet, iratus dixit, veni diabole, & insuffla ignem, & statim ignis arsit, & usque ad tectum pervenit, & per omnes officinas usque ad villam volavit

Sicque completa est alia prophetia, quæ dicta erat ad Eilricum episcopum, scilicet destruendam fore ecclesiam per ignem Deprecemur ergo fratres omnes Dominum, ut aver-

---

1 Quatuor Sw.

tat iram suam a nobis, ne adveniat tertia; & unusquisque caute se agat, & viam suam temperet, & manus contineat, ne aliquid malum faciat, unde dampnatus in æternum pereat, quapropter unusquisque caveat, ne inimicum ad aliquam rem vocet, nec illi commendet, quia ipse semper paratus est ad malum. Meminisse debemus, quid beatus Gregorius in dialogo narravit de quodam presbytero, qui incaute loquens servienti suo dixit, veni diabole discalcia me, statimque sensit corrigias de pedibus suis solvi. Ille autem cum intellexisset diabolum adesse, quem nominaverat, dixit, recede miser, non te vocavi, sed servientem meum

ITA itaque sicut diximus diabolo faciente, qui vocatus fuerat, & Domino pro peccatis nostris consentiente, tota ecclesia, & villa combusta est, & omnia signa confracta sunt, & perduravit ignis in turri novem diebus, nona autem nocte surrexit ventus validus, & dispersit ignem & carbones vivos de turri super domos abbatis, ita ut putaremus omnia officina ardere, quæ relicta erant Dies tristitiæ & doloris erat dies ille. In alio autem anno ipse abbas inchoavit novam ecclesiam & jactavit fundamentum octavo idus martii anno ab incarnatione Domini millesimo centesimo decimo octavo & multum operatus est in ea, sed non complevit Iste recuperavit villam supradictam Pythesle, datis pro ea sexaginta marcis argenti regi, & confirmata est Deo & sancto Petro & monachis, sigillo & auctoritate regia. Sed tamen cum mortuus esset idem abbas, iterum rex de Ricardo Basset alias sexaginta marcas accepit, & eandem villam ei concessit. Iste autem abbas per undecim annos ecclesiam & abbatiam bene rexit, & terras adquisivit, quibus completis percussus est morbo insanabili, scilicet hydropisi, & inde vitam finivit Quo defuncto rex misit justicianos suos Ricardum Basset, & Walterum archidiaconum, & plures alios perquirere thesauros ejus, & facultates, sed nihil inveniunt, quia antea dum adhuc viveret, omnia disperserat Tunc descripserunt omnes thesauros ecclesiæ, & omnem abbatiam, & quicquid erat intus & foris, & attulerunt ad regem, rexque tenuit abbatiam in manu sua duobus annis

---

1 scilicet anno Domini millesimo centesimo vicesimo quinto, Wh die secunde idus octobris, Chron Six

Henricus

Henricus abbas de Angeli qualiter se habuit in abbatia Burgi MCXXVIII.

POST hæc venit quidam Henricus abbas de Angeli, & persuasit regi reliquisse se abbatiam suam propter gueriam, & hoc per consilium papæ & abbatis Cluniacensis fecisse, & mentitus est sed hoc finxit, ut haberet duas abbatias in manu sua, unam hic & aliam ibi. Concessit itaque ei rex abbatiam de Burch, reclamantibus & contradicentibus archiepiscopis & episcopis, non debere eum habere duas abbatias, sed tamen rex deceptus est, & ipse tenuit per quinque annos. Ipse enim in clericatu fuerat episcopus apud Suessionem civitatem, & postea factus est monachus & prior apud Clunni, & postea factus est prior apud Savenni. Deinde, quia erat cognatus regis Angliæ & comitis Aquitaniæ, dedit ei idem comes abbatiam sancti Johannis de Angeli; & quia versutus erat & callidus & ingeniosus, postea adquisivit archiepiscopatum de Besencun, sed ibi non moratus est nisi per tres dies. Adhuc non sufficiebat ei, sed rursum adquisivit episcopatum de Seintes, ubi pene per septem dies fuit, & de hoc sicut de Besencun eum abbas de Clunni expulit: & quia nunquam quietus esse voluit, adquisivit legationem colligendorum denariorum Romæ in Anglia, ut per hoc abbatiam adquireret, quod & fecit. Nam veniens ad regem Henricum, dixit se esse valde senem & valde tribulatum, & non posse amplius laborare, nec ferre werres & mala & iniquitates terræ, ubi conversatus est, & sicut diximus, dimisisse se abbatiam suam, & hoc per consilium papæ & abbatis Cluniacensis, & hic se velle quiescere, & iccirco nominatim abbatiam de Burch, quæ tunc sine pastore erat, per se & per suos amicos petiit Et quia propinquus erat regis, & videbantur sermones ejus veraces. Et quia unus erat & caput omnium ad testimonium perhibendum & sacramentum faciendum, ubi disjuncti sunt nepos regis filius Roberti Willelmus comes de Normannia & filia comitis Andegavi, ideo concessit ei rex eandem abbatiam quamdiu viveret

EODEM anno cum venisset ad abbatiam visa sunt & audita monstra per totam quadragesimam, & hoc noctibus & per sylvas & per plana a monasterio usque ad Stanford. Nam visi sunt quasi venatores cum cornibus & canibus, sed omnes nigerrimi erant & equi eorum & canes, & aliqui quasi œdos i equitantes, & oculos grandes habebant, & erant quasi viginti aut triginta simul. Hoc non est falsum, quia plurimi veracissimi homines viderunt, & audierunt cornua. Cum venisset autem, sicut diximus, præfatus abbas ad monasterium, mansit ibi pene uno anno, & accepit homagium & pecuniam de militibus, & de tota abbatia, & nihil boni ibi fecit, sed totum misit & portavit ad abbatiam suam, & profectus est illuc per regis licentiam, & fuit ibi similiter pene uno anno Postea autem reversus dixit se ex toto reliquisse abbatiam suam.

It eodem anno Petrus abbas de Clunni venit ad Angliam, & susceptus est per præceptum regis cum honore in omnibus monasteriis Venit similiter ad Burch, & ibi honorifice susceptus est. ibique promisit ei abbas Henricus adquirere ei monasterium illud, ut esset subjectum Clunni. Et abbas Clunni domum reversus est.

Alio autem anno collegit idem abbas Henricus pecuniam magnam, & mare transfretavit ad regem, & dixit ei, quia abbas de Clunni præceperit ei venire, & reddere ei abbatiam sancti Johannis de Angeli, & postea liberum redire ad Angliam Ivit itaque illuc, & fuit ibi usque ad nativitatem sancti Johannis Baptistæ. Alio autem die, post festivitatem sancti Johannis, monachi de eodem monasterio elegerunt sibi alium abbatem de suis, & cum magno honore in sede locaverunt, & Te Deum laudamus cantaverunt, & ei fecerunt quicquid abbati facere debuerunt Abbatem vero Henricum comes & monachi cum magno dedecore expulerunt, & quicquid habuit, ei abstulerunt nec immerito, quia per viginti quinque annos, quibus ille monasterio præfuit, nunquam aliquid boni ibi, nec plusquam alibi, fecerat Ejectus autem & projectus inde venit Clunni, ibique detentus est Abbas vero & monachi valde irati cum eo, dixerunt se perdidisse abbatiam sancti Johannis per stultitiam ejus, nec potuit egredi vel ingredi, donec iterum arte sua & astutia eos fefellit. Promifit itaque eis & juravit, quia fi poffet reverti & venire in Angliam, adquireret eis & fubjiceret Burgenfem abbatiam, & ibi conftitueret priores, & fecretarios, & cellerarios, & camerarios, & omnia commendaret in manibus eorum intus & foris. Sicque per hoc pactum exivit, & ad Angliam rediit

1 Poſt hæc rex de Normannia ad Angliam venit & idem abbas ad eum acceffit accufans valde monachos Burgenfes apud eum propter hoc, non quod verum diceret, fed ut deciperet regem, ut fubjiceret Cluniacenfibus, ficut promiferat, ipfum monaſterium. Rex autem iratus nimium mifit propter monachos apud Bramtune, & ante eum actum eſt placitum, & pene deceptus erat, nifi adjutorium Dei adfuiffet, & confilia epifcoporum de Sarefbiri & de 2 Nicollia, & baronum intervenifſent, qui jam intellexerant fraudulentias ejus. Cum autem quod cogitaverat perficere non poffet, voluit nepotem fuum Gerardum hæredem & abbatem facere pro fe, ut quod ille non potuit, iſte perficeret. In illis diebus & in ejus tempore in magna tribulatione & anguſtia erant fervi Dei monachi Burgenfes. Deus autem confentire noluit, ut ipfe Gerardus abbas effet. Tandem non poſt multum temporis poſt hæc intellexit rex fraudulentias ejus, & mifit pro eo, & juffit ei, ut redderet abbatiam de Burch, & exiret de terra fua; quod & fecit. Et rex per confenfum monachorum dedit abbatiam cuidam monacho religiofo Martino nomine de Bec, qui prior apud fanctum Neotum erat. Abbas autem Henricus cum fuis mare tranfivit, & iterum abbatiam fuam de Angeli recuperavit. Quicquid tamen fecit, bonus eleemofynator omnibus diebus fuit, & ideo ficut dictum eſt, bonum finem fecit nam non diu, poſtquam ibi venit, vixit

Martinus abbas anno MCXXXIII.

MARTINUS vero abbas in die feſtivitatis fancti Petri cum magno honore & gaudio fufceptus eſt a monachis & omni populo. In altero autem anno & alio die poſt feſtivitatem fancti Petri, quæ dicitur ad vincula, rex Henricus mare tranf-

fretavit, & in navi sexta hora obdormivit, & sicut scriptum
est, in pluribus locis subito illa hora, cœli contenebrati sunt,
& sol factus est quasi esset luna tribus vel quatuor horis, &
stellæ apparuerunt & plurimi dixerunt hoc portentum magnam rem significare, & verum dixerunt, quia eodem 1 anno
mortuus est rex, & conciderunt cum eo omnes senes & sapientes Tunc contenebrata est terra, quia pax & veritas &
justitia de terra ablatæ sunt

SURREXIT post eum rex Stephanus nepos ejus, mitis & humilis, & immerserunt super terram juvenes, viri iniqui & pec-
catores, qui conturbabant terram In hujus regis tempore
in maximis tribulationibus & angustiis erat sancta ecclesia
per totam terram, & ecclesia Burgensis cum aliis, sed non
proposuimus omnia mala, quæ gerebantur, modo scribere, quia
multi multa scripserunt Martinus autem abbas sub isto rege,
& in ejus tempore multa mala perpessus est, & cum maximo
labore abbatiam tenuit, sed adjuvabant eum monachi sui, &
tamen invenit eis abbas, & hospitibus, quicquid necessarium
fuit, & erat caritas magna in domo illa, & in omnibus tribulationibus his operatus est in ecclesia, & in officinis & villam mutavit, & multa 2 operatus est, & presbyterium ecclesiæ
perfecit, & sanctas reliquias, & monachos in die festivitatis
sancti Petri in novam ecclesiam cum magno gaudio introduxit

Introitus in novam ecclesiam MCXL.

IBI etiam tunc fuit Alexander episcopus Lincolniæ, & abbas
Ramesiæ, & Torneiæ, & Crulandiæ, cum pluribus monachis, & baronibus, & militibus, & maximo populo Os-
tensumque est brachium sancti Oswaldi regis & martyris 3 ipsis
& omni populo, & cum ipso ipse episcopus omnes benedixit,
& omnes reliquiæ ostensæ sunt, ab 4 episcopo lectæ coram
omni populo, & facta est lætitia magna in illa die. Sed
& antea ostensa est illa preciosissima regis dextra Martino abbati desideranti illam videre, aut pro curiositate, vel quia du-

---

1 anno MCXXXV 2 Wh *addit* alia. 3 ipsis S & W regi Cot 4 ipso S & W
8   bitavit

bitavit illam esse integram Et facto jejunio & altera die post capitulum cantatis septem psalmis cum magna compunctione, aperuerunt thecam & protulerunt illam integram, & cum illa benedixerunt omnem congregationem, & laverunt illam cum magno timore, sicut antea in tempore Matthiæ abbatis fecerant. Multi autem ex monachis, qui infirmi intraverant ecclesiam, ita sanati sunt ut pene obliti essent, & mirarentur, si essent infirmi quando ecclesiam intraverant. Et tertia vice ostensa est ipsa dextra regi Stephano, quando illuc venit, & ei annulum suum optulit, & ex debitis, quæ debebantur ei, pro ejus amore ecclesiæ quadraginta marcas dimisit. Et alia vice magnas libertates in pluribus rebus pro ejus amore per cartas suas confirmatas ecclesiæ concessit.

PER merita autem sancti Oswaldi & per ipsam aquam lavationis ejusdem brachii multi infirmi sanati sunt, & a dæmonibus liberati, & paralytici, & frigoritici curati Quendam enim vidimus in tempore Irnulfi abbatis valde a dæmone vexatum, & catenis ligatum ad ecclesiam sancti Petri [1] deductum. Qui cum ecclesiam intrasset & hii cum eo, qui eum ligatum trahebant, subito tumultus magnus factus est in populo Exivit autem foris a choro secretarius Reinaldus Spiritus, de quo ante diximus, ut videret quid hoc esset, & videns illum miserum ita vexari, miseratus est ejus, sicut erat pius & misericors, & cogitavit quid facere posset, & repente venit ei in memoriam aqua sancti Oswaldi, & radens apportavit de illa, & dedit ei bibere, statim autem ut bibit, voluntarie & quietus se in oratione prostravit, & diu in terram jacuit, & sanus surrexit, omnibus Deum laudantibus, & Deo gratias clamantibus.

SIMILITER quandam fœminam vidimus de vicinis, hoc est, [2] Wdestun, a dæmone diu vexatam, & ad ipsam ecclesiam tractam, & de ipsa aqua potata reversa est sana Et alio die quidam de monasterio pro causis illuc venientibus invenerunt eam sedentem, & manibus suis lini texturam operantem, & nihil mali habentem, sed Deo ac sancto Oswaldo gratias agentem Vidimus etiam quendam juvenem ad ipsam ecclesiam deportatum, quia ita est paralysi morbo gravatus, ut di

---

midium corpus ejus videretur esse mortuum, nunquam pedibus ambulare, nunquam manum ad caput mittere potuit, sed
cum idem secretarius ei dediffet de ipfa fancta aqua, & potaffet,
statim reddita est ei manus & pes, ita ut capitium, quod ei
cecideiat, cum infirma manu de terra acciperet, & capiti im-
poneret, & qui bajulo aliorum depoitatus fuerat, nunc pedibus incedendo & Deo & fancto Ofwaldo gratias agendo
reveifus est. Ita ut innumeiabiles de variis infirmitatibus per
merita & pieces fancti Ofwaldi & per ipfam aquam fanati
funt Quis enim numeiare poffet quanti febiicitantes per ipfam aquam fanati funt. Aqua enim & per multas provincias
portata & potata, fecundum fidem uniufcujufque fanitati multi
reftituuntur Ad Lundoniam quoque poitata innumeios ibi
fanatos effe fcimus: Unde & in magna veneratione habetur altare ejus in crypta fancti Pauli apoftoli Dies mihi de-
ficeiet, fi cuncta ejus miiacula per ipfam aquam patrata fcribe-
rem

Nunc autem ad piopofita ievcitamui. Martinus abbas,
ficut fuperius diximus, fanctas icliquias & monachos in novam ecclefiam cum magno honore intioduxit, anno ab incarnatione Domini millefimo centefimo quadragefimo & a com-
buftione loci vicefimo teitio Et quia in piimoidio fuo multa
de thefauiis fuis abftuleiat, ad reftauranda eadem & ad ecclefi-
fiam faciendam, villam Pilefgatam & omnes decimas & omnes offeiendas & pluiimas poffeffiones & pluiimoium fcivi-
cia conftituit, & poftea Romam pertexit, ibique omnia piivilegia infeiius fcripta confimavit Romam autem idem abbas
veniens a papa Eugenio & a caidinalibus honoiifice fufceptus eft, & i hæc piivilegia adquifivit

2 Privilegia Eugenii Papæ.

EUGENIUS epifcopus feivus feivoium Dei, dilecto filio
Maitino Buigenfi abbati, ejufque fiatiibus tam præfen-

---

tibus quam futuris regularem vitam profeſſis in perpetuum
Deſiderium quod ad religionis propoſitum & animarum ſalu-
rem pertinere dinoſcitur, animo nos decet libenti concedere,
& petentium deſideriis congruum impertiri ſuffragium. Ea
propter dilecte in Domino fili Martine abbas, quoniam per
multos labores apoſtolorum limina & noſtram praeſentiam devotione debita viſitaſti, tuis & fratrum tuorum juſtis poſtula-
tionibus clementer annuimus, & beati Petri apoſtolorum principis Burgenſem eccleſiam, in qua divino mancipati eſtis obſe-
quio, ſub beati Petri, & noſtra protectione ſuſcipimus, &
praeſentis ſcripti privilegio communimus, ſtatuentes, ut quaſ-
cunque poſſeſſiones, quacunque bona eadem eccleſia imprae-
ſenciarum juſte, & canonice poſſidet, aut in futurum conceſſione pontificum, largitione regum vel principum, oblatione
fidelium, ſeu aliis juſtis modis praeſtante Domino poterit adi-
piſci, firma vobis veſtriſque ſucceſſoribus & illibata permane-
ant, in quibus haec propriis duximus exprimenda vocabulis
In Northamtuneſcire, Burch, qua antiquitus Medeſhamſtede
vocabatur, ubi ipſum monaſterium ſitam eſt, cum capellis,
mercato, theloneo, cuneo monetae, cum paludibus, boſco &
caeteris appendiciis ſuis In Farſeta duo piſcatores cum duabus manſuris terrae, & duas naves in Whideſmere Oxeni
cum eccleſia, & capellis eidem eccleſiae adjacentibus, cum
molendinis, & omnibus pertinentiis ſuis Witheringtun &
Waltun cum appendiciis ſuis, Glinton & Peikirke cum eccleſia & capellis, cum theloneo de Depinges & Peikire, cum
piſcatura & ceteris appendiciis ſuis, Pilſgate cum appendiciis ſuis, in eccleſia de Bernake decem ſolidos, in Stanford
quinquaginta novem manſuras terrae, cum terris, molendinis,
eccleſiis, theloneo, cuneo monetae in eadem villa in Fin-
coneſcire ſeptem manſuris, Tinguellam cum eccleſia, molendino, & ceteris appendiciis ſuis Undele cum eccleſia, &
capellis, & cum toto jure eidem villa adjacente, quod Ethe-
huadhida vocatur, cum molendino, mercato, theloneo, ne-
moribus, & appendiciis ſuis Eiſetuna cum molendinis, &
pertinentibus ſuis Wermingtune cum eccleſiis, molendinis,
& ceteris pertinentibus ſuis Ketering cum eccleſia, molendinis & pertinentiis ſuis In Huthlingberch decem hidas,
cum eccleſia, molendino, & pertinentiis ſuis In Stanwigia
tres hidas, cum eccleſia, molendino, & pertinentiis ſuis

In

In Haldewincla tres hidas, cum ecclefia, & pertinenciis fuis. Cotingham cum ecclefia, molendinis & cæteris pertinentiis fuis, fcilicet Benifield, Duffeld, Middletun cum forefto, Pythefle cum ecclefia, molendinis & pertinentiis fuis. In Norhamptun fexdecim manfuras In Lincolnefire, Scotere cum ecclefia, molendinis & pertinentiis fuis, videlicet, Nortorp, Scaletorp 1, Fifkertun cum ecclefia, & fuis pertinentiis. In Hoylande tres carrucatas terræ, cum Salinis. In Walecote feptem carrucatas terræ. In Turlebi carrucatam unam & tres bovatas terræ, cum ecclefia & pertinentiis fuis. In civitate Lincolniæ quatuor manfuras. In Graham 2 manfuram & terram, quam Colgrim dedit ecclefiæ de Burch. In Torkefcire octodecim leugas de prato, & pifcaturam unam, & unam manfuram In Notinghamfire, Colingham cum ecclefiis, molendinis pifcaturis & appendiciis fuis In Huntedunefcire, Alwoltun cum ecclefia, molendinis, theloneo navium, & pertinentiis fuis Flettona cum ecclefia & pertinentiis fuis. In Burgo Huntedunia terram Godrici Lefled In Leiceftrefire, Eftun cum ecclefia de Brynehuft cum molendino & cæteris appendiciis fuis In Lenna manfuram unam In Wella quatuor millia anguillarum fingulis annis. In Cloptuna unam virgatam terræ Hæc etiam quæ ab ipfo monafterio in feodo tenentur nihilominus duximus annotanda Feudum viz Anfketilli de fancto Medardo, 3 Thornhawe, Witeringe, Sibertune, Eitune, Anfgotebi cum appendiciis eorum, feudum Rogeri Infantis, de Torpel, 4 Uffewithe, Pilketune cum appendiciis fuis, & terram quam habet in Makefeie, feudum Afcelini de Watervilla, Torp, Marham, Uptun cum eorum appendiciis. Feudum Radulfi filii Willelmi, Ludiatan, Mefingham cum eorum appendiciis Feudum Galfridi Infantis, Cunnetorp, Suttorp, & terram, quam habet in Stokes cum appendiciis eorum Feudum Galfridi de la Mare, Marfcie, Turlebi cum appendiciis eorum Feudum Radulfi de Neovilla, Scottuna, Malmintun cum appendiciis eorum Feu cum Rogeri 5 Malfet, Wodeford cum appendiciis fuis Feudum Roberti Fichlle, Dalmtun cum appendiciis fuis Feudum Willelmi de Lwetot, Cloptuna cum appendiciis fuis Feudum Roberti Marmiun, Langetun, Pokebroc cum append-

cius eorum   Feudam Gaufridi de Winchestria, Armestun,
1 Burchle   Feudum Gilberti Fawel, Walecote cum appendicus suis   Feudum Roberti de Fili, 2 Subtuna cum appendicus
suis.   Feudam Rogeri de Miletuna cum appendicus suis   Feudum Radulfi de Tot, in Paslona   Feudum Walonis in eadem
villa cum appendicus suis   Feudum Heabardi, 3 Peple cum
appendicus suis   Feudum Wimundi, Stokes cum appendicus
suis   Feudum Ingelerimmi, in eadem villa   Feudum Roberti de Oili, Cransford.   Feudum Ricardi Engaine, Benisfeld
Feudum Willelmi Egaine, Huregrave cum appendicus suis   Feudum Teobaldi, 4 Brinighurst cum appendicus suis.   Feudum
Godefridi de Cambera, 5 Plumbetere, Bathem cum appendicus suis   Feudum Roberti de Guineges Careby cum appendicus suis   Feudum Gaufridi de Neovilli, Walecote cum appendicus suis.   Feudum Fylsi, Helpestune cum appendicus suis   In Winewich, tenementum 6 Brithwoldi   Feudum Pancevolt in Idona
Feudum 7 Anseredi in Overtona, & in Torp   In Fimestun tenementum Turici   In 8 Kukefeld, & Wermingtun, & Undeke
tenementum Viviani   In Wodecroft tenementum Osberni   In
Mulcam tenementum Geroldi   Libertates a regibus Angliæ eidem monasterio pia devotione concessas, & scripto eorum firmatas, atque antiquas, & rationabiles ipsius monasterii consuetudines vobis ad domieus confirmamus   Obeunte vero te nunc
quidem loci abbate, vel eorum quolibet successorum, nullius
ibi qualibet surreptionis astucia, vel violentia præpositu, nisi
quem fratres communi assensu, vel fratrum pars consilii sanioris secundum Dei timorem, & beati Benedicti regulam providerint eligendum   Præterea prædecessoris nostri sanctissimi
papæ Gregorii vestigiis inhærentes, missas publicas ab episcopo in vestro coenobio fieri omnino prohibemus, ne in servorum Dei recessibus & eorum receptaculi, ullis populi tribus
occasio præbeatur conventibus, vel mulierum frequens introitus, quod omnino non expedit animabus eorum   Nec audeat episcopus aliquis ibi cathedram collocare, vel quamlibet
potestatem habere imperandi, nec aliquam ordinationem quamvis levissimam fieri, nisi ab abbate loci fuerit rogatus, qua-

---

tinus monachi semper maneant in abbatum suorum potestate, nullusque monachum sine testimonio, vel concessione abbatis sui in ecclesia aliqua teneat, vel ad aliquem promoveat ordinem. Decernimus ergo, ut nulli omnino homini liceat præfatum cœnobium perturbare, aut ejus possessiones auferre, vel ablatas retinere, minuere, seu aliquibus vexationibus fatigare, sed omnia integra conserventur, eorum, pro quorum gubernatione & sustentatione concessa sunt, usibus omnimodis profutura, salva sedis apostolicæ auctoritate, & dœcesanorum episcoporum canonica justitia. Siqua igitur in futurum ecclesiastica, sæcularisve persona hanc nostræ constitutionis paginam sciens contra eam temere venire temptaverit, secundo tertiove commonita, si non satisfactione congrua emendaverit, potestatis honorisque sui dignitate careat, reamque se divino judicio existere de perpetrata iniquitate cognoscat, & a sacratissimo corpore & sanguine Dei & Domini nostri Jesu Christi aliena fiat, atque in extremo examine districtæ ultioni subjaceat. Cunctis autem eidem loco justa servantibus sit pax domini nostri Jesu Christi, quatenus & hic fructum bonæ actionis percipiant, & apud districtum judicem præmia æternæ pacis inveniant. Amen, Amen, Amen. 1 +. Ego Eugenius Catholicæ ecclesiæ episcopus subscripsi +. Ego Conradus Sibinensis episcopus subscripsi. Ego Albericus Hostiensis episcopus subscripsi. Ego Ymarus Tusculanus episcopus subscripsi. Ego Guido presbyter cardinalis subscripsi. Ego Hubaldus presbyter cardinalis sanctæ Anastasiæ subscripsi. Ego Bernardus presbyter cardinalis subscripsi. Ego Oddo diaconus cardinalis subscripsi. Ego Damianus diaconus subscripsi 2 Nicolai in carcere Tulliani subscripsi. datum Viterbii per manum Guidonis sanctæ Romanæ ecclesiæ diaconi cardinalis & cancellarii decimo sexto Kalendarum Januarii, indictione decima; Incarnationis dominicæ millesimo centesimo quadragesimo sexto, Pontificatus vero domini Eugenii III. papæ anno secundo.

Eodem tempore per eundem papam idem abbas Martinus terras, quæ ad sacristiam pertinent, sive quæ antea fuerant, sive quæ ipse auxerat, vel decimas, vel servitia plurimorum, & domus, per privilegium ita confirmavit.

Eugenius episcopus servus servorum Dei, Dilecto filio Mar-

---

1 Testium nomina omittunt S & W. · In MS.

tino Burgensi abbati, ejusque fratribus tam præsentibus quam
futuris regularem vitam professis in perpetuum Quotiens
illud a nobis petitur, quod religioni & honestati convenire di-
noscitur, animo nos decet libenti concedere, & petentium de-
sideriis congruum impertiri suffragium Ea propter dilecte in
Domino fili Martine abbas, quoniam per multos labores a-
postolorum limina, & nostram præsentiam devotione debita visitasti, tuis & fratrum tuorum justis postulationibus clementer annuimus, & ea, quæ de jure vestro sacristiæ vestri monasterii devotionis intuitu rationabili providentia concessistis,
& nos concedimus, & præsentis scripti pagina confirmamus
In quibus hæc propriis duximus exprimenda vocabulis Capel-
las parochiæ de Burch, de Torp, de Pistun, Oxneya, ecclesias de i Katennga, de Warmingtun 2 De ecclesia de Undele unam marcam argenti De ecclesia de Bernak decem solidos De Mulham decem solidos De terra de Graham unam
marcam. De Hutlingburch, de Aldewincle, & de Stanwigge duas partes decimæ domini De Thornhage & de Witering duas
partes decimæ domini Galfridi de sancto Medardo Duas partes
decimæ Rogeri de Torpel, Yvonis de Gunnetorp, Galfridi Fawel, Ascelini de Tot, Roberti Peverel, Turoldi de Miltun, Hugonis de Gimiges, Guidonis Malfet, Willelmi de Cloptune, Martini de Pappele, Rogeri de Wodecroft, Gilberti de Bernake,
Galfridi filii Suein, Radulfi de Glinton, Ricardi 3 Salide de
Badinton, Roberti de Wauton, Roberti de Wodecroft De
soca de Glinton, & totam decimam domini Gilberti clerici
de Uftewithe De Aluino de Witheringtun duos solidos, de
Anstido de Turleby duodecim denarios, de Odone de Witheringtun duodecim denarios, Pilesgate cum soca, ecclesiam de
Castre cum capellis & decimis & terris & omnibus ad eam
pertinentibus, terram Alruari de Burch, & quindecim acris
juxta grangias abbatis de Burch Paludes de 4 Wodehithe usque ad Iawe, terram Godrici Lefled in 5 Huntendon, servitium Aluini Cementarii, 6 Ilredi Sutoris, Gulteri Anglici,
7 Edwini Carpentarii, Godwini arlet, Sinodi 8 Loci, Aluri-
ci, Normanni secretarii De Roberto de Wodecroft septem

---

1 Castre W Castre C at S Ketering recte.   2 hic Soddit, ac Pe katula
3 & Salide de Badington S sol 1...   4 Wodehyda S   5 Huntendone
6 Irgelredi S   7 Edwini S   S Loci S Synothi Coci W

folidos

solidos pro una mansura in Burch, & pro terra quam tenet in soca de Glintun, & pro terra, quam Bonde tenet in Perkirke duos solidos. Terram quæ fuit Litlebrandi in Burch, & duas domos, quas tenet 1 Whicus sacerdos. De 2 Radu'fo de la Mare unoquoque anno decem solidos, quinque autem in Dominica Ramorum Palmarum ad celebrandum anniversarium domini Turoldi abbatis, quinque vero ad festivitatem sancti Michaelis pro anima uxoris suæ. De Guidone de Miltun quinque solidos. Hæc privilegia & munitiones abbas Martinus Romæ adquisivit. Et quia stylus noster adhuc in his est, nullus ergo rex, vel princeps, seu quælibet persona potens ecclesiastica, vel sæcularis, hæc eadem bona ab officio sacristæ temere removere, auferre, retinere, minuere, seu quibuslibet molestiis fatigare præsumat. Sed siquid ibi mutandum, augendum, vel minuendum fuerit, abbatis & communi fratrium, vel sanioris partis consilio & assensu fiet. Siquis autem contra hujus nostræ constitutionis paginam sciens temere venire præsumpserit, a sacratissimo corpore ac sanguine Dei & Domini nostri Jesu Christi alienus fiat, atque in extremo examine districte ultioni subjaceat, Amen, Amen, Amen. 3 Eugenio cæterisque prænominatis subscribentibus. Datum Viterbii per manum Guidonis sanctæ Romanæ ecclesiæ diaconi cardinalis & cancellarii 4 decimo tertio Kalendarum Januarii, indictione decima, incarnationis dominicæ anno millesimo centesimo quadragesimo sexto, pontificatus vero domini Eugenii III papæ anno secundo.

Regresso autem abbate Martino, a Roma susceptus est cum magno gaudio & honore a toto conventu. Reliquerat enim in loco suo, cum profecturus esset, sapientem & providum priorem scilicet domus nomine dominum Ricardum, qui omnia necessaria intus & foris sapienter & prudenter disposuit & providit, & debita adquietavit.

---

1 Alfricus S   2 Omnia usque ad, nullus ergo rex d fiderantur in S
3 sequentia etiam usque ad, Regresso autem, non comparent in S   4 XVI
Wh fol 161 b

Qualiter Ricardus prior Burgi electus est in abbatem Wytebi.

EVENIT autem non post multum temporis postquam abbas reversus est, ut monasterium de Witebi pastore careret. Abbas enim Benedictus ejusdem ecclesiæ pro quibusdam certis causis ab archiepiscopo & a se ipso depositus erat. Qui, cum aliquamdiu fratres ecclesiæ in eligendo pastore fluctuarent, proposuit eis prædictus Henricus archiepiscopus ex tribus personis unum eligendum, aut Ricardum 1 priorem Burgensium, aut unum ex duobus monachis de sancto Albano. Et cum monachi inde multum tractarent, & invicem, quem eligerent ex his, hæsitarent, quadam nocte puerulo monacho ipsius monasterii per visum ostensum est, & a Domino per hos versus dictum . . . . . Qui cum mane coram omnibus, quod 2 vidit, & quod audierit, recitaret, omnes uno ore benedicebant Dominum, qui linguas infantium facit disertas, & ex ore infantis perfecit laudem, illum eligendum dicebant, illum requirendum, illum sine mora patrem & pastorem accipiendum sine contradictione omnes acclamabant, quem Dominus demonstraverat scilicet dominum Ricardum priorem de ecclesia sancti Petri de Burch, & continuo mittentes ad supradictum archiepiscopum, electionem suam illi intimaverunt At ille mirari & non credere se dixit quod tam honorabilem & religiosam personam vellent eligere Illi autem in petitione & electione sua perseverantes petierunt, ut literas deprecatorias ad dominum Martinum abbatem Burgi & ad conventum ejusdem ecclesiæ quam citius destinaret, quod & fecit, sed & conventus Witebiensis ecclesiæ literas cum humillima prece ad eundem abbatem & ad conventum misit, ad ipsum quoque priorem similiter humillimas & deprecatorias & exhortatorias literas idem conventus cum plurimis honorabilibus personis, qui has literas & hanc legationem perfecerunt, misit Abbas autem Martinus & omnis conventus hoc audito valde contristati sunt, nolentesque ejus præsentia carere, diu resti-

---

1 de Kirkely Wh   2 viderit Wh

Vol. II.   Z   ferunt,

teiunt, quia omnis spes illorum in eo erat. Sed tamen tandem ratione & precibus victi, volentes nolentesque quamvis inviti consenserunt, & cum honorabiliter cum aliquibus ex suis fratribus & cum eisdem legatis miserunt. Illuc autem veniens non est nostrae parvitatis explanare cum quanto susceptus sit gaudio. Occurrunt ei non solum monachi ornati cum processione maxima, sed etiam canonici & clerici, laici quoque nobiles & ignobiles omnes gratulantes & Deum laudantes Affuerunt etiam archidiaconi & legati archiepiscopi, qui eum in sede abbatis locaverunt, & curam animarum ei commiserunt. Et facta est ei laetitia magna, quia lux magna post tenebras eis orta est, & salus post ruinam & consolatio post tristitiam. Nec mirum, quia quocunque venisset & pauco tempore habitasset, quasi omnes divitiae illum sequerentur, repente omnis locus habundantia replebatur. Unde factum est ut locus ille, qui ante adventum ejus erat pauperrimus, nunc fieret ditissimus, & ita restauravit ut opulentissimum redderet Post haec cum omnia bona illic adunisset & in pace aliquantulum degerent, permisit eos Dominus, qui permisit Job, aliquantulum temptari Nam subito una die rex Norwagensium in portu Witebiensium cum multis navibus applicuit, & omnia bona illorum diripuit, & intus & foris cuncta depopulatus est, & tamen nullum interfecit, sed omnia quaecunque invenerat secum portans recessit Sicque factum est, ut qui ante per providentiam abbatis ditissimi erant, nunc pauperrimi facti sunt, quia nihil omnino Norwagienses reliquerant Nec tamen desperabant, quia abbas illos semper confortabat, & cum patientia Deo gratias agere, & in futurum melius sperare docebat Nec fide sua frustratus est, quia omnia illi dupla, sicut sancto Job, restituta sunt, ita ut in brevi tempore omnia bona habundarent. Et est idem abbas Ricardus in magna gloria, quia omnes eum diligunt in illa provincia pro dapsilitate sua.

Abbas autem Martinus cum magno labore abbatiam suam in guerris tenuit, & omnes gravabant eum ita ut sufferre non posset, sed iterum mare transfretavit, & ibi aliquandiu per loca sanctorum ivit Tamen iterum reversus honorifice quamvis cum labore abbatiam suam tenuit Omnes enim eum pro honestate & sanctitate ejus timebant & diligebant. Ipse enim per viginti annos & sex menses & octo dies eccle-

siam

fiam & abbatiam rexit quamvis cum magno labore ficut
diximus, & tamen monachis, & hofpitibus, & omnibus aliis
omnia neceſſaria habundantiſſime invenit, & in diebus ejus
erat caritas magna in domo illa. In ecclefia & in aliis officinis & in pluribus locis femper operabatur, & portam monafterii, & mercatum, & portum navium, & villam multo melius mutavit, & multa emendavit. Et quia in primordio fuo
aliquanta de thefauris per inftinctionem diaboli, & per pef-
fimum confilium acceperat, ad reftauranda ipfa, vel ad faciendam ecclefiam, villam Pilefgatam & focam & multa in
redditibus liberaliter conceſſit, & facriftiam ditavit, & Romæ
confirmavit, ficut fuperius demonftravimus. Similiter & redditus cellariam & cameram affluenter augere & Romæ confirmare, fi poſſet vivere, cogitaverat.

[1] IGITUR idem abbas Martinus magnæ ftrenuitatis vir aſſignavit
villam de Pilefgate, & multos alios redditus in ecclefiis & terris ad opus facriftiæ ſcilicet,

De ecclefia de Keteringe, quadraginta folidos.

De ecclefia de Undele, viginti fex folidos octo denarios.

De ecclefia de Wermingtone 2 marcam.

De ecclefia de Cotingham,

De ecclefia de Iftone, tres folidos

De ecclefia de Yithngburch, unam marcam.

De ecclefia fancti Martini in Stanford, decem folidos.

De ecclefia de Tiningwelle, tres folidos & quatuor denarios.

De ecclefia de Perchirche, quindecim folidos.

De ecclefia de Caftre, centum folidos

De ecclefia de Stanwighe, 3 duas marcas.

De terra Walteri Anglici, decem folidos.

De terra Roberti de Wodecroft, feptem folidos.

Hamundus de Ludingtona, decem folidos

Walterus de Glintona, duos folidos.

De Bonde de Peychirche, duos folidos

De Walteuo de 4 Widerngtona, duos folidos.

De terra Godrici de Huntingdon, duos folidos.

De Alardo presbytero, duos folidos & octo denarios.

---

1 Swaphm fequentia voce *Igitur* ufque ad *omnibus fuit* in margine pofuit,
quæ What more fuo in textum tranftulit.   2 XXVI fol. VIII. d. W.
3 XX S. W   4 Wetherngtone W

D.

De Ailredo Sutore, tres solidos.

Afcelinus Spechel, duodecim denarios.

Gilbertus facrifta, duodecim denarios.

Euftachius, tres solidos & quatuor denarios.

Edrich 1 Ghernun, duodecim denarios.

2 Walterus Ghernun, duodecim denarios.

Radulfus filius Henrici, duos solidos.

Afcelinus Carpentarius, duos solidos.

Gervafius Vitreator, fexdecim denarios.

Synothus Cocus, quatuor solidos.

Reginaldus de Newerch, quatuor solidos.

Radulphus filius Africi, duodecim denarios.

David frater ejus, duodecim denarios.

Inthegallus, duodecim denarios.

Radulfus Capellanus, dimidiam marcam.

De terra magiftri Alfrici, dimidiam marcam.

PLURA, quæ hic non funt fubnotata, privilegiis Eugenii pa-pæ corroboravit ad facriftiam.

PRÆTEREA villam de Cotingham & de Eftona cum perti-nentiis fuis de Willielmo Maledicto de Rochingham, & Yrtling-burch, & Stanwighe, & 3 LX folidos de Aldewincle redden-dos annuatim de Hugone de Waltervilla, & 4 Pichtefle de Galfrido Ridel unde ecclefia noftra per multum tempus pa-cis & Werræ prædictorum fortitudine nihil omnino habue-rat, induftria fua & magno labore Deo & fancto Petro re-vocavit.

MANERIA quoque de Colingham & de Fifchartona cum fuis pertinentiis ad veftitum monachorum illis omnino libere conceffit habere

RELIQUIAS 5 item de refectorio in novam ecclefiam tranftu-lit

CONVENTUM quoque de viginti monachis augmentavit Caf-tellum 6 deftruxit. Forum mutavit. Vineam plantavit Du-as domos fcilicet cameram abbatis, & aulam ad familiam ædificavit Unum pallium & ciphum argenteum dedit De ecclefia de Fifchertona quindecim folidos ad mandatum mona-

---

chorum in Parasceve assignavit. Caritatem domus abundan-
ter servavit, & pium exemplum religiosæ vitæ omnibus fuit.

TERRAS quas divites & potentes injuste tenebant, illis vi abstulit, sicut de Willelmo 1 de Rokingham, Cotingham &
Estun & membra eorum, & sicut de Hugone de Waterville,
Stanewigge & Huthingburch, & de Aldewincle 2 quinquaginta
& novem solidos annuatim, & de canonicis de Lincolnia, Torpin
Lindisei, habitis prius magnis placitis coram rege Stephano 3
Galfrido quoque Ridel Pitheslciam abstulit, & multas alias
per se & per monachos suos adquisivit, monachos plurimos
ad servitium Dei faciendum congregavit, & vineam plantavit, monachus cum ipse religiosus & sanctus erat, & deo a
Deo & hominibus diligebatur. Cum autem ille terminus
appropinquasset de quo dictum est, " Constitue terminos tuos,
" qui præterire non poterunt, ' Quos terminos nullus unquam
præteriit vel præteribit, Dominica ante Natalem Domini
idem abbas in lectum incidit & non multo post, heu proh
dolori, quarto nonas Januarii vitam finivit & mortuus est,
multum monachis morentibus, flentibus, & lugentibus, & patrem suum se perdidisse clamantibus.

MCLV. Abbas Martinus primus obiit: Wil lelmus de Waterville successit.

ANNO vero 4 post die undique concurrentibus provinciali-
bus, & abbate de Ramesia Waltero, multum honorifice officium celebraverunt, & sepulturæ tradiderunt.

Eodem vero die, quo obiit, convenit omnis congregatio
in unum, ut quempiam ex suis eligerent qui eis pater & pastor atque custos esset, ne propter moram aliquis extraneus
per pecuniam se immitteret, & eis dominaretur, & fierent
eis novissima pejora prioribus. Quid multa? egerunt sapien-

---

1 Maledicto additur ib S W & Cm S n   2 J X Co S n   quarto
post obiit scilicet anno Domini MCLIV cui successit in regnum Henricus filius
imperatricis Wbit ex origine Swapham
4 Anno Domini MCLV & anno regis Henrici filii Matildæ imperatricis
secundo, Martinus de Bek abbas Burgi obiit, eodem vero die Willelmus de Waterville monachus Burgi electus est in abbatem ejusdem loci   Margo Walteri de
Whitlesey

& elegerunt ex se duodecim seniores & sapientes, qui electionem istam secundum Dominum in secreto facerent, quoniam in
multitudine non potuissent in id facile acconcordare Ita tamen
hanc electionem agerent, ut primitus super sanctum Evangelium & super sacrosanctas reliquias jurarent quod non propter
amorem, nec propter odium aliquem eligerent, sed secundum Dominum & sapientiæ doctrinam, & qui bene posset regere
abbatiam, intus & foris, quod & fecerunt Primus Hugo
senior omnium hoc sacramentum fecit, & secundum quod
ipse juraverat, omnes ipsi duodecim electi ex suis partibus ipsum sacramentum tenendum juraverunt Cum autem hoc
factum esset per præceptum capituli, surrexit prior & pro se &
pro omni conventu juravit quod, quemcumque eligerent, ipsi
sine dubio acciperent Hiis expletis ipsi duodecim ex capitulo exierunt & cameram abbatis intraverunt, prior autem &
qui in capitulo remanserant, septem psalmos cantabant & Domino supplicabant, ut eis gratiam Sancti Spiritus dirigeret.
Idem & ipsi duodecim "Veni creator Spiritus & orationem cantabant & postea ad invicem conferebant Quidam enim ex
eis volebant, ut seniores coram cunctis nominarent, quod
non prodesset, sed tandem sano ori usi consilio elegerunt unam
providum & sapientem & seniorem ex se scilicet supradictum
Hugonem, qui consilium & confessionem singulorum privatim audiret, secundum quod eis Deus inspiraret. Cumque
omnes singulatim & privatim dixissent, ipse cum ad eos venisset, interrogavit si vellent omnium sententiis singulatim audire At illi non permiserunt hoc fieri, sed plurimorum &
saniorum consilia diceret At ille intimavit pene omnium
sententias in hoc esse prolatas, ut Willelmum de Waterville se
abbatem & pastorem habere gauderent, & si aliquis contradicere vellet, liberam adhuc haberet facultatem Quod audientes non solum non contradixerunt, sed omnes ad hoc
concordati sunt Sicque capitulum ad consratres intrantes
exposuerunt electionem suam quomodo sibi pariter ad invicem complacuit Quo audito omnes in commune Dominum
laudaverunt & benedixerunt Deinde Waltero abbati de Ra-
mesie electionis eorum observantiam rite exposuerunt, quam
quidem ipse plurimum approbavit Porro in crastino expletis
obsequiis defuncti abbatis, Reinaldus prior, & Hugo Spiritus
cum electo Willelmo domini regis Henrici curiam adierunt.

Igitur

Igitur regem, & archiepiscopum Tebaldum, & nonnullos barones apud Oxenefordiam invenientes, domino regi 1 & archiepiscopo Martini abbatis obitum exposuerunt. Super cujus mortem rex & 2 archiepiscopus, & cæteri divitum & pauperum valde doluerunt. Denique monachi a rege expostulaverunt, ut eis electionem suam concederet. Rex vero ab eis requisivit, siquem ex fratribus ecclesiæ sibi in abbatem elegissent. Cui monachi protinus præsentaverunt Willelmum de Waterville quondam clericum suum, postulantes obnixe, ut sibi ipsum, si regiæ majestati placeret, in abbatem concederet. Rex autem per archiepiscopum Tebaldum illos percunctari fecit, si fratres ejus electioni concorditer adquievissent vel restitissent. Acclamantibus siquidem monachis & fatentibus totum conventum pariter electionem fecisse, rex eis condescendit, & sic abbatiam prædicto Willelmo donando carta sua corroboravit.

Post hæc oratione facta & Te Deum percantato abbas domino regi homagium & legalitatem fecit. Deinde Robertum episcopum Lincolniæ super benedictionem suam convenit, qui ei diem & locum præfigens, benedictionis suæ gratiam ei benigne contulit. Itaque benedictione percepta primo die dominica 3 quadragesimæ cum magna processione tam abbatum, & monachorum, & clericorum, quam laicorum, a conventu in propria sede Burgi susceptus est. Ibi siquidem interfuit archidiaconus W Norhampton ex parte Roberti episcopi, cum aliis clericis, qui ei curam animarum commendaverant, sicque diem illum in magna lætitia & exultatione duxerunt. Igitur in proximo capite jejunii per abbatiam statim bladum defecit, unde ab eodem termino dominus abbas incepit & perseveravit emere bladum, & brasium, & præbendam, & fabas, carnem & caseum, vinum & omnia necessaria usque ad festum beati Bartholomæi. Quod fieri non potuit nisi per magnam expensam. Præterea universa debita domini Martini abbatis adquietavit usque ad trecentis marcis argenti, præter sexaginta marcas de usura, quas dominus rex per industriam abbatis præcepit condonari. Præterea recuperavit feodum & servitium Gaufridi de la Mare constabularii

---

per centum marcas quas dedit regi Pro confirmatione vero novem militum, quos comes Symon tenuerat, centum marcas dedit regi

De prioratu de Stanford.

EODEM tempore apud Stenfordiam quendam prioratum sanctimonialium fecit in honore Dei & beati Michaelis, fundavit & ædificavit ecclesiam, in qua usque ad quadraginta sanctimoniales in religione & sanctimonio regulariter viventes congregavit unde ad cantariam Burgi per annuam recognitionem, dimidiam marcam argenti de cœnobio suo, & de ecclesia beati Martini, quam idem abbas adquisivit, decem solidos facristiæ reddunt Apud Londoniam vero quandam terram emit perpetuo ad opus abbatiæ, quæ annua pensione valet marcam argenti In Hyslingburch siquidem duas virgatas terræ ad opus abbatiæ perquisivit, apud Haregrave quandam terram, quæ annuatim reddit quatuor solidos per pecuniam recuperavit. In Estona emit de Wardede decem acras terræ arabilis & decem acras prati Quendam etiam Boscum valde utilem apud Castre emit Perquisivit siquidem quandam terram in Werrington, qui singulis annis valet 2 quatuor marcas & terram Ivonis de Gunnetorp apud Stokes, & servitium hominum ipsius apud Ettonam & Gunnetorp & Pastonam in vadimonium accepit, donec accepit abbatia inde sexaginta marcas Plane quoddam molendinum apud Suttonam adquisivit quod annuatim reddit quinquaginta solidos, & concessit & assignavit infirmis monachis Quandam etiam terram apud Cantebrigiam adquisivit, quæ quatuor solidos annuatim valet In Waltona decem acras peroptimæ terræ adquisivit, & totam villam citra pontem de Stanford, & ultra pontem quindecim mansiones, a quodam milite, qui hæreditarie clamabat, per pecuniam redemit, & tenuit in dominio abbatia De ecclesia de Pastun decem solidos annuatim & tertiam partem decimæ totius parochiæ, & eleemosynario adquisivit & concessit Redditus ecclesiæ de Pukirke, de tribus

ad quindecim folidos accrevit. Itaque de ecclefia de Caftro de una marca ad centum folidos augmentum fecit.
Siquidem de ecclefia de 1 Wermingtun de viginti folidis ufque ad duas marcas accrevit Porro de capella iftius villæ
2 omnes gubas decimæ, & duas partes totius oblationis
& parvæ decimæ, & primam divifionem mortuorum, & ca-
pellanum capella, clavem monafterii annuatim inter tertiam
in die beati Michaelis fuper altare ponere in recognitionem
ftatuit, & facriftiæ affignavit, confirmavit, & carta fua corroboravit In fuo etiam tempore ambæ cruces ecclefia, &
tres 3 hyftoriæ magiftræ turris erectæ funt, chorus ordinatus
& domus infirmorum conftructa eft, & clauftrum, & offici-
næ neceffariæ & clauftrum monachorum plumbo coopertum eft, & in curia, cameram, & capellam, & officinas fecit, & capellam fancti Thomæ 4 incepit & fundavit, redditus 5 fori & villæ Burgi ultra quindecim marcas auxit,
per maneria utiles officinas conftruxit Cafulam unam per-
optimam, & unam mediocrem, & unum veftimentum nobile, & unum mediocre, & unam tunicam optimam ecclefiæ dedit Præterea duo pallia pendentia, & tria alia ad o-
perienda altaria, & unum tapetum nobile emit, & plura bona fecit, & feciffet majora, nifi præpeditus effet magnis in-
fortuniis & perturbationibus, quas tum a domefticis falfis,
tum a divitibus hominibus fæpius fuftinuit Plane a domino
rege Henrico & ab archiepifcopis videlicet Tebaldo & fancto
Thoma, & Ricardo, propter ineptas accufationes expofitus
multotiens ad gravandum & ad deponendum Tandem per
uiam & adquifitionem regis, a R 6 archiepifcopo in capitulo Burgi coram multitudine abbatum & monachorum,
non victus neque confeffus ab aliquo de aliquo crimine,
fed tantum clam a monachis ad ipfum archiepifcopum accufatus 7 vicefimo primo.

---

1 Werminton S Wirmingtone W   2 fcilicet fancti Johannis in Burgo W.
3 yftorie S W 1 e contignationes vel ftege   4 mutyis W addit.
5 furni W   6 a Roberto archidiacono S 1 Ricardum archiepifcopum W
perperam   7 Anno vicefimo primo prælationis ejus depofitus eft, S

Anno prælationis ejus vicefimo primo & ab incarnatione Domini mill fimo centefimo feptuagefimo quinto depofitus eft Willelmus In ejus diebus anno ab incarnatione Domini millefimo centefimo feptuagefimo Henricus filius regis Henrici fecundi munctus eft in regem Angliæ, qui dictus eft tertius   ex texti Wh

Anno Domini millesimo centesimo septuagesimo quinto & anno regis Henrici filii imperatricis vicesimo secundo Willelmus de Waterville abbas Burgi depositus est per Ricardum archiepiscopum Cantuariæ

Abbatia de Burgo sancti Petri coræ cancellarii & custodiæ traditur Sicut archiepiscopatus & episcopatus, & etiam vacantes abbatiæ solent, ut patet in vita sancti Thomæ martyris Eodem tempore rex habuit vacationem per duos annos.

Anno Domini millesimo centesimo septuagesimo septimo & anno regni regis Henrici filii imperatricis, qui dictus Henricus secundus, vicesimo quarto monachi de Burgo sancti Petri, qui Wintoniam pro electione facienda venerant, per mandatum domini regis in capella sua, Benedictum priorem ecclesiæ Christi Cantuariæ pro voluntate regis elegerunt *Margo interior Codicis IV.*

Abb S Petri

de Burgo.

Galfridus — deS Medardo.

Rogerus — de Torpel

Thomas — filius Roberti

Galfridus — de Lamare

Reginaldus — de Waterville

Brianus — Lamare.

Galfridus — de Milton

Hugo — Fannel.

Baldewinus — Wake.

Robertus — de Waterville

Iohannes — de Folkeworthe

Vitalis — Engayne

Hugo — de Bernake

Willielmus — Andegavensis

Iohannes — de Helpistone

Thomas fil. — Eustachii

Vide Pag. 53 supra

ROBERTI SWAPHAMI

HISTORIA

Coenobii Burgenfis.

De abbate Benedicto & ejus actibus.

ENERABILIS abbas Burgi Benedictus, ecclesiæ Chrifti Cantuariæ prior extitit magnificus, & monachus profeffus, & bene dictus eft Benedictus, quia plurimarum gratiarum benedictionem dedit illi Dominus. Erat enim litterarum fcientia fatis imbutus, regulari difciplina optime inftructus, fapientia feculari pleniffime eruditus. Hic dictus eft abbas Burgi, apud Wintoniam poft depofitionem ab-

batis

Vol. II.   C c

...rus Willielmi Et statim post susceptam curam animarum cœ-
...in ecclesia sua malas consuetudines, & exordinationum to-
...enta secundam posse suum prudenter extirpare, & rigorem regu-
laris disciplinæ, sicut pastor bonus, sapienter plantare. 1 Post
ea vero extendit manum suam ad liberandam ecclesiam suam
de debito prædecessoris sui abbatis Willielmi Cui Romani &
in Anglia multi exigebant plus quam mille & quingentas marcas Insuper & ornamenta ecclesiæ erant per diversa loca
dispersa, & invadiata; unde vir venerabilis nimium gravaba-
tur, in tantum ut cum uno solo monacho prægravaminis
dolore apud Cantuariam per multos dies moratus est Vix
tandem liberatus, non sine gravi labore, a tali demanda, &
vexatione, dedit animum suum meditationi scripturarum, u-
...composuit egregium volumen de passione & miraculis
...ti Thomæ, & historiam studens 2 libro totam fecit, to-
...also, quia dictamen cantu excellenter insignivit.

De libris ejus

PLibros quoque libros 3 scribere fecit, quorum nomina sub-
notata... Vetus & novum testamentum in uno volumine
Item vetus & novum testamentum in uno 4 volumine Quinque
Libri Moysi glosati in uno volumine, sexdecim propheta glosati in
uno volumine, duodecim minores glosati prophetæ in uno volumine Libri regum glosatus, paralipomenon non glosatus, Job, Pa-
rabolæ Salomonis & Ecclesiastes, Cantica Canticorum, glosati in
uno volumine Liber Ecclesiasticus, & liber Sapientiæ glosatus
in uno volumine Tobyas, Judith, Ester, & Esdras, glosati,
in uno volumine Liber Judicum glosatus Scholastica hy-
storia Psalterium glosatum Item non glosatum Item psalterium Quatuor evangelia glosati in uno volumine, item
Mattheus & Marcus in uno volumine Johannes & Lu-
cas in uno volumine Epistolæ Pauli glosatæ, Apocalypsis,
& epistolæ canonicæ glosatæ, in uno volumine Sententiæ Petri Lumbardi Item sententiæ ejusdem Sermones
Beati abbatis Clarevallensis, decreta Gratiani Item decreta Gratiani Summa Ruffini de decretis Summa Johannis

---

fuguntur de decretis Decretales epistolæ. Item decretales epistolæ Item decretales epistolæ cum summa reci-
piente, Olim Institutiones 1 Justiniani, cum autenticis &
insortiato Digestum vetus Tie partes, cum digesto novo
Summa Placentini. Totum corpus juris in duobus voluminibus 2 Arismetica Epistolæ Senecæ cum aliis Senecis in u-
no volumine Martialis totus & Terentius in uno volumine Morale dogma philosophorum Gesta Alexandri &
liber Claudii & Claudiani Summa Petri Helyæ de Gramma-
tica, cum multis aliis rebus in uno volumine.

Gesta regis Henrici secundi & genealogia ejus. Interpre-
tationes Hebraicorum nominum Libellus de incarnatione Ver-
bi Liber Bernardi abbatis ad Eugenium papam. Missale
Vita sancti Thomæ Martyris Miracula ejusdem in quinque
voluminibus Liber Ricardi Plutonis, qui dicitur, Unde malum. Meditationes Anselmi. Practica Bartholomæi cum multis aliis rebus in uno volumine Ars Physicæ Pantegni, &
practica ipsius in uno volumine. Almasor & Diascorides de
virtutibus herbarum Liber Dinamidiorum & aliorum multorum
in uno volumine. Libellus de compoto.

De ædificatione ecclesiæ.

Deinde amator domus Dei, ædificavit totam navem ecclesiæ, opere lapideo, & ligneo, a turre chori usque
ad frontem & pulpitum similiter ædificavit. Et post ædifi-
catam ecclesiam, ecclesiæ jura, quo dispersa erant, conatus
est congregare, memor voti sui dispersa congregare, & con-
gregata conservare Hic itaque ædificavit Novum Locum qui
fuit purestura per Fulconem de Lysurs, qui fuit capitalis forestarius, super mancrium suum de Undele, quem dirationavit
per placitum, contra Willelmum de Lysurs Et omnia quæ
ad Novum Locum pertinent, scilicet, novem carucatas terræ
arabilis, cum bosco, scilicet, Sywardeshawe, & Frendeshawe,
& omnia quæ de jure pertinebant ad ecclesiam Burgi in partibus illis viriliter retinuit, vel placitis, aut armis juste re-

cuperavit   nam armatum illum multi viderunt in illa adquisitione   Item hic adquisivit quandam terram de abbate & conventu de Beilinges in territorio de Fiskertune, quæ vocatur Halebode, sicut patet in perambulatione de eodem: unde abbas reddidit conventui quadraginta solidos per annum ad anniversarium ejus faciendum.

Ipse item adquisivit eleemosynariæ villam de Suttone de Thoroldo milite. Et terram, quam eleemosynarius habet in Cloptune, scilicet unam carrucatam versus Willielmum Dacum, & Thomam de Hotot. & viginti solidos de redditu ibidem: & ecclesiam de Makesheye, quam dirationavit versus Rogerum de Torpel: & decimas de Pastune: & ecclesiam de Normancby per concessionem comitis Willelmi de Romare, sic ut patet in cartis ejusdem comitis, & in compositione inter ecclesiam de Burgo, & ecclesiam de Spaldingie, de qua habet eleemosynarius decem marcas per annum, per dispositionem Hugonis Lincolniensis episcopi & capituli ejusdem loci.   Item ipse liberavit villas de Aiwaltone, & Flettune a secta hundredi de Northmannecros, unde viginti solidi adlocantur abbati de Thorney, quolibet anno de firma sua, qui tenet prædictum hundredum ad firmam de rege propter prædictas villas.

De donis Benedicti abbatis.

ET licet non minimum laborasset in redditibus, & libertatibus adquirendis, tamen domum Dei sui pretiosis ornamentis incessanter studuit decorare. unde ut ejus memoria in æterna benedictione permaneat, dedit tria pallia optima pendentia, & sex casulas optimas, unam scilicet brunam de tenui purpura, & opere subtili pretiosam, alteram colore indicò optimam; tertiam de rubeo Samit bonam, quartam cum clavibus, quintam viridi, simul & aliis coloribus variatam, & unam Dalmaticam de eodem panno, omnes lato & claro aurifragio optime ligatas. sextam de nigro panno principalem, cum aureis arboribus ante & retro, lapidibus pretiosis a summo usque deorsum plenam.

Item ipse dedit quatuor cappas, duas videlicet principales cum listis, & duas alias albo & rubio serico contextas, satis bonas. Et ipse dedit tres albas de serico optime briusdatas
datas

datas cum robis paratuiis quatuor una habet in paratuiis
leopardos cum ruellis, & altera fcalas fancti Jacobi, leonibus
in expofitis, & tertia luncalos floribus interpofitis & duas
albas de capitulo, & quinque albas lineas, quæ computantur
inter 1 brudatas, & Dalmaticam, & tunicam peie glaucam
optimam, & alteram Dalmaticam, de qua fuperius dictum
eſt. Et ſtolam principalem colore violetico cum 2 rifantis:
& tria ſcrinia eburnea majora, & tria minora. Et duas
pyxides eburneas, cum reliquiis fanctorum pluiimorum Et
ipfe adquiſivit piuiimas reliquias de fancto Thoma, fcihcet
camifiam ejus, & fuperpellicium, & de fanguine ejus maximam quantitatem in duobus cryſtallinis vaſis & duo altaiia
de lapidibus, fupei quos fanctus maityr occubuit & unum
altare de fepulcro fanctæ Mariæ, argento ornatum & dedi-
catum Et ipfe dedit quoddam vas de Lfmal, in quo por-
tatur aqua benedicta. & fecit 3 porare magnum candelabrum
ceiei pafchal s

In ædificiis quoque & domibus ædificandis erat valde ſtre
nuus, & fempei intentus Ipfe itaque erexit magnam pei-
tam exteriorem, & defuper capellam fancti Nicolai, & capellam fancti Thomæ & hofpitale ejufdem & magnam au
lam cum omnibus diverforiis fuis, & illud mirificum opus
juxta Bracinum incepit, fed moite præventus confummare non
potuit

Erat autem abbatia in diebus ejus omnibus bonis repleta, in conventu gaudium & pax, in domo ejus nobilitas &
patientia & exultatio, inter miniftros officinarum jocunditas
& lætitia, ciborum & potuum maxima feitilitas; & ad poitam fine muimuratione hofpitum & peregrinorum læta fuf-
ceptio

Ipfe veio abbas Benedictus dedit eleemofynariæ Buigi unam
virgatam terræ, quam emit de Roberto Grigii in Weirming-
ton, ficut carta ejufdem Roberti inde confecta reſtantur. I-
dem etiam dedit redditum decem folidorum dictæ eleemofyna-
ria in Suthorp de feodo Galfridi filii Galfridi de induſtria ipfius perquifitum Infuper revocavit terram & pratum in Gol
berkirke, quod Lambertus de Ypetofi miles diu injufte occu

---

paruerat. Item magna induſtria reuocavit theſauros eccleſiæ
ſuæ per abbatem Wilhelmum prædeceſſorem ſuum alienatos:
ſcilicet vaſa aurea & argentea & veſtimenta ſerica, quæ Petrus filius Adæ diutius tenuerat ut pignus.

Item totam abbatiam Burgi, omnibus libertatibus in cartis regis Ricardi contentis, tam verſus vicecomites de terris,
quam verſus foreſtarios de boſcis ad dictam abbatiam pertin-
nentibus, prudenter & excellenter munivit. Et ſexcentas a-
crias de eſſartis, ſcilicet quadringentas in manerio de Undele
apud Novum Locum 1, & ducentas in Naſſo Burgi, in perpetuum quietas eccleſiæ ſuæ perquiſivit per cartas ejuſdem
regis, una cum omnibus aliis libertatibus in cartis dicti regis
evidenter expreſſis. Erat enim dicto regi valde ſpecialis amicus & familiaris, in tantum ut ipſum dictus rex patrem ſuum vocare ſolebat. Inſuper dum in tranſmarinis partibus dictus rex exercitam ſuum duceret, & bella plurima moviſſet, fuit
idem abbas Wilhelmi Elienſis epiſcopi, & dicti regis cancellarii &
regni Angliæ cuſtodis, coadjutor & conſiliarius; cujus auxilio
& conſilio, & dicti regis favore omnes libertates in cartis
prædicti regis contentas inpetravit.

Igitur etenim, quod cum dictus rex a duce de Oſtriz ca-
peretur in Alemannia, per conſilium hujus abbatis prudenter
redemptus fuit. Nam cum idem dux pro redemptione dicti regis quandam turrim plenam argenti poſtulaſſet inſtanter:
a dicto rege & ab omnibus ſuis dubitatum eſt, ubi & unde
tantus theſaurus poſſet perquiri. Ita quod plures de majoribus
Angliæ dictam regem conſulerent, ut decem de melioribus
civitatibus ſuis venderet, & inde redemptionem haberet:
quod audiens abbas prædictus corde & corpore quam plurri-
mum anguſtabatur.

Et cogitans apud ſe de dampno & dedecore dicti regis,
ſi ita fieret coram prædicto epiſcopo & cancellario, & qui-
buſdam aliis magnatibus Angliæ, quod ſibi Dominus inſpira-
verat, humiliter & manſuete oſtendit. Videlicet, quod uni-
verſi calices regni Angliæ appretiarentur, & pretium earum
in unum colligeretur, & pro redemptione dicti regis ſine gra-
vamine alicujus ſolveretur. Quod conſilium ab univerſis &
ſingulis approbatum & confirmatum eſt. Unde a dicto rege

---

1 Nunc Bigginge vocatur. *W. a manu recenti & ſupra lineam.*

&

& omnibus suis tanquam pater bonus, & amicus fidelissimus in posterum diligebatur [1]

SIQUIDEM idem abbas magnis sumptibus & laboribus immensis disrationavit in curia domini regis Henrici, quod milites honoris Burgi non dabunt pro warda castelli de Rokingham tempore pacis nisi quatuor solidos de quolibet feodo militis, qui consuevere magnis injuriis & exactionibus pro dicta warda fatigari Quia semper ante dabant dimidium marcæ, & aliquando plus secundum voluntatem constabulariorum, ideoque contra tales exactiones dictos milites per cartam Ricardi regis prudenter munivit

Hic post susceptam abbatiam obiit anno decimo septimo & anno Domini millesimo centesimo nonagesimo tertio in die sancti Michaelis, cui concedat Dominus in terra viventium æternæ claritatis perpetuam mansionem Amen.

De Andrea abbate & ejus operibus.

ANDREAS natus —————— & monachus [2] istius loci professus, & postea factus est prior de priore electus in abbatem Burgi vir magnæ religionis & auctoritatis & ætatis. Hic vir mitis & pacificus pacem & tranquillitatem in grege suo plantare, & perpetuo firmare cupiens, dedit coquinæ conventuali duas villas, scilicet [3] Athelwoltone & Flettone, exceptis auxiliis ad festum sancti Michaelis quæ omnia abbas R [i e Robertus] successor ejus remisit & dictæ coquinæ assignavit, sicut in cartis ejusdem Roberti continetur. Item hic comparavit quoddam pratum apud Pirihowe de Johanne Knivet de Suthwic, & assignavit a la Biginge, sicut patet in carta ejusdem Johannis infra Item idem abbas postea dedit libere & solute & assignavit infirmis [4] fratribus videlicet ad sustentationem & recreationem eorundem, sex marcas annuatim de Turno villæ Burgi, sicut patet in carta sua inde confecta Et duravit illud donum ad tempus abbatis Walteri, sicut patet in gestis ejusdem abbatis Walteri Postea assignata fuerunt prædictæ sex Marcæ per prædictum

---

[1] MCXCIV Ricardus rex Angliæ rediit de Alemania, ubi a comite de Ostrit captus fuit, & traditus imperatori de Ierosolymis rediens [2] Burgi W
[3] Alwiltone W [4] Monachis W
3 _abbatem_

abbatem Walterum ad pitantiariam ad inveniendum vinum conventui, quantum sufficere potuerunt Sed postea per negligentiam pitantiariorum & insufficientem responsionem, per consilium & assensum abbatis & conventus, prædictæ sex marcæ assignatæ fuerunt in thesauro conventus ad usus prædictos.

ITEM iste Andreas primo assignavit quadraginta solidos de 1 Alebode ad anniversarium abbatis Benedicti prædecessoris sui: quam Alebode abbas Benedictus dirationavit contra canonicos de Berlinges, sicut patet in cartis ejus & duo molendina venticia apud Paftone & sex libras de Tinvelle per annum & quadraginta solidos de Castre annuatim, sicut patet per cartas.

MCXCIX Ricardus rex Anglorum & Andreas abbas Burgi obierunt. *Hanc notam marginalem in textum suum transtulit Wb.*

De abbate Akario & ejus factis.

ABBAS Akarius, qui fuerat prior ecclesiæ sancti Albani, & monachus professus, addit magnam casulam rubeam biusdatam, lato aurifragio & optimo pulcherrime ornatam; & unam cappam talem, & unam Dalmaticam & unam tunicam ejusdem panni optime biusdatam, & unam albam biusdatam, cujus paratura violeticum habet colorem, & amictam & stolam cum manipulo ejusdem coloris biusdatam, & tria pallia pendentia, unum viride & aliud violeticum, ambo longa & stricta, & tertium varium, & pallium ad ponendum super feretrum mortuorum, & unum pannum, qui pendet in ecclesia de opere Walteri Pikelet, & tria pallia altaris, quorum duo erant ad altare sanctæ Mariæ· & aliud in dispositione secretarii, & ampullas argenti, quæ furata fuerant, ad altare sanctæ Mariæ, & bacinos argenti ad magnum altare.

ITEM ipse fecit 3 parare unam capsam ad brachium sancti Ofwaldi, de argento & auro, & lapidibus pretiosis opere pulcherrimo & subtilissimo.

ITEM ipse assignavit decem solidos ad Pietantiam conventus, de uno mesuagio, quod ipse emit in villa Burgi, quod & Willielmus Gernun tenuit. Ipse item assignavit refectuario septem solidos annuatim de hæredibus Gilberti de Bernak, pro tenemento in Cathweyt, antea vero invenit camerarius. Et ipse dedit refectorio, duas cuppas optimas de 1 Mazaro cum magnis pedibus argenteis optime deauratis, & operculis pinnulatis, quarum una gestat in fundo tres reges munera Domino offerentes. Præterea ipse dedit refectorio novem ciphos de 2 Mazaro magnos & novos, quos ipse emit, & quatuor cultellos mensales cum manubriis eburneis.

ITEM ipse assignavit Turleby camerario per cartam suam, unde habemus duodecim stragulas de sancto Albano, & duodecim tunicas. Domum etiam, quam Ricardus Crocheman optulit sancto Petro, quando factus est monachus, similiter assignavit ei, quæ solebat reddere per annum dimidiam marcam. Item, hic, aliquando deficiente substantia cellerariæ, pavit conventum a festivitate sancti Petri & Pauli usque ad festum sancti Andreæ, & fecit renovare molendinum de 3 Athelwaltone ad custum suum, & colligere bladum & colere terras. & tunc cum blado anni illius incontaminato commisit cellerariam Roberto de Norfolk in vigilia sancti Andreæ. Item, hic, aliquando motus pietate, quod infirmi monachi non haberent ad recipiendum aeris solatium, non rogatus sed sponte dedit eis partem vineæ suæ, ubi Ricardus de Scoterie fecit postea plantare gardinum. Item hic comparavit domos apud sanctum Paulum Lundoniis pro ducentis quinquaginta & eo amplius marcis. Atque per diversa loca maneriorum fecit parare aulas, cameras, & cætera ædificia. Scilicet, aulam de Scoterie, aulam de Fiskertone, aulam de Gosberchirch, aulam de Tynewelle, aulam de Lithingburch, quam abbas Alexander postea transtulit. & domos de Stanewigge ædificare ipse incepit.

ITEM ipse dedit ducentas marcas regi Johanni pro carta de libertatibus, & acquietavit domum apud scakarium de mille marcis, & eo amplius, secundum dicta eorum, qui pacaverunt pecuniam, scilicet Thomam de Norfolk, & Galfridum

Gibewine tunc feneſcallum. Hic item adquiſivit donationem eccleſiæ de 1 Piteſle per placitum, in curia domini regis Johannis, tempore perſecutionis, in principio ſcilicet generalis interdicti.

Item hic dirationavit mariſcum, qui eſt inter Sengleſholt & Croyland, unde habemus, ſingulis annis, pro recognitione dominii de abbate de Croyland, quatuor petras ceræ, quæ dividitur in ceris in ſingulis feſtivitatibus ſanctorum eccleſiæ noſtræ, ſicut ipſe conſtituit. Item ipſe revocavit manerium de Walecote de Petro filio Radulphi, qui diu illud tenuerat, & plurimas regum confirmationes inde habuerat.

Et ipſe emit terram de Stowe juxta 2 Semplengham, ubi abbas Robertus poſtea domos ædificavit.

Præterea conſuetudo erat, quod abbas deberet habere auxilia ſancti Michaelis de Alwaltone & de Flettone, ſcilicet viginti marcas· ſed ipſe dedit conventui quindecim marcas, & ſucceſſoribus ſuis quinque dimiſit, quas abbas Robertus ſucceſſor ejus plenarie conventui aſſignavit.

Hæc igitur de bonitatis ejus ſtudio data & adquiſita: ut ejus memoria in æterna benedictione ſit, memoriæ commendare curavi.

De perſecutione vero ejus, quæ maxima fuit, de duro, videlicet, principe, de tyrannis indomitis, de foreſtariis ſævientibus, tædioſum eſſet enarrare. Dies mali tunc fuerunt. Nam diſcordia magna erat inter regnum, & ſacerdotium. Qui enim debuerunt eccleſiam defendere, contra illam arma erexerunt: & qui videbantur religionis amici, religionem nitebantur extinguere.

Hic ſuſcepit abbatiam ad rogationes, & non invenit bladum, nec cibaria, nec alicujus generis ſubſtantiam, unde domum ſuam per unam diem poſſet ſuſtentare. Nam epiſcopus ſancti Andreæ de Scocia, cui rex cuſtodiam donaverat, nihil dimiſerat, ſed omnia, quæcunque potuit, aſportaverat.

Hic præfuit eccleſiæ Burgi fere per decem annos, & erat omnibus exemplum ordinis & honeſtatis, largitatis & benignitatis. Ita ut quiſque per eum diſceret quomodo converſari deberet in clauſtro, ſimiliter & in ſeculo. In tantum enim

benignus

2

benignus fuit erga conventum suum, ut qualibet die mitteret in conventum de dominico pane suo, & de cibis regularibus ad consolationem fratrum· quos prior dividebat, per ordinem, sicut inter fercula Ita & in domum infimorum, infimis fratribus de cibis carnium mittebat   In conventu vero sæpius dicebat, domini, domini, nisi per quosdam vestrum stetisset, multa bona vobis facerem· & erat verbum istud tunc absconditum a nobis, sed post obitum ejus recordati sumus, quare hoc dixit, & vidimus, & cognovimus de quibus hoc dixit sed non est curandum transierunt, elevati sunt, & dejecit eos Dominus, dum allevaretur

Ita igitur vir benignum se habuit semper erga conventum suum, ut nulli malum pro malo redderet, sed studuit plus amari, quam timeri.

Hic etiam intuitu pietatis recepit viginti duos monachos, quorum meritis & orationibus & omnium sanctorum tribuat Dominus veniam delictorum & superinæ fœlicitatis gaudium Amen. 1 Obiit idem abbas secundo idus Martii, anno domini MCCX.

De Roberto abbate qui factus est abbas MCCXIV.

ROBERTUS abbas natus & vocatus de Lyndesheye 2, vir sapiens & discretus, honestus moribus, & in cunctis providus, habitu simul & professione 3 noster erat monachus: hic quando fuit sacrista, dedit unam cappam de rubeo Samit, & duas albas briusdatas cum rubeis paraturis, unam scilicet cum Bisantiis, & alteram cum floribus. Item ipse fecit renovare ymaginem sanctæ Mariæ, & sancti Johanni, ultra magnum altare, & fecit dealbare volsuras in retro choro

Item ipse lucis & honestatis amator clarificavit ecclesiam triginta & eo amplius vitris Antea vero erant fenestræ virgis & stramine obstrusæ Et ipse fecit unam vitrinam in regulari locutorio, & in capitulo ex parte prioris,

---

1 Anno Domini MCCX & anno regni regis Johannis decimo secundo Akarius abbas obiit, post cujus mortem idem rex Johannes habuit vacationem Burgi per quatuor annos *Margo interior Codicis W*. 2 Anno Domini MCCXIV factus est abbas Burgi W.   3 Burgi Wh.

&

& novem in dormitorio, & in capella sancti Nicolai tres fecit.

ITEM ipse fecit totum cancellum de Oxeney, & tabulam cum ymagine sanctæ Mariæ ibidem super altare. Item ipse aumentavit dormitorium nostrum & fecit privatas cameras. Atque juxta coquinam fecit lardarium ad opus cellerarii. Postquam vero vidit Dominus ejus solicitudinis bonitatem, & voluit eum in superiori gradu constituere, ipso inspirante, communi conventus assensu in abbatem est electus 1; & domino Johanni regi præsentatus · & apud Wintoniam in die assumptionis sanctæ Mariæ ab eo benigne receptus, atque postea, apud Norhamptune, a Lincolniensi episcopo Hugone secundo, in die sancti Barnabæ apostoli, ordinationis suæ benedictionem accepit

DOMUM itaque reversus optulit unam cappam colore violetico, & unum pallium cum glaucis ruellis

DEINDE extendit manum suam ad liberandam patriam de dura servitute & gravi subjectione Nam forestarii, & bestiæ, eo tempore dominabantur hominibus, nec erat dives, nec pauper, nec religiosus, infra terminos foresta habitans, qui non traheretur ad injuriam, & ideo fecit finem cum rege Johanne de mille trecentis & viginti marcis pro 2 Nesso Burgi deadforestando.

ITEM ipse fecit cooperire aulam abbatis de plumbo versus claustrum & erexit marmoreum lavatorium & dedit partem vineæ suæ ad dilatandum cœmeterium Item hic assignavit infirmariæ quatuor marcas argenti · duas videlicet de Parcho Lude & duas de canonicis de Torholm, quas debent nobis, sicut cartæ eorum testantur. Et custodi hospitum assignavit octo solidos de canonicis Novi Loci ad 3 mattas emendas, & cætera utensilia, quæ necessaria sunt in ministerio suo

ITEM hic adquietavit cartam unam de manibus Judæorum pro triginta quinque marcis, per quam interrogabant ex antiquo debito pecuniæ maximam 4 multitudinem

ITEM ipse liberavit 5 homines nostros de Stanwig a secta undredi de 6 Hicham, per pecuniam, quam dedit comiti de Ferreis. Item hic adquisivit donationem ecclesiæ de Cloptone.

---

1 ut prædictum est W   2 Nasso W.   3 Nattas W   4 Summam W
5 Homagium W   6 Heyham W

Item

Item ipse dedit duas marcas auri & cuppam suam argenteam ad feretrum sanctæ Kyneburgæ. Item ipse fecit novam portam interiorem; & novum stabulum ad equos abbatis, & vivarium juxta Cœmeterium. Item hic adquisivit recognitionem unius militis, & quartam partem unius militis erga Nicolaum de Baffingburne in Benefeld.

Item hic ædificavit aulam de Colingham & aulam de 1 Stowec, sed Martinus abbas postea mutavit. & cameram de Tynewelle; & cameram de Cotingham. & folarium de Stanewige cum capella, & capellam de Keteringe pene fecit. Item hic ædificavit quoddam bonum horreum apud Novum Locum & unum apud Undele, & unum apud Torp; & unum in villa Burgi. Et ipse erexit magnam domum ultra pistrinum & bracinum, & ipse adquisivit per placitum contra abbatem de Croyland, quod licet abbati de Burgo infoffare de communi pastura eorum in marifco de Peychirche, quantum sibi placuerit, & facere pratum.

Ipse vero possessionum & prædiorum ad ecclesiæ suæ [usum] diligentissimus perquisitor & procurator fuit, emit quendam boscum parvum fed valde pulcherrimum, & deliciosum juxta 1 Estvude in aquilonari parte de Roberto del Tot, quem postea venerabilis vir abbas Martinus una cum dicto bosco de Estvude fecit includere. Præterea adquisivit quandam culturam terræ, fere quadraginta acras, de quibusdam hominibus patur, quæ jacet juxta eundem boscum, quam adfignavit ad Belasise ad opus cellerarii, & foffato circumcinxit, quam sacrista tenet pro quadraginta folidis, cum quibusdam aliis terris de cellerario, per annum.

Videns itaque, vir discretus & honestatis amator, cœmeterium ecclesiæ strictum & minus implum quam deceret, ad honorem Dei & ecclesiæ suæ, & ad sepulturam monachorum, & parentum & amicorum eorum, dedit quamdam partem vineæ suæ ad dictum cœmeterium amplificandum, & muro forti & alto eam circumcinxit.

Cumque in rebus temporalibus & transitoriis perquirendis & custodiendis, multum diligenter & vigilanter laboraffet

---

Attendensque quod unum præ cæteris esset necessarium, scilicet ea, quæ Dei sunt, corde & corpore devote adimplere,
pacem & tranquillitatem intus & extra, caritatem continuam
inter senes & juvenes stabilius proposuit firmare. & Domino
largiente propositum laudabiliter adimplevit. Nam, cum
ante ejus tempora inter fratres murmur & discordia, contentio & invidia propter minutionem fratrum sæpius evenisset;
nec mirum quidem, cum tunc nullus, nisi ex præcepto prioris, minutionem posset accipere, alii sæpius, alii tardius, scilicet quidam post quintam ebdomadam vel sextam minutionem habebant · cæteri vero, nisi post octavam vel decimam
vel quindecimam, vel si prior vellet post dimidium annum,
nullam minutionem haberent. Ille vero, ut omne malum,
propter hujus causam, de cordibus eorum auferret; constituit, ut conventus in sex partes divideretur, & in primo die
minutionis, is, qui senior illius partis, quæ minui deberet,
fuisset, terminato capitulo post absolutionem animarum pro
omnibus sociis suis cum manu sua a præsidente minuendi licentiam postularet.

Iste modus minuendi in tempore abbatis Walteri, tantum
hoc modo mutatus est. Nam, in tempore illius abbatis dominus Robertus quondam Lincolniensis episcopus cognomento
Groseteste in visitationibus suis esum carnium ubique monachis penitus inhibuit nisi tantum in infirmaria & in camera
abbatis. Unde circa tam artam inhibitionem & tam impor-
tabile onus, dictus abbas Walterus, habito cum conventu
salubri & diligenti consilio, statuit quod idem conventus
divideretur in quinque partes, & minuerentur modo supradicto Ante istud statutum domini Walteri abbatis minuti
reficiebantur in refectorio, regularibus cibis, ter in die sicut
continetur in veteri consuetudinario Et sciendum, quod conventus habuit trinam misericordiam per annum in domo ad
hoc proprie deputata, ubi comedebant carnes, secundum quod
Deus dabat similiter & in domo hospitum, & alibi ubicunque comedebant extra refectorium vescebantur carnibus,
quod omnino cessavit per statutum supradictum & inhibitionem
episcopi supradicti

Hic etiam per citationem generalem per totam christianitatem a domino papa Innocentio editam per magnos sumptus

&
)

& labores adiit curiam Romanam; ubi idem papa generale concilium cum omnibus prælatis univerfalis ecclefiæ celebravit, quod vocatur concilium Lateranenfe, ficut patet in eodem concilio in quo provifum fuit, quod conventus monachorum jejunarent, ficut continetur in regula, fcilicet a fefto exaltationis fanctæ crucis ufque in Pafcham. Domi vero rediens idem abbas a dicto concilio, conventui fuo oftendit, & precibus obtinuit quod prædictum jejunium per prædictum tempus obfervarent. Sunt autem quædam tempora & dies, in quibus conventus Burgi & alii monachi folebant bis comede re in die, videlicet ab exaltatione fanctæ crucis ufque ad primum diem Octobris, & a dicta die Octobris omni die duodecimo, videlicet ufque ad adventum Domini, & quolibet die infra octavas fancti Martini. & a die nativitatis Domini ufque ad octavas Epiphaniæ, & ab illo die omni die duodecimo, videlicet ufque ad quinquagefimam, in quibus omnibus diebus cappatum per prædicta tempora folebat conventus habere unum ferculum ad cœnam cum cafeo. Aliis vero diebus, duodecimo videlicet, quoddam interferculum fedecim difcorum cum fervitoribus, quæ omnia propter integritatem eleemofynæ idem abbas injunxit eidem conventui, ut quæ apponi folebant ad cœnam, apponerentur ad prandium.

Hic vero, inter cætera bona opera fua, ad conditionem conventus meliorandam & [1] ampliandam folicitus femper fuit & devotus. Nam, cum ante ejus tempora non fuerunt nifi feptuaginta duo monachi in congregatione Burgi, & habuerunt ad coquinam Flettone & Alwaltone cum molendino & pertinenciis (exceptis auxiliis ad feftum fancti Michaelis) & de Burgo qualibet feptimana tres folidos & decem denarios, & de Caftre tres folidos & decem denarios, & de Tynewelle quinque folidos & tres obolos, & redditus de pifcariis, & duodecim marcas de camera abbatis ad principalia fefta facienda. Ipfe, vero, anno fecundo poftquam rediit de Roma, omnino dimifit & quietum clamavit conventui totum auxilium de Flettone & Alwoltone, fcilicet viginti marcas ad feftum fancti Michaelis, quod ipfe & anteceffores fui folebant capere. Et poftea ad recreationem conventus, & incrementum octo monachorum, dedit & assignavit cellerariæ conventuali Gosberkirke, quæ qualibet septimana quatuordecim solidos valet. Et præterea molendinum de Cufwick cum octo acris terræ & cum prato & aliis pertinentiis suis & valent per æstimationem duodecim marcas per annum Et molendinum de Wakebroc, quod valet per annum triginta tres solidos.

Et ipse solebat defendere prædictas villas, & tenere in libertatibus antiquis coram justiciariis, & vicecomitibus, & ballivis eorum Hic itaque fecit quasdam magnas essartas, & in eis domos ædificare in loco qui dicitur Belasis, & fossatis, & sepibus sufficienter claudere cum boscis parvis circumastantibus Et juxta illud fecit terras excolere & seminare & circumfossare multas & magnas Et ecce quidam miles Ricardus de Waterville nomine, & alii liberi homines de Castre, & de Marham, quidam de terris, quidam de communa pasturæ querelam fecerunt coram domino rege de prædicto abbate, & de nova disseisina At dictus abbas sicut erat valde cautus & circumspectus, de talibus sibi prævidens casibus, improvide irruentibus, satis fecit singulis eorum per dona, & per alia bona. ita quod inter eos facta fuit finalis concordia

Et insuper adquisivit magnas terras in loco, qui vocatur Glintonehawe, quod jacet inter campum de Marham & campum de Wodecroft, & continent in se octoginta acras fere, & adsignatum fuit ad Belasis

Item emit quemdam boscum de quodam milite Willielmo Gimiges nomine, quod est in campo de Melctone, & illum fecit assartare, & colere, & circumfossare, & vocatur Freneshawe, quod æstimatur ad viginti acras & assignatur ad Belasis

Item emit & adquisivit terras apud Pastone, partem de Roberto Peverel, partem de Roberto Tot, partem de Henrico clerico, & partem de aliis francolanis, unde fecit fieri unam culturam, circumfossatam continentem in se quadraginta acris, quod assignatum est apud Belasis Et emit viginti acras prati apud Northburch de Galfrido milite, & assignatum est apud Belasis Et notandum, quod Belasis, cum prædictis pertinentiis & aliis, in pratis, & pasturis, sunt assignatum ad inveniendum panem & cervisiam ad usus octo monachorum

monachorum per eundem abbatem & conventum de novo
creatos. Sed postea in melius mutatur per dispositionem abbatis Walteri & conventus. nam, cum servientes cellerarii de
Belasise frumentum & brasium ad prædictos usus adducerent,
cellerarius abbatis, aut servientes ejus noluerunt illud recipere,
nisi de meliori esset, quod inveniri posset, & sic sæpe dampnum & nocumentum evenerunt cellerario conventuali. Nunc
vero per prædictam dispositionem, redditur pro prædicto frumento & brasio, certum & leve pretium denariorum, sicut
in carta dicti abbatis Walteri plenius continetur.

Ita videlicet, quod abbas inveniet dictis octo monachis
panem & cervisiam, sicut ad alios antiquitus statutos. Et
1 Belasise cum pertinentiis ad coquinam conventus assignatum
est pro duodecim marcis, quas cellerarius conventus solebat
accipere de camera abbatis ad quatuor anni terminos ad principalia festa celebranda. & pro tribus marcis ad festum dedicationis ecclesiæ celebrandum, quas dictus Walterus abbas de
camera sua statuit, & carta sua confirmavit. Et sic liber est
cellerarius a solutione denariorum, pro prædicto incremento bladi & brasei. nam æstimatio illorum est quindecim marcarum,
sicut in prædicta carta abbatis Walteri inde confecta taxa-
tur. Hoc factum Willielmus abbas carta sua confirmavit.

Hic etiam vir magnæ prudentiæ, & amator justitiæ & scientiæ, statuit & divisit, per consilium conventus, bona sacristiæ in duas portiones. scilicet, unam magistro sacristæ, & alteram subsacristæ, ut quilibet eorum evidenter sciret, quid
habere & agere sine altercatione in suo officio deberet, ut patet
infra 2.

Item, antiquitus, abbas & conventus habuerunt ad vestimenta & ad calciamenta sexaginta marcas argenti annuatim
de Frikertone & Scotere, sed hoc ipsum quid fuit inter tantos?
Abbas vero Robertus videns, quod sufficienter non habuerunt,
assignavit viginti marcas ad prænominata vestimenta & calciamenta de eisdem villis, ultra sexaginta marcas prædictas.
Insuper dimisit, & quietum clamavit de se & successoribus
suis vestimenta, & calciamenta, quæ solebant ipse & 3 successores sui habere de camera conventus. Ita tamen, quod qui

---

libet monachus haberet omnia sibi assignata & necessaria plenius & uberius sine aliqua substractione & murmuratione Item Akarius 1 prædecessor ejus dedit conventui parvum manerium de Thurleby ad duodecim tunicas, & totidem stragulas de sancto Albano, salvo, tamen, hospitio suo in eundo & redeundo, quotiescunque voluerit, sicut carta ejusdem testatur Ipse vero abbas Robertus videns contentionem atque gravamen super hoc sæpius camerario contingere: tum propter hospitium ipsius abbatis, tum 2 servientem ejus, assignavit cameræ conventus decem marcas argenti annuatim percipiendas de dicto manerio, & carta sua confirmavit

Hic siquidem dedit viginti solidos ad tria festa in capp s celebranda, scilicet transfigurationem Domini, translationem sancti Thomæ, & natale sancti Hugonis, de duabus virgatis terræ quas tenet Persona de Irthlingburc percipiendos, ut patet in carta ejusdem abbatis

Item ipse emit quoddam pratum valde necessarium de Johanne 3 Gnyvet apud Sutwik, quod jacet apud Pyryhou, & assignavit ad Novum Locum Sed, & terras & redditus & multa alia emit & perquisivit, quæ modo hominum memoriæ non occurrunt redditum vero quatuor solidorum annuorum de monialibus de Goucwell ad cameram abbatis, ut carta earum testatur, perquisivit

Verum tamen quando factus est abbas, erat maxima discordia inter regnum & sacerdotium & terra interdicta per sex continuos annos & eo amplius. & post interdictum secuta est Gwerra 4 sevenssima, & bellum turpissimum inter regem & principes Angliæ Et erant tunc dies pessimi, ita ut ecclesiæ destruebantur, frangebantur, & ea, quæ in ecclesiis erant, rapiebantur & asportabantur

Post novem igitur annos & decem septimanas susceptæ curæ pastoralis obiit, in festo Crispini & Crispiniani 5 Siquid deliquit, sit veniale sibi, cui concedat 6 Dominus vitam æternam, Amen

---

1 De sancto Albano Wh 2 propter servientes Wh 3 Knevet W
4 Savissima W 5 Anno Domini MCCXXII Wh 6 omnipotens W

De abbate Alexandro & ejus operibus

Successit 1 domino Roberto abbati abbas Alexander de Holdernesse natus, monachus professus 2 istius loci, de priore factus est abbas. Hic dedit pretiosum pallum, cujus campus ruber coloris, & bestiæ mixti, scilicet, albi & nigri. Dedit insuper quatuor cappas optimas de novo & rubeo Samyt, & duas alias. Dedit item duodecim albas, quarum una est brudata, cujus campus niger, & dedit unam casulam ad altare sanctæ Mariæ.

Hic licete & benigne concessit & carta sua confirmavit Belasit, cum Wakebroc, & aliis molendinis, Gosberkuke cum pertinentiis, quæ prædecessor ejus abbas Robertus dederat ad augmentationem octo monachorum. Unde multum a conventu quasi bonus pastor, amabatur.

Iste insuper ædificavit aulam de Castre, & aulam de Undele, & solarium magnum ad hostium cameræ abbatis, & subtus cellarium.

Multum item expendit propter wardam R. de Torpel, ut putabatur trecentis marcas. Sed morte præventus negotium consummare non potuit. Obiit autem, postquam sedit abbas quatuor annis peractis, eodem die quo in abbatem electus est, die scilicet sancti Edmundi regis & martyris cujus anima propitietur misericordia Dei omnipotentis. Amen. Dedit vero illud pretiosum vas crystallinum, in quo conditur sanguis sancti Thomæ martyris cum aliis reliquiis.

In tempore istius abbatis data fuit domino regi quinta decima 3 omnium bonorum totius Angliæ, sicut patet in cartis quibusdem regis 4.

Martinus

Martinus abbas.

ALEXANDER abbas obiit in vigilia sancti Eadmundi, & in crastino sepultus. Martinus de Ramiseya 1 electus quarto nonarum Decembris; & in octavis sancti Andreæ a domino rege Henrico filio regis Johannis receptus, & eodem die ab episcopo Lincolniensi Hugone secundo, examinatis priore & aliis tribus monachis, confirmatus est in capella sanctæ Caterinæ apud Westmonasterium, & in die sancti Johannis evangelistæ apud Tinghurst ab eodem episcopo benedictionem suam consecutus est, & die dominica infra octabas epiphaniæ apud Burgum receptus est.

MCCXXVII. Hoc anno pacavit ad scaccarium regis de debito domini Roberti abbatis pro disaforestatione Nassi Burgi quinquaginta marcas. Eodem anno fecit Martinus abbas confirmari cartas suas a rege Henrico filio regis Johannis pro sexies viginti marcis argenti ad opus domini regis, & viginti octo marcis ad opus cancellarii, exceptis multis aliis donis. Eodem anno obiit Brianus de Lamara, & dominus rex, cum transiret per partes illas versus Eboracum, ante natale, fecit saisiri in manum suam terram prædicti Briani, quia fuit forestarius marisci de 2 Ketstevene & de Hoylonde. & abbas quæsivit breve domini regis ad Hugonem de Nevile tunc justitiarium forestæ de inquisitione facienda, utrum prius fuissent antecessores dicti Briani feoffati de domo Burgi, an de foresta, & sic facta inquisitione per duodecim legales homines apud Bernake, & transmissa domino regi sub sigillis domini Hugonis & juratorum, coram multis baronibus adjudicata fuit warda terræ prædicti Briani dicto Martino abbati, & suis successoribus, & abbas illam wardam concessit domino Radulpho 3 de Nevile Cicestria episcopo domini regis cancellario. Et eodem anno pacavit idem abbas pro veteri debito viginti quinque marcas, & de scutagio Pictaviæ de tempore regis Johannis decem libras, duodecim solidos, tres denarios, & sic remansit quietus de omnibus debitis ad scaccarium 4

---

1 Monachus Burgi electus est in abbatem Burgi W   2 Ketlevene W
3 le W   4 Idem vero abbatiam per sex annos rexerit, & vitam finivit
Anima cujus propitietur Deus. Amen. Wh

De

De Waltero abbate & ejus operibus.

VENERABILIS abbas Burgi Walterus de sancto Edmundo natus & vocatus, monachus & professus ecclesiæ Burgensis, de sacrista communi assensu totius capituli in abbatem Burgi, Domino inspirante, est electus 1 Qui ad stallationem suam dedit magnum pallium cum pavonibus, & unam cappam optimam & pretiosam, de rubeo Samyt, bene brusdatam, cum apostolis & quibusdam martyribus

Ipsi etiam dedicari fecit ecclesiam 2 nostram a duobus episcopis magnis sumptibus & propriis Ipse vero tu magnis laboribus, & expensis pro defensione suæ ecclesiæ versus curiam Romanam mare transivit

Semel dum adhuc sacrista esset, scilicet contra magistrum R de Sumercote, tunc cardinalem pro ecclesia de Castre ubi etiam adquisivit privilegia quædam. Iterum postquam fuit abbas, quum dominus papa generale concilium pro pace & statu ecclesiæ proposuit celebrare ad quod omnes prælati Angliæ, sicut & aliunde vocati fuerunt Cum autem venisset in Burgundia, audivit, quod imperator Fridericus magistrum Hottonem legatum Angliæ, & quendam alium legatum Franciæ, sed episcopos & abbates, omnes quoque nuncios ipsius domini papæ propter discordiam inter ipsos, incarceravit, & male tractavit quam ob causam ad prædictum concilium accedere non est ausus Sed in civitate Anevers fere per dimidium annum moratus est Domum tandem reversus optulit duos pannos sericos Baldekinos rubeos, illos scilicet, unde Johannes de Holderness subsacrista fecit duas cappas

Ipse siquidem cito postea a domino papa tale accepit mandatum, ut inveniret sibi per annum quinque milites cum equis & armis, & omnibus expensis

Sed quia hoc sibi gravissimum esset, pro fine faciendo dedit centum septuaginta & quatuor marcas, & hoc per dispensationem magistri Martini nuncii domini papæ Tertio per speciale mandatum ad concilium Lugdunense vocatus est videlicet quia ecclesiam de Castre contra provisionem domini papæ per præceptum regis Henrici tertii donaverat. Unde ut gratiam domini papæ adquireret, & sententiam evaderet, obligavit se dare annuatim cuidam nepoti domini papæ decem libras de camera sua. Ubi etiam adquisivit quoddam privilegium magnum de libertatibus ecclesiæ [1] nostræ Quod sic incipit· Innocentius servus &c. & aliud, Ne quis monasterii nostri ultra duas diætas coram judicibus delegatis caucie tur. & quædam alia. Unde rediens optulit pretiosum pallum biusdatum cum ymaginibus sanctæ Mariæ filium gestantis

IPSE siquidem wardam R de Meltune, quam prædecessor ejus abbas Martinus conventui dederat, benigne & devote eis concessit

HIC vero aumentavit infirmariæ nostræ redditum de quinquaginta septem solidis, scilicet, de quodam redditu in Stanforde, quem emit, & de procuratione sua annua, quam antecessores sui de sacrista apud Pilesyate habebant, viginti solidos insuper redditum hospitalariæ de quatuor solidis ampliavit· scilicet de domibus nostris apud Lundonias de magistro W. de Bernake. Nunc vero mutatur in melius per abbatem Johaannem de Calceto, qui dat per cartam hospitalariæ octo solidos & refectoriæ octo solidos de eisdem domibus

AUMENTUM vero bladi de Belasise, quod prædecessores sui sumebant, sub certo pretio & levi constituit, sicut patet in carta ejus inde confecta, ipse vero terram Gaufridi de Northburc, quam camerarius habet, unde reddit valorem decem marcarum, per abbatem Walterum constitutum magnis laboribus & expensis adquisivit.

HIC etiam adquisivit de Nicolao de Bassingburne quartam partem unius militis in [2] Clapceton Unde filius ejus recognovit quatuor feoda integra, abbati Johanni, & fecit relevium plenarie

EMIT vero quoddam pratum de Rogero de Helpestune milite, quod vocatur Paynesholm, & aliud de Toroldo de Castre quæ annuatim valent quinque marcas, de quibus assig-

1 sua, W h   2 Clapthorn W

navit quadraginta folidos ad anniverfarium fuum faciendum de curia abbatis percipiendos

ABBAS Willielmus totum illud pratum affignavit pitanciariæ, ad anniverfarium ejufdem abbatis plenarie celebrandum

QUIBUS etiam pluribus voluminibus bonis & pulcherrimis ecclefiam noftram ditavit, quæ in rotulo cantoris plenius annotantur

REGEM quoque 1 & reginam, 2 filiumque eorum Edwardum & principes & magnates Angliæ, 3 xeniis & jocalibus auri & argenti & equis fæpiffime honorabat　& hæc quidem omnia pro pace & tranquillitate & libertatum defenfione fuæ ecclefiæ

PRÆTEREA dedit aliquando regi Henrico tertio fexaginta marcas ad fubfidium apud Wallias　& iterum poftea fexaginta ad filiam fuam Margaretam maritandam ipfe, quidem, quando ultimo mare tranfiturus erat, dedit feretris trium virginum, & cultuiæ ecclefiæ, duo paria bacinarum nova & pretiofi, de pretio feptendecim marcarum & dimidii

ET duas novas cuppas de argento deauratas & artificiofe operatas de pretio fexdecim marcarum, quæ omnia fucceffor ejus abbas Willielmus mutuo accepit

MAXIMAM quoque copiam vaforum atque jocalium, cum moreretur, dimifit　Quæ omnia in capitulo delata fuerunt, & ad voluntatem conventus difpofita　Dedit etiam decem marcas ad opus ftallorum, & majorem partem groffi mererur.

RECEPIT hofpitio itaque ipfum regem prædictum bis, magnis fumptibus, & honoribus pluribus　Semel quidem cum regina, & filio fuo Edwardo.　Introitus vero novi refectorii cum magna diligentia, & expenfis faciebat, fcilicet cum abbatibus, prioribus & multis viris religiofis, fed & militum, clericorum & fecularium multitudine maxima.　Ipfe quidem intra curiam, & ad maneria multa fecit ædificia

ERENIT infra curiam 4 magnam illam domum, in qua habentur duo molendina equina, & horreum fœni　feritque coquinam abbatis　apud grangias Burgi, unam grangiam totam, & bovariam novam coopertam lapide　Apud Torp renovavit totam grangiam, & fecit bovariam novam　A-

1 Henricum tertium & reginam Elianoram Edwardum, W　　2 Recepit etiam ipfum regem W　　3 Exeniis W　　4 id eft abbatiam W

pud

pud Caftre augmentavit dimidiam partem grangiæ, fecit ibi coquinam novam & i braferiam   Apud Glintune horreum novum, granarium novum, utrumque coopertum lapide.   Apud Witheringtune granarium novum   Apud 2 Heye nobile ædificium, scilicet aulam, folarium, cum capella, & fubtus cellaria, coquinam, omnia de lapide & ligno, infuper duas portas, & cinxit totum bofcum largo foffato cum ponte tractabili, horreum novum, bercariam novam, boveriam novam   Apud Weimingtune molendinum novum aquaticum cum duabus multuris.   Apud Undele novam boveriam

Apud 3 Affetune novam boveriam   Apud Novum Locum: magnam domum & fumptuofam, ad 4 opus boum   Apud Stanewigge bercariam novam.   Apud Hutlingburc boveriam novam, & ftabulum novum   Apud Keteringe nobilem aulam coopertam lapide, bercariam novam, & boveriam novam   Apud Cotingham horreum novum, piftrinum novum, coquinam novam   Apud Eftune duas grangias novas, & folarium nobile, & fubtus granarium, boveriam novam, fecit etiam ibidem affartare duas carrucatas terræ   Apud Tynewelle novam grangiam lapide coopertam, & columbarium   Apud Waltune novam grangiam   Apud Scottere grangiam, boveriam & ftabulum   apud Fifkertune renovavit totam aulam, & dimidium grangiæ   Apud Colingham novum talamum cum capella.   Apud Walecote grangiam novam & talamum novum

Hic etiam emit apud Stanewigge duodecim acras terræ de Roberto de Belle milite   & apud Caftre feptem acras terræ de Roberto de Paftone   apud Turkby aulam fecit novam, apud Colingham novum molendinum & tres bercarias novas

Hæc igitur, cæteraque beneficia tam multipliciter & benigne a fua liberalitate nobis impenfa fibi Domino praftante vitam impetrent fempiternam

Fuit fiquidem vir ifte erga omnes pius & mifericors.   In capitulo nullum nifi fuis meritis exigentibus calumpnians inteftabat, aut cruciabatur, & tunc quidem invitus   In talibus

1 Bracinam W   2 Eye W   Scilicet Lyburg Sp   3 Afchtone W
4 pro Boveria W

veio sed & in omnibus agendis suis nihil sine consilio majorum aut seniorum faciebat: consilium tamen quorundam fratrium animum suum sæpe a suo statu peivertebat. Hic veio neminem de suis tenentibus, neque divitem neque paupeiem, aliquibus indebitis exactionibus vexare curabat. Sed siquis paupei, sive vii, sive malici, coiam eo, pio qualicumque necessitate, aut negotio flendo conqueieretui, statim in laciymas proiampendo misericordritei cum eo agebat. Unde ipsis sicut & nobis giudium & tranquillitas, intus & extra, cunctaque bona continue habundabant. Erat etiam eiga conventum sempei adeo benignus & favorabilis, ut si aliquando, de pane aut potu aut de alia quacinque ie, quæ eum tangebat, coiam eo in capitulo fieiet queicla, statim acceisitis his, qui talia ministiaie debebant, de meliori, ubicunque inveniictui, aut de proprio, aut de empto, ut emendaietui minando praecipiebat. Similitei pei maneiia sua, oie suo cum ibi veniiet, absc is veio pei litteias suas saepissime praecipiebat.

Eiat itaque sempei Deo devotus, omnibus exemplum ieligioais & honestatis, continentiæ & sobrietatis, quomodo quisque in claustio & in seculo se habeie debeiet. Recepit itaque, Domino inspiiante, caiitatis intuitu tiiginta monachos Jhesu Christo perpetue famulando.

Ultimo autem cum de tiansmaiinis paitibus infiimitate sui corporis giavatus accessisset, i obiit, decimo teitio anno postquam sedem cuia pastoialis est adeptus. Cui dominus, pei suam giatiam mentisque sanctæ Dei genitricis, & sancti Petii, sanctæque Benedicti, necnon & omnium sanctorum, in ieioe inventium vita & gaudiis concedat premii sempiteinis Amen.

Hic cum statim festum dedicationis ecclesia fiei principale, scilicet de comeia sua, quadraginta solidos ad illud, ut ad alia principalia, statuit, & vinum

ie ctiam maximam paitem maneii de Tinleby pei inbecationem amisit, proptei confidentiam stultam cujusdam littere egia, & pei consilium quoiundam, qui se nimis secuios ieunt. Quare nimis tepide cica illud negotium & expenioie & laboiavit. Unde omnibus diebus vita suæ coide con-

titus multum illud plangebat   Multum itaque cu ca placitum de Croylande in vanum laboravit & expendit   Reliquit omnem abbatiam omnibus bonis habundantem, scilicet, in
stauro de equis, de bobus, vaccis, ovibus, sed & de omnibus pecoribus in maxima multitudine & in multis locis bladum de tribus annis   Sed post decessum ejus magister R de
Gosebeck, cui deminus rex custodiam abbatiæ commiserat, per
suos fere omnia destruebat, vendebat & asportabat

Hic inventa sunt in camera ejus post mortem ejus   una
cuppa deaurata & artificiose operata de pondere septem marcarum, pretium duplex pondus   Item alia plana de pondere
quinquaginta duorum solidorum & sex denariorum, pretium pondus & dimidium.   Item duo paria bacinarum nova & pretiosa, quorum unum de pondere septem marcarum, pretium
pondus & quarta pars.   Item aliud par de pondere sex marcarum & decem solidorum, pretium pondus & tertia pars

Ista omnia nova & pretiosa.   Item de vasis usualibus, una
cuppa argentea deaurata, & de pondere quinque marcarum, pretium pondus & dimidium   Item alia cuppa deaurata, quæ
quondam fuit Rogeri prioris, operata   Item duo ciphi argentei
deaurati cum pedibus operatis, de pondere quadraginta solidorum,
pretium pondus & dimidium   Item sex platæ argenteæ   I-
tem coclearia viginti novem   Duo monilia auri grossa   Annuli aurei triginta, de pondere novem solidorum & unius denarii.
Ista quidem monilia & annuli de pretio novem ponderum.
Ista sufficiunt de metallo   Item quatuor cuppæ de Mazaro,
omnes cum 2 operculis pedibus & 3 punulis deauratis, quarum una fuit de pretio sex marcarum, vel eo amplius.   Ci-
phus unus de Mazaro cum pede deaurato   Duæ nuces cum
pedibus & circulis deauratis

Navicula de Mazaro   It de denariis quinquaginta libræ
& una & quatuordecim solidi   Penula quædam de Veir 4 viginti solidorum   quatuor cultelli mensales 5

---

1 Argentea W   2 Coopurculis W   3 Pennulis W   recte
4 Pretium W   5 Le multi alia, que non erunt scripta   Lidem Waltero
successit frater Willelmus Hotot Wh

Prænobili Domino Johanni Comiti Fitzwilliam, Vicecomiti de Miltoun, Baroni de Lyfford, S.

Tandem aliquando Tibi, Comes Illuftris, alia forma Walteri de Wytilfey Hiftoriam animo Iubenti reddo. Gratias quam maximas Tibi agendas effe facile fatebitur quivis rei noftræ antiquariæ ftudiofus, quod tam benigne mihi atque adeo toti reipublicæ literariæ codicis iftius copiam feceris.

De Hiftoria quidem Petriburgenfi ex ipfis fontibus edenda jampridem me inceffereat cupido: quum autem conftabat narrationem mancam & imperfectam fore, nifi Hugoni Candido, Robertoque Swaphamo, qui

ad

ad manus fuerint, Walterum de Wytilfey adjungerem, rem animo diu conceptam invitus deferui: quia ubinam gentium tunc temporis Walterus ille lateret, prorfus nefciebam. Proclivis autem Tua rei literariæ juvandæ voluntas animum mihi iterum excitabat. ad lautum quippe, ac, ut Tui moris eft, fplendidum convivium me vocafti; atque inter coronam quandam virorum nobilitate atque virtute fpectabilium, quum primum inciderit Walteri Tui mentio, candide ipfum mihi codicem elegantiffimum de Mufeo Tuo porrexeris, & ejus ufum comiter mihi concefferis: quantum vero lucis hiftoriæ Anglicanæ ex hoc autore effulgeat, cuivis harum rerum perito facile patebit.

Multa mihi heic in mentem veniunt de illuftri Tuæ gentis vetuftate & fplendore dicenda; jucundam vero hanc æque ac amplam materiam calamo doctiffimi viri Johannis Bridges excolendam relinquo, qui de rebus agri noftri communis antiquis opus accuratum, magnificum & immortale meditatur. Hoc tamen qualecunque animi mei grati teftimonium exhibendi opportunitatem quam lubentiffime arripio. Sum,

Tibi, Domine Ampliffime,

Devinctiffimus & Humillimus fervus,

E. Bibliotheca Bridgethana,
Kal. Mui, A. D
MDCCXXIII

Josephus Sparke.

WALTERI de WHITLESEY

HISTORIA

Coenobii Burgenſis.

De abbate Willielmo Hotot & ejus operibus.

WILLIELMUS Hotot monachus Burgi, & profeſſus, natus in Carletone juxta Cotingham, electus eſt in abbatem Burgi die Vedaſti & Amandi: Anno Domini milleſimo ducenteſimo quadrageſimo ſexto

Hic dedit duos pannos de ſerico diverſimo-de radiatos, ac unam tunicam & dalmaticam de bono ſerico.

Fecit etiam fieri capellam & cameram apud Cotingham. Et quinque libros fecit fieri, ut patet in rotulis praecentoris. Adquifivit etiam cartam domini regis de nundinis apud Oxeneye plures ordinationes five constitutiones bonas fecit, & eas per cartam suam confirmavit, sic dicendo sine communi consensu conventus nullam compositionem de libertatibus, vel possessionibus alienandis de catero faciemus, nec wardas conferemus, nec boscum, vel alnetum vendemus, fine conventus consilio, ut praedictum est nec aliquid arduum ipsis inconsultis attemptabimus, vel faciemus Praeterea concedimus, quod unus vel duo monachi fint custodes maneriorum abbatis fine intermissione & duo receptores omnium denariorum de dictis maneriis, & de omnibus ad eadem maneria pertinentibus provenientium videlicet unus monachus domi residens, & unus capellanorum abbatis & quod denarii domini regis per manum monachi recipiantur, & ad scaccarium solvantur Volumus etiam, quod conventus sciat, semel singulis annis, statum totius abbatiae It ne processu temporis conditio conventus nostri deterioretur, concedimus & firmiter promittimus, quod neque nos, neque successores nostri portionem conventus diminuemus, vel dimidiam procurabimus Concedimus etiam, quod prudentes, & toti monachorum competenter & fufficienter in cibo, & potu meliori quam solito, de cellerario abbatis procurentur Et quod obedientiam socios habentes indicent sociis fuis recepta, & expensas mobilium, & immobilium, & inde invicem scripta habeant, sub poena amotionis illius hoc statutum contempnentis Et quod vacantibus obedientiis omnia bona obedientiariorum illasa & integra successuris obedientiariis observentur, qui de consilio abbatis & conventus fine dilatione substituantur Praeterea concedimus, quod si dominus papa, vel aliquis ejus auctoritate aliquid nomine contributionis a nostro exigat monasterio, nos & successores nostri obedientias, nisi dominus papa in literis fuis de conventu specialem fecerit mentionem, ad contribuendum non compellemus Omnes istas compositiones, & plures alias dominus H Lincolniensis episcopus per cartam suam confirmavit

A etiam iste abbas Willelmus cartam de manerio de Gosberkirke cum pertinentiis fuis confirmavit Similiter de manerio de Belasise cum pertinentiis fuis, prout abbas Walterus praedecessor prædecessor ejus ordinavit, per cartam suam confirmavit, scilicet, ubi abbas solebat recipere de cellerario conventus pro dicto manerio de Belasise, quandam summam bladi, scilicet frumenti, & brasei, ut præscribitur, pro octo monachis sustinendis. Et cellerarius solebat recipere de camera abbatis octo libras argenti pro octo festis principalibus per annum celebrandis, & quadraginta solidos ex concessione dicti Walteri abbatis pro festo principali dedicationis celebrando. Jam unum & aliud sub æquali recompensatione cessabant. Ita quod abbas sustentet prædictos octo monachos sine blado recipiendo de Belasise. & quod cellerarius celebret prædicta festa principalia more solito sine denariis de camera abbatis petendis seu recipiendis.

ASSIGNAVIT etiam iste abbas Willelmus conventui pratum de Peychirche, quod vocatur Paynes-holm, quod pratum abbas Walterus emit de Rogero de Helpestone. & quatuor acras & dimidium prati, in pratis de Castre, quas idem abbas emit de Willielmo filio Thoroldi de Castre. Et per consensum conventus totum prædictum pratum idem abbas Willielmus assignavit ad pitanceriam ad anniversarium dicti domini Walteri abbatis annuatim honorifice faciendum. quod quidem pratum jam tenet eleemosynarius, & facit anniversarium prædictum.

ASSIGNAVIT etiam idem abbas Willelmus camerariæ conventus capitale mesuagium in Northburch cum omnibus pertinentiis & libertatibus suis in Makeseye & alibi. quod Galfridus filius Galfridi de Northburge, ex perquisitione dicti Walteri abbatis in perpetuam eleemosynam memorato Burgo contulit monasterio, ut patet per cartam ejusdem Galfridi. Tempore enim compositionis istius cartæ, conveniunt iste abbas Willelmus, & conventus in unum locum seorsum extra capitulum, ut tractarent quid, & quantum deberet reddi pro isto tenemento, & quis illud teneret. Postquam autem omnium opiniones, rationes, & sententiæ in medio prolatæ fuissent, per dictum abbatem Willielmum, assensu conventus interveniente, diffinitum est, quod camararius illud teneret. Et quia sæpius contingit, quod fratres, intus & extra minus decenter, quam conveniret, ornati fuissent, tum propter vestimentorum carentiam, tum calciamentorum inopiam, redderet, singulis annis, præter antiquam assisam, valorem decem marcarum
pro

pio prædicto tenemento, videlicet octo coopertoria, quodlibet de pretio fex folidorum & octo denariorum, & duodecim tunicas, quamlibet de pretio trium folidorum, & duodecim paria
fotularium æftivalium, quodlibet de pretio duorum folidorum, & quater viginti paria caligarum de tenui panno, quodlibet de pretio trium denariorum

Iste Williclmus gratis ceffit in die fancti Nicolai, Anno Domini
milleſimo ducenteſimo quadrageſimo nono, & aſſignatum
ei fuit manerium de Colingham ex ordinatione diœceſani &
aſſenſu conventus, & ibi traxit moram per aliquod tempus,
quouſque revocatus erat per Johannem de Calcto ejus ſucceſ-
forem qui ſtatuit moram ejus apud Oxeneye, percipiendo
cotidie de cellaria & de coquina conventus tanquam quatuor monachi Et ibidem vitam finivit· & poſt apud Burgum deductus, in vigilia epiphaniæ ante altare fancti Benedicti ſepultus eſt· Cujus animæ propitietur Deus. Amen. Suc-
ceſſit ei Johannes de Kaleto

De Johanne de Kaleto abbate & ejus operi-
bus bonis.

Johannis de Kaleto cognominatus, natus in Normannia,
de nobili proſapia in adoleſcentia ſua factus erat monachus, quando ſeptenis extiterat annis Et poſtea in Angliam deductus, & Wintoniæ in eccleſia fancti Swithuni diſci-
plinis regularibus ſufficienter edoctus, & de virtute in virtu-
tem proficiens, ordinis monaſtici diſciplinam, quam in adoleſcentia didicerat, operibus & exemplis formam religioſe vi-
vendi & fancte converſandi omnibus & ſingulis ejuſdem cœnobii fratribus miniſtrabat Unde Domino diſponente, qui
greſſus hominum dirigit ad ſalutem, meritis exigentibus, poſt
multorum annorum curricula, electus eſt, & præfectus in priorem eccleſiæ Wintonienſis Ubi ſtrenue ſe habens eccleſiam
ſuam in parvo tempore multum locupletavit Et poſtea, poſtquam abbas Burgi dominus Willielmus Hotot gratis ceſſerat,
prænotatus dominus Johannes, regis interveniente favore, in
abbatem Burgi electus eſt, anno Domini milleſimo ducenteſimo quadrageſimo nono.

ABBATIAM in temporalibus & spiritualibus optime rexit. Cognatus erat regina Angliæ, unde thesaurarius regis Henrici IV. & justiciarius itineris erat. Confratres suos multum diligebat, & statum conventus melioravit, & portionem eorum in multis augmentavit solicitus semper in unitate spiritus servare vinculum pacis. Et cellerarium suum videlicet Robertum de Sutton, & alios ministros suos solicite & frequenter admonens, ne in ejus absentia conventus aliquem defectum pateretur. Frequenter enim absens erat extra abbatiam, in curia regis & alibi propter officium Thesaurariæ sibi commissum, & quia erat justiciarius domini regis. Semper enim quando domi redibat, ante quam capitulum ingrederetur, a priore, & a senioribus diligenter inquirebat de cellerario suo & de aliis obedientiariis & ministris, qualiter circa statum conventus agebatur. & utrum tempore absentia sua aliquem defectum confratres sui paterentur, vel minus bene eisdem ministraretur. Et si omnia bene & prospere circa statum conventus forent, audito capitulum ingrederetur, sin autem, aliquod exennium conferret eisdem, aliquando unum dolium optimi vini, vel aliquod aliud novum ante ingressum capituli. Ut sic sine murmuratione aliqua seu gravi querela illa vice pertransiret.

DOMINUS Willelmum Hotot prædecessorem suum revocavit de Colingham, & ordinavit moram ejus apud Oxeneye ad terminum vitæ suæ, assignando eidem, ad victum cotidianum, portionem quatuor monachorum de cellaria & coquina conventus, subtrahendo de portione sua & capellanorum suorum quantum recipere solebat de cellaria & coquina conventus, ad totam vitam prædicti Willelmi.

ASSIGNAVIT etiam hostilariæ, & refectorariæ annuum redditum sexdecim solidorum de domibus in suburbio Londini in parochia sancti Sepulchri, singulis annis in perpetuum percipiendum, videlicet octo solidos refectorariæ & octo solidos hostilariæ in suos usus convertendos.

HIC etiam manerium de Pokebroc emit de Roberto Fleming, qui dominus erat ejusdem villa de Pokebroc, & rector ecclesiæ ibidem. Et decem libras argenti per singulos annos ad vinum pro conventu de villa prædicta assignavit, & cartam inde confectam conventui dedit sigillo abbatis & conventus roboratam, cum sententia excommunicationis in eos, qui dictam pecuniam in alios usus converterint. Statuens quinque dolia vini fore emenda cum dictis decem libris ad usum conventus, quum tunc temporis pro decem libris quinque dolia optimi vini poterant emi, & pro pretio minori, videlicet unum dolium pro duobus marcis, & aliquando pro viginti solidis Discernens vero communi consensu prædictum vinum cotidianis diebus in refectorio sic expendi, videlicet quod quicunque præsidens fuerit in refectorio Burgi singulis diebus anni habebit coram eo unum galeonem & dimidium boni vini fratribus & hospitibus ibidem reficientibus distribuendum, prout viderit expedire, tam in abbatis præsentia quam in ejus absentia Similiter sacerdos, qui in dicta ecclesia magnam missam celebraverit, unum galeonem de eodem vino percipiet, pro ministris suis visitandis. Statuit, ut hoc vinum in refectorio, & non alibi pro voluntate alicujus, sed inter fratres, ut dicitur, fideliter expendatur Et sciendum est, quod de dicto vino voluit & ordinavit, ut in die anniversarii sui universi & singuli de congregatione, nec non & hospites religiosi, sicut moris est, honeste procurentur in vino.

DEDIT etiam unam cuppam de argento foris deauratam pro priore in refectorio, & duos ciphos argenteos pro dicto vino distribuendo in refectorio Ac duos ciphos de murro cum longis pedibus argenteis & deauratis cum versibus & scuto in fundo & unum ciphum de murro cum circulo deaurato sine pede, & nomen ejus scriptum in fundo.

Carta ipsius Johannis.

UNIVERSIS Christi fidelibus præsens scriptum visuris vel audituris, Johannes de Kaleto divina permissione abbas de Burgo sancti Petri salutem in Domino Noverit universitas vestra, quod cum disponente divinæ pietatis providentia regimen ecclesiæ Burgi nobis licet immerito fuisset commissum, & nos dictam ecclesiam ære alieno aliquatenus gravatam, cujus & bona mobilia, a ballivis domini regis custodiam dictæ domus tempore vacationis habentibus, in eo quod fere invenimus, confiscata

ITA videlicet, quod oportuit nos de necessitate in his, quæ victui nostro & confratrum nostrorum ibidem Deo servientium,

entium, nec non & hospitum supervenientium essent necessaria, a die purificationis beatæ Mariæ virginis usque ad tempus messium proximo futurum plenius providere. Quia etiam
nos libertates dictæ ecclesiæ illibatas conservare & pro nostræ parvitatis potentia cum omni diligentia laboravimus aug-
mentare. Pro quibus etiam libertatibus, quæ in carta domini regis Henrici filii regis Johannis plenius continentur, dicto
domino regi & suis quingentas & sexaginta decem marcas
contulimus, præter jocalia cæteris ministris regis a latere col-
lata, præter etiam expensas, quas circa dictas libertates ad-
quirendas & renovandas fecimus. Et nos etiam, præter providentiam victualium prænominatorum, interveniente divinæ
largitatis beneficio, & devoti conventus nostri suffragio, de
quingentis & quadraginta marcis, in quibus Herfordensis
episcopus ecclesiam nostram ad curiam Romanam obligavit:
Et fere de omni debito æris alieni, in quantum pro qualitate
temporis potuimus, exoneravimus.

Dilecti filii nostri prior & conventus dictæ ecclesiæ humi-
les & devoti volentes laboribus nostris & diligentiæ, pro fa-
cultatis suæ modulo, vicem rependere· Nolentes etiam hujusmodi, nec alia beneficia nostra licet parva videantur, obli-
vionem in posterum subire, ut successoribus nostris in dicta ecclesia Deo servientibus ad memoriam perpetuam reducerentur,
nobis unanimiter ad faciendum depositionis nostræ diem anniversarium de bonis ecclesiæ curialiter concesserint & benigne. Nos igitur ad dictum anniversarium faciendum illam culturam, quam de Bisfleto juxta boscum de Castre fecimus as-
sartari, cellerario conventuali reddidimus, & assignavimus in
perpetuum, ita videlicet quod cellerarius, qui pro tempore fuerit,
Christum in suis pauperibus ibidem eodem die advenientibus,
secundum quod exitus dictæ terræ se potest rationabiliter ex-
tendere, pascat & reficet. Panem cum allece dando cuilibet,
& conventum, ut debitum Deo famulatum devotius exhibeant,
& ad illius servitium fortius assistant, in tribus bonis fercu-
lis solito uberioribus procurando. Pitantiarius vero de quinque
dolius vini, quæ ad opus præsidentis in refectorio & sacerdotis ebdomadarii contulimus, sicut in aliis principalioribus
anniversariis, eo die, conventui vinum inveniet. Et ne
aliquis successorum nostrorum dictæ donationi & assignationi
nostræ contravenire possit in posterum, dilectis filiis nostris
prænotatis

prænotatis in pleno capitulo unanimiter annuentibus & etiam
intercedentibus, figillo noftro una cum figillo capituli noftri
præfentem paginam roboravimus, & cætera.

ISTE autem Johannes dedit ad ecclefiam fuam quinque
cappas de rubeo Samito, & quinque libros, ut continetur in
rotulis præcentoris. pauperes etiam dilexerat valde, & fæpe re-
creaverat in cibis & potibus, ferviens eifdem manibus propriis.
Hic etiam fecit fieri magnam domum infirmorum novam
fumptibus fuis juxta capellam fancti Laurentii: & poftea, toto
opere confummato, prædictam domum pauperibus replevit,
& eos per tres dies continuos habundanter refecit Fecit etiam
fieri unam magnam campanam: & eft ifte verfus circa,

Ion de Caux abbas Ofwaldo contulit hoc vas.

MULTA alia bona fecit Vixit autem ille in regimine abbatiæ tredecim annis. Tandem Londini in fuis domibus obiit thefaurarius regis quinto nonarum Martii, anno Domini
millefimo ducentefimo fexagefimo fecundo: deductus etiam apud
Burgum, & fepultus eft ante altare fancti Andreæ. Rex autem
vindicavit palefridum & cupam ejufdem, quam nunquam ante habuit. Cupam vero, inftanter petendo, optinuit: fed
palefridum non habuit. Ipfe dimifit ecclefiam fuam in debito
feptingentarum marcarum & amplius. Omnia vafa & utenfilia &
alia bona iftius tam in auro, quam in argento & aliis, li-
berata fuerunt conventui per ejus capellanos Robertus etiam de Fulham clericus de fcaccario habuit cuftodiam abbatiæ,
nomine regis per quinque ebdomadas; & recepit de exitibus abbatiæ centum & undecim libras & amplius. Succeffit eidem dicto Johanni Robertus de Suttone.

De abbate Roberto de Suttone.

ROBERTUS natus in Suttone, in parochia de Caftre de
Naffo Burgi, monachus Burgi & profeffus, rite &
canonice in abbatem Burgi electus eft per formam compro-
miffi, decimo feptimo Kalendarum Aprilis, anno Domini millefimo ducentefimo fexagefimo fecundo, & domini Henrici
illuftris

3

illuſtris regis Angliæ quadrageſimo ſexto, & confirmatus eſt ſexto Kalendarum Aprilis.

Tertio vero nonarum ejuſdem menſis fecit domino regi ſupradicto fidelitatem, & recepit baroniam. Sexto autem kalendarum Maii benedictionem recepit a domino Ricardo Lincolnienſi epiſcopo, a quo erat confirmatus. In vigilia apoſtolorum Petri & Pauli recepit homagia & fidelitates tenentium ecclefiæ apud Caſtre, & in die apoſtolorum Petri & Pauli eſt inſtallatus a domino Ægidio archidiacono Norhamptonienſi ad mandatum epiſcopi, & eodem die celebravit ingreſſus ſuos cum magna multitudine militum, clericorum, & aliorum, in præſentia quinque abbatum, ſcilicet H abbatis de Rameſeye, & W abbatis de Thorneye, & R abbatis de Croylande, abbatis de Brunne, abbatis de Sautre, & quinque priorum.

Et notandum, quod iſte electus dedit capam ſuam, in qua fuit benedictus, ecclefiæ Lincolnienſi de gratia ſua, ſed qui receperunt de conſuetudine illam vendicarunt. Similiter & archidiaconus Norhamptonienſis in inſtallatione iſtius electi vendicavit palefridum ipſius, ſed non habuit. Similiter notandum ſit, quod comes Mareſcallus habuit quinque marcas pro palefrido iſtius electi, quando juravit fidelitatem regi: Item camerarius regis vendicavit cappam iſtius electi, eodem tempore ſed nihil habuit. Statim poſt factam fidelitatem, contulit electus domino Radulpho de Montibus canonico Londonenſi centum ſolidorum penſionem, de camera ſua, quod vocatur Gratia regis, quæ poſtea de voluntate regis translata erat in Ricardum de Rowelle clericum de ſcaccario, pro eo quod dictus Radulphus nunquam habuit litteram obligatoriam de prædicta penſione, nec fuit in poſſeſſione ipſam percipiendi. Et ſciendum, quod, quando rex tranſtulit penſionem iſtam de uno in alium, cavebat literatorie per literam, quæ eſt in theſauraria, quod conſervaret abbatem & conventum indempnes verſus dictum Radulphum. Et notandum, quod iſte electus die ſancti Petri ſtatim poſtquam fuit inſtallatus egrediebatur capitulum cum toto conventu, ductus ab archidiacono Norhamtonienſi inſtallatore ſuo · ubi legebatur litera epiſcopi de inſtallatione, & ſecundum tenorem ejuſdem literæ injunctum fuit conventui per prædictum archidiaconum, ut eſſent eidem tanquam patri & paſtori intendentes & obedientes.

entes. Et in crastino tenuit idem abbas capitulum, ubi omnes obedientiarii reddiderunt claves suas abbati, qui restituit eis officia sua.

Hoc anno statim post Pascha sederunt justiciarii itinerantes apud Lincolniam, videlicet dominus Gilbertus de Prestone miles, qui fuit capitaneus itineris, dominus Ricardus de Hemingtone, & socii sui. In isto itinere fuit abbas prædictus ad sumptus amplos & magnas liberalitates tam justiciariis quam narratoribus & aliis de comitatu. Verum iter istud remansit indeterminatum, pro eo quod communis cursus guerræ incepit circa festum Pentecostes inter regem & barones, quorum capitaneus fuit dominus Simon de Montefort comes Leycestriæ & senescallus Angliæ occasione provisionum Oxoniæ non observatarum. Unde justitiarii timore perterriti latenter recesserunt. Hoc anno post natale durante guerra mandavit rex servitium suum apud Oxenforde: sed facta summonitione servitii per ballivos feodales, prout moris est, tenentes militiam, nihil facere voluerunt. Quin immo per præceptum baronum intraverunt villam de Norhamptone, & ipsam tenuerunt contra regem, licet quibusdam invitis, & vexillum cum clavibus sancti Petri cum aliis vexillis comitum & baronum per muros circumquaque levaverunt. Rex autem & Edwardus filius suus primogenitus venientes ad partes illas cum magno exercitu, & circa medium quadragesimæ obsederunt dictam villam & castrum de Norhamptone. Videns rex cum Edwardo filio suo primogenito prædictam villam & castrum circuendo vexilla plurimorum super muros extensa tandem didicit & vidit vexillum monasterii sancti Petri in subsidium baronum contra ipsum & suos extensum. Unde rex maxime commotus jurans, quod abbatem de Burgo & monasterium suum funditus destruet, ex eo quod esset de progenitorum suorum & sua fundatione, & abbas & monachi, tanquam ministri degeneres, in ipsum eorum fundatorem & alumpnum sic nequiter insurrexerant. Rex & Edwardus filius suus villam & castrum de Norhampton ceperunt, & illos, qui infra extiterant, ad castra & loca diversa tanquam prisonas miserunt.

Dominus enim rex multum movebatur versus monasterium Burgi, & eo amplius, quod quidam de captis dixerunt se illuc extitisse per præceptum abbatis de Burgo, & falso. Unde minante rege, quod domum destruet. condolens autem abbas

bas & timens, quod rex ex ira sua concepta ad vindictam procederet mediante pecunia cum donis, ac amicis in curia regis procurantibus idem abbas fecit plures fines. Videlicet primo apud Notingham fecit finem cum domino rege in festo Pascha pro servitio suo non facto & omni transgressione pro trecentis marcis de quibus centum marcæ solutæ fuerunt in garderoba in instanti apud Notingham, & centum marcæ apud Tunbrigge in eadem garderoba, & centum marcæ post bellum de Evesham Anno sequenti in eadem garderoba de auro reginæ ibidem viginti libræ, de fine facto cum domino Edwardo filio regis ibidem sexaginta libræ, de fine facto cum domino la Souche sex libræ, tredecim solidi & quatuor denarii; in expensis monachorum deferentium pecuniam versus eundem locum quinquaginta octo solidi unus denarius

Barones vero in partibus de Kent existentes castellum de Roucestre viriliter obsederunt hoc regi nunciato in succursum obsessorum a Notingham recessit. Monachi vero, qui fecerunt finem istum, impetrarunt protectionem regis in forma petita pro se & hominibus suis, & literas clausas habuerunt omnibus, quos nominare voluerunt, dicentes formam finis & protectionis. Nullus enim de parte regis deferre voluit literis suis, cum sibi fuissent porrectæ Sed unusquisque pro se deprædabatur, & cepit redemptionem. Unde ballivi Johannis de Warrena, comitis Surriensis in Stamford habuerunt quadraginta marcas pro redemptione Nassi Castellani de Fodringeye habuerunt centum solidos pro contentione orta inter ipsos & homines de Weimingtone. Dominus enim Warinus de Bassingburne familiaris domini Edwardi filii regis Henrici tunc temporis tenebat castrum de Benefeld, quia dominus Winfridus prisonus erat. Gentes autem domini Warini deprædatæ sunt manerium del Bigginge, & quadam die, cum transirent aquam de Undele, ceperunt magnam prædam averiorum, inter quæ acceperunt averia de Aschtone, & duxerunt apud dictum castrum de Benefeld Hoc comperto, gens autem de Undele exiit, & magna pugna præmissa, abstulit ab eis dicta averia quorundam prædatorum capitibus & brachiis confractis, quorundam autem equis occisis Veniente rege cum exercitu suo apud Stanforde, in ebdomada Paschæ, proficiscendo apud Roucestre ad obsidionem removendam abbas enim de Burgo misit exennia ampla regibus Angliæ,

Angliæ, & Alemaniæ, domino Edwardo, & multis aliis,
qui omnes læto modo susceperunt ea, præter dominum Edwardum, qui omnino tenuit ea, & hoc per procurationem
domini Walteri qui mirati sunt, in crastino itinerando villam de Urlde. Sed hoc dimisso, quoniam abbas finem fecit cum domino Warino pro sexaginta marcis. Item abbas dedit domino regi quendam palefridum de pretio quatuordecim marcarum. Inter cætera fuerunt hæc gravamina
illata monasterio de Burgo, contra prohibitionem domini regis, & primogeniti sui domini Edwardi. Nec aliquid dicto
monasterio restituere voluerunt isti malefactores pro literis domini regis, vel cujuscunque alterius, quousque in denariis
recepissent, quantum patet inferius. Alioquin omnia bona
ibidem inventa dissipassent & consumpsissent. Fiant enim
depradati ad manerium abbatis apud le bigginge duo affri, duo
boves, & una vacca, de pretio quadraginta sex solidorum
& octo denariorum. Item ibidem novendecim quarteria frumenti, septendecim quarteria brasii, & triginta tria quarteria
avena, de pretio tredecim marcarum & dimidii. Item Pol-
lini comitis Wareннæ asportarunt bladum de manerio de Ti-
rewelle & Thurleby ad valorem decem marcarum. item de-
predati fuerunt apud Walmesforde de curettis abbatis tredecim
equi de pretio viginti quatuor marcarum. Item de longa
carecta in itinere versus regem quinque equi de pretio triginta
marcarum. Præter hæc abbas dedit domino regi existenti a-
pud Stamforde unum equum de pretio viginti quatuor marcarum. Item Rogero de Leybourne unum equum de pretio
quatuordecim marcarum. Item domino Berengario le Moine
unum equum pretii decem marcarum. Item in aliis exenniis domino regi ibidem factis, & regi Alemanniæ fratri
regis, & domino Edwardo regis primogenito centum quatuordecim libras, quinque solidos & novem denarios. In præbendis
equorum expensis eodem tempore ad opus domini Edwardi
la Souche & aliorum septuaginta novem solidos decem denarios. Summa denariorum prædictorum tempore dicti Roberti abbatis ———

Verum rege, Barones castellum reliquerunt, depredatio-
nes & incendia facientes per patriam, tandem apud Lewes
regi cum suis obviarunt, ubi pluribus interfectis in bello, rex
& Edwardus filius suus, & alii magnates per Barones capti

fuerunt

facerunt Unde rex per totam æstatem sequentem Londini apud sanctum Paulum moram traxit in custodia Baronum. Edwardus vero filius regis missus est ad castellum de Dovere: alii magnates, qui capti erant cum illis, ad alia loca diversa. Barones vero per universam Angliam magnalia facientes, de abbate de Burgo graves fines ceperunt, ex eo quod abbas tenuit cum rege & suis Sed unum multum valuit abbati & abbatiæ, toto enim tempore guerra durante, idem abbas panem & cervisiam cum aliis cibariis, in quantum potuit, semper parari fecit Ita quod omnes, qui veniebant, sive ex parte regis, sive ex parte baronum, portis abbatiæ semper a- pertis, fertiliter erant refecti Ob illam causam maneria ab- batiæ Burgi in pluribus locis salvata fuerunt ab incendiis & aliis malis, tanto tamen populo superveniente, multotiens con- tigit, quod quando conventus post servitium celebratum, ho- ra nona, more solito, in refectorio pro se victum sperabat optinuisse non erat companagium in tota abbatia, nec in partibus propinquis, quousque de Stanforde abduceretur Et aliquando in itinerando fuit deprædatum

Post etiam dictum bellum de Lewes abbas fecit finem cum domino Simone de Monteforti comite Leycestriæ pro viginti libris argenti Item pro fine facto cum domino Gil- berto comite Gloverniæ viginti libras Item pro fine facto cum domino Henrico de Monteforti sex libras tredecim solidos & quatuor denarios Item cum domino Simone de Mon- teforti juniori sex libras tredecim solidos quatuor denarios. Item cum domino Johanne filio Johannis sex libras trede- cim solidos quatuor denarios Item cum domino Henrico de Hastinge sex libras tredecim solidos quatuor denarios Item cum domino Rogero de Leybourne centum libras Item cum ballivis comitis Warennæ novem libras octo de- narios Item cum castellano de Benifeld quinquaginta & tres solidos, quatuor denarios Item cum domino Gerardo de Hedone quatuor libras Et cum multis aliis magnatibus, qui non scri- buntur, nec currant ad memoriam. Summa denariorum pro finibus factis post bellum de Lewes, una cum solutionibus factis domino regi & aliis proceribus apud Notingham, cum expensis deferentium——

Post hæc vero Edwardus regis primogenitus præstito sa- cramento corporali de pace fideliter observanda in regno cum

rege patre suo de custodia deliberatus est: a patre & aba-
ronibus recedens contra sacramentum suum, congregato magno exercitu, villas & castra baronum destruxit, progrediens
cum marchionibus & cum comite Gloverniæ & eorum exerciti-
bus apud Kenilworthe. Quoniam comes Gloverniæ recess-
sit a baronibus, ex eo quod castella & maneria post dictum
bellum non fuerunt inter eosdem recte divisa, ut dicebatur.
Et ibi apud Kenilworthe prædicti Edwardus & comes, & qui
cum eis erant, dominos Simonem de Monteforti juniorem,
ac comitem Oxoniæ, & Willelmum de Monte Caniso, &
alios nobiles incautos & inermes ceperunt, & per diversa
Angliæ loca custodiæ mancipaverunt, videlicet die sabbati,
Kalendas augusti   Dictus vero dominus Simon comes Leycestriæ, & qui cum eo erant, ducentes regem & suos venerunt apud Evesham   Cum quibus Edwardus, & comes Gloverniæ, ac marchiones bellum commiserunt extra Evesham
pridie nonarum Augusti die martis   in quo bello dictus Simon comes Leicestriæ, Henricus filius suus, Hugo Dispensa-
tor, Petrus de Monteforti, Johannes de Bello Campo, &
Rogerus de Sancto Johanne, ac multi alii barones & magnates interfecti erat   rege capto & suis & sic volentibus, alii
plures per fugam evaserunt. Bello finito, rex, qui quasi in
custodia nuper fuerat, familiam suam collegit, pacem pro-
clamans, & parliamentum suum in nativitate beatæ Mariæ
apud Wintoniam denuncians, ubi magnam pecuniam, fere
ab omnibus prælatis Angliæ, tam pater quam filius cæterique
curiales extorserunt   Unde abbas de Burgo fecit finem cum
domino rege apud Wintoniam, videlicet pro trecentis triginta
& tribus libris, sex solidis, octo denariis. Quem rex imposuit ei,
qui tenuit cum baronibus post bellum de Lewes   De anno
regina ibidem, triginta tribus libris, sex solidis, octo denariis
Item de fine facto cum domino Edwardo primogenito regis
ibidem, ducentis libris   Item de fine facto cum comite Gloverniæ ibidem, centum triginta tribus libris, sex solidis, octo
denariis   Item de fine facto cum comite Warenna post
dictum bellum de Evesham pro maneriis de Castre, Tinewelle, & Thurleby, deliberandis a manibus suis, centum libris   Item de fine facto cum domino Warino de Bassingburne, quadraginta duabus libris. Item cum castellano de
Fodringeye, centum sex solidis, octo denariis. Item de fine
facto

facto cum domino Roberto Typetot pro maneriis de Fiſkirtone & Scoteie a manibus ſuis deliberandis una cum expenſis factis ibidem, ſexaginta quinque libris tredecim ſolidis quatuor denariis. Item cum domino G de Fanecourt pro ſimili pro manerio de Colingham una cum expenſis ibidem, duodecim libris tredecim ſolidis quatuor denariis Item cum domino Roberto Picot pro ſimili pro diverſis maneriis, quatuordecim libris ſex ſolidis octo denariis. Item Thomæ de Bultone, ſex libris tredecim ſolidis quatuor denariis In expenſis monachorum & aliorum prædictam pecuniam apud Wintoniam deferentium ſexaginta ſolidos Summa nongentæ quadraginta novem libræ tredecim ſolidi quatuor denarii

REDIENS autem rex a Wintonia apud Northamptone, ad quem locum accedens abbas de Burgo deditque domino regi ibidem ſpontanea voluntate quinquaginta tres libras ſex ſolidos octo denarios Item reginæ centum ſex ſolidos octo denarios Item domino Edwardo filio regis viginti ſex libras tredecim ſolidos quatuor denarios. Iſto tempore plures magnates de exhæredatis poſt bellum de Eveſham tenuerunt caſtellum de Kenilworthe, quod rex obſedit, & miſit abbati de Burgo pro ſervitio ſuo militari, prout fecit alii prælatis per Angliam Veniente abbate cum ſervitio ſuo præcepto regis ad obſidionem caſtri, ubi ſeptemdecim equi ipſius abbatis erant deprædati, de pretio quadraginta librarum. Item ibidem decem loricæ cum toto apparatu de pretio quindecim librarum In expenſis ibidem factis & denariis amiſſis, quindecim librarum ſex ſolidorum octo denariorum Item in expenſis abbatis alia vice ibidem poſt feſtum ſancti Bartholomæi per tres ebdomadas, triginta ſeptem librarum, undecim ſolidorum Item in expenſis ejuſdem abbatis ibidem per quindenam poſt feſtum omnium ſanctorum, ſeptendecim librarum

DEINDE reddito caſtello progrediens rex apud ſanctam Edmundum, unde de abbate & conventu illius loci ſancti Edmundi cepit rex graves fines, videlicet octingentas marcas, ex eo quod homines dicti abbatis & conventus de ſancto Edmundo erant ad cuſtodiam muris, ne regina cum ſuo exercitu intraret in Angliam poſt bellum de Lewes. Veniens autem abbas de Burgo ad regem apud ſanctum Edmundum deditque idem abbas ibidem domino regi pro ejus amore perfecte recuperando triginta tres libras, ſex ſolidos,

octo

octo denarios   Item pro auro reginæ ibidem sexaginta sex
solidos, octo denarios   In expensis abbatis ibidem circa festum purificationis viginti libras.   In expensis senescalli abbatis ibidem circa medium quadragesimæ quadraginta solidos.
In expensis Henrici de sancto Licio commorantis cum servitio regis per novem ebdomadas apud Cantuariam nomine
abbatis de Burgo viginti quinque libras, septendecim solidos,
novem denario.   In expensis fratris Willielmi Paris cum toto servitio apud Solopisbiri per sex ebdomadas quatuordecim libras, octodecim solidos.   In armis emptis & reparandis
ibidem sex libras, quatuordecim solidos   In expensis regis
& reginæ in adventu ipsorum apud Burgum, ut patet per
parcellas in rotulis abbatis, sexcentas libras   Item Rogerus
de Leyburne habuit duos equos de pretio octo librarum.   Præter hæc omnia memoratus abbas de Burgo dedit domino Edwardo regis primogenito ducentas quadraginta libras, ut
in tempore hostili monasterium Burgi contra violatores &
malefactores tueretur   licet ipsius tuitio tunc dicto monasterio
parum prodesse potuit   In diversis expensis dicti abbatis
pro placito inter ipsum & abbatem de Croylande pro marifco & pro brevibus impetrandis ducentas, quinquaginta tres libras   Ut patet in rotulis Willielmi de Wodeforde & Henrici de
Overtone   In expensis militum & aliorum tenentium hundredi in marisco quadraginta libras   Præterea abbas prædictus tenebatur pro debito domini Johannis abbatis prædecessoris sui in quadringentis quinque libris, apud Londoniam, & pro vino & etia apud Len & sanctum Botulphum in
centum sexaginta libris, tredecim solidis, quatuor denariis
Iterum idem abbas pro diversis debitis prædecessoris sui ob-
ligabatur diversis mercatoribus sub gravibus usuris in mille
marcis   Summa, præter solutionem abbatis sancti Edmundi, bis
mille sexcente octoginta novem libræ, quatuordecim solidi, unus
denarius   Summa omnium præcedentium denariorum solutorum
tempore dicti Roberti abbatis quater mille trecentæ viginti
quatuor libræ, octodecim solidi, quinque denarii

Ad prædicta omnia facilius supportanda, & ea quæ ad abbatiam pertinebant melius tuenda, de communi consensu &
consilio concessa sunt eidem abbati per conventum ex mera
& spontanea voluntate infra scripta, videlicet, anno ejusdem
abbatis quarto de fratre Henrico de Lly tunc sacrista, sexaginta

aginta sex libræ, tredecim solidi, quatuor denarii Item de Richero subsacrista pro vino Johannis & Pauli tredecim solidi quatuor denarii Item de eodem pro capa annua, quæ debetur de subsacrista ad fontem benedicendum in vigilia Paschatis, & alba, quæ debetur de eodem quolibet anno ad cereum paschale benedicendum, centum solidi Item de eodem de dono obedientiæ centum & tredecim solidi, quatuor denarii Item de eodem pro anniversario fundatorum, quadraginta solidi. Item de vino de sexdecim principalibus festis per duos annos debito de abbate, octo libræ Item de vino præsidentis & sacerdotis per duos annos debito de Pokebroke, viginti libræ Item de Godwino tunc eleemosynario pro magno anniversario, & pro anniversario Walteri abbatis quatuor libræ

ITEM anno ejusdem abbatis sexto ad instantiam & petitionem ipsius abbatis ex speciali gratia & mera & spontanea voluntate idem conventus concessit prædicto abbati quandam summam pecuniæ infra scriptam, videlicet de Ricardo de Londonia tunc sacrista viginti libras Ita tamen quod si pro utilitate domus eat vel mittatur per abbatem, de prædictis viginti libris expensas percipiat. Item de Willielmo de sancto Edmundo tunc camerario sexaginta solidos Ita tamen quod subtrahantur de solutione sua viginti solidi ad Pascha, & viginti solidi ad festum sancti Johannis, & viginti solidi ad festum sancti Michaelis. Item de Richero pro capa & alba debita, ut superius dictum est, centum solidos. Item de dono ejusdem Richeri eidem abbati ad petitionem conventus viginti sex solidos octo denarios Item de Roberto de Swasham tunc pitanciario quadraginta solidos Item de Godwino tunc eleemosynario quadraginta solidos, ita quod nihil subtrahatur de assisa Item de Johanne de Ketene tunc infirmario sex solidos octo denarios

ITEM anno ejusdem abbatis septimo ad instantiam & petitionem ipsius, concessit conventus eidem de Ricardo de Londoniis tunc sacrista pro multis gravaminibus sibi illatis sexaginta libras Item idem abbas habuit de dono conventus post electionem suam de vasis argenteis domini Johannis prædecessoris sui viginti libras Item de surno villæ Burgi centum solidos Item de plumbo extracto a terra libras quinquaginta & unam. Item de thesauraria conventus tredecim

libras, fex folidos, octo denarios Item de auxilio de Pillefgate centum folidos Item unum cyphum argenteum cum
pede Johannis abbatis pretii viginti quinque folidorum Item
de warda domini Galfridi domini de Milton militis, triginta
tres libras, tredecim folidos, quatuor denarios. Item de cellerario conventus per fex annos centum quadraginta feptem libras, octodecim folidos, quatuor denarios Videlicet quolibet
anno viginti libras & amplius Item habuit de warda de
Bringhurft fexaginta fex libras, tredecim folidos, quatuor denarios. Item de Alfredo ballivo de Burbyn pro corrodio
fibi vendito viginti libras Item pro corrodio matris Adæ
Ceftertone eodem anno, tredecim libras, fex folidos, octo denarios. Item habuit de obedientiariis pro decima & vice-
fima domini regis quantum folvebat regi Item habuit eodem anno de Ricardo le Suon pro uno corrodio viginti fex
libras, tredecim folidos, quatuor denarios.

Item de conventu anno fuo nono ex mera & fpeciali gratia conventus, fcilicet de Ricardo de Londoniis facrifta
quadraginta libras De Richero fubfacrifta pro capa & alba debita de duobus annis, octo libras, fex folidos, octo denarios Item de auxilio de Pillefgate centum folidos Summa
fexcentæ fexaginta duæ libræ tredecim folidi, octo denarii

Ad prædictas fummas & omnes portiones pecuniæ prædictæ diverfis temporibus de conventu receptas idem abbas
obligavit fe, per cartam fuam figillo fuo fignatam, folven-
das quam citius commode fieri potuit· humiliter & devote
regratians fuis fratribus omnibus & fingulis de eorum be-
nignitate & beneficiis eidem diverfimode collatis Item
habuit idem abbas pretii talliagium hominum fuorum de
bofco de Grimefhawe octoginta feptem libras, quindecim folidos Item de bofco de Scotere nonaginta libras Item de
bofco de Fulkertone ultra venditionem confuetam fexaginta
libras Item habuit de fpeciebus ex gratuita conceffione
conventus de portione conventui debita & confueta per quatuor annos octodecim libras, tredecim folidos, quatuor denarios Summa ducentæ quinquaginta fex libræ, octo folidi,
octo denarii Summa omnium receptuum prædictorum
nongenta novendecim libræ, quinque folidi, quatuor denarii.

Hac

Hæc omnia prædicta habuit idem abbas de conventu ex mera illorum & spontanea voluntate, & in vita sua plurima recepisset, si voluisset. Sed frequenter dixit, valde ei displicuit, quod tantum vexabatur conventus, pro ipso fideliter promittens, quod post relevationem domus restitueret conventui & officiis singulis, quicquid ab eis receperat, quod incepit, & melius consummasset, si vixisset. Sed morte præveniente propositum suum ad effectum perducere non potuit.

Hic anno regiminis suscepti undecimo, & prælationis suæ ultimo, a papa Innocentio quarto, ad concilium generale apud Lugdunum celebratum citatus, cum aliis prælatis Angliæ ibidem accessit, & concilio interfuit: quo celebrato ipse iter versus Angliam arripuit. Sed idem Robertus abbas Burgi, morbo quo obiit ingravescente, in transmarinis partibus vitam finivit decimo septimo Kalendarum Aprilis, qui tunc fuit dies Veneris proximus post festum sancti Gregorii apud Herningisham manerium domini Johannis le Moygne, ibidem evisceratus & sepultus est in quodam monasterio canonicorum, quod dicitur Bellus Locus juxta Bononiam sanctæ Mariæ: domino Radulpho abbate de Croyland officium sepulturæ ejus ministrante, præsentibus multis prælatis, abbate de Thorneye & aliis. Cor autem ejus in cupa cooperta apud Burgum delatum est, & coram altari sancti Oswaldi in eodem monasterio tumulatum est. Anno Domini millesimo ducentesimo septuagesimo quarto.

Præ etiam de his quæ contulit & conventus, & de exitibus maneriorum suorum restauravit infra scripta videlicet, levavit unam novam boveriam apud Castre de sumptibus circiter duarum marcarum, apud Withering tone, unam grangiam de sumptibus viginti marcarum. Item ibidem unam boveriam de sumptibus septem marcarum & dimidia apud Thurlebÿ unam boveriam de sumptibus sex marcarum apud Glintone unam cameram de sumptibus octo marcarum apud Cotingham unum boscarium, & unam boveriam de sumptibus sex marcarum apud Walcote unam cameram de sumptibus quinque marcarum apud Burghm medietatem unius grangiæ de sumptibus quindecim marcarum apud Undele unam cameram de sumptibus quadraginta sex solidorum, octo denariorum. Summa, sexaginta duæ libræ.

8   Acquisivit

ADQUISIVIT etiam idem Robertus apud Scotere quindecim folidos annui redditus pro duodecim marcis. Apud Fifkertone octo folidos annui redditus pro fex marcis. Summa, duodecim libræ. Summa utriufque, feptuaginta quatuor libræ.

EMIT infuper feptendecim libros. Ut patet in rotulis præcentoris. Affignavit utique idem abbas Robertus ad ejus anniverfarium quinquaginta tres folidos, quatuor denarios, ut patet per cartam fuam.

OMNIBUS Chrifti fidelibus præfens fcriptum vifuris vel audituris, Robertus de Suttone permiffione divina abbas de Burgo fancti Petri falutem in Domino fempiternam. Noverit univerfitas veftra nos conceffiffe & affignaffe devoto & prædilecto conventui noftro unam marcam annuatim de terra quondam Johannis le Sarmoner in Refham percipiendam, & quadraginta folidatas annui redditus ad anniverfarium noftrum in die obitus noftri perpetuo faciendum, quem quidem redditum idem conventus de quadam terra quæ quondam fuit Roberti de Scotere annuatim plenarie percipiet quam citius terra quam Alicia de Scotere pro prædicta terra de nobis in efcambio ad manus noftras revertetur & de nobis humanitus contigerit. In cujus rei teftimonium præfenti fcripto figillum noftrum appofuimus, datum apud Burgum, anno Domini millefimo ducentefimo feptuagefimo tertio, die Lunæ proximo ante feftum cathedræ fancti Petri apoftoli. Dies vero anniverfarii fui eft decimus fextus kalendarum Aprilis. Receptores enim conventus percipiunt annuatim de abbate prædictum argentum & faciunt anniverfarium memoratum.

Univerfis Chrifti fidelibus præfentes literas vifuris vel audituris, Robertus permiffione divina abbas de Burgo fancti Petri falutem in Domino fempiternam. Noverit univerfitas veftra nos mutuo recepiffe de conventu noftro de Burgo octoginta marcas fterlingorum ad liberandum nos de manibus mercatorum Caturcenfium, quas bona fide promittimus folvere eidem conventui noftro, quam cito facultas fe obtulerit, in pecunia numerata vel aliquo alio modo, fi commodius fieri poffit ad utilitatem ejufdem conventus. Ad quod nos & fucceffores noftros abbates tenore præfentium obligamus. In cujus rei teftimonium præfentibus figillum noftrum duximus apponendum. Datum in capitulo noftro publice apud

pud Burgum, anno domini MCCLXX Menfe Februarii.
Successit eidem Roberto frater Ricardus de Londone.

De Ricardo de Londonia quondam abbate Burgi, & ejus operibus.

Ricardus de Londonia monachus Burgi & profeffus, natus fuit in occidentali parte civitatis Londoniæ extra muros in parochia fancti Pancratii, vir fuit elegantis formæ & ftaturæ pulcherrimæ. Hic de gradu in gradum proficiens. Primo fubcamerarius, ac inde tertius prior, poftea maturefcente ætate focrifta efficitur. Et fic exigentibus meritis decedente abbate Roberto de Suttone unanimi affenfu, ipfo tamen renitente, in abbatem eft electus anno Domini MCCLXXIV Viduum Aprilis die proximo poft diem Pafchæ anno ætatis fuæ LX. Hic pacis & caritatis amator, femper ea, quæ pacis & caritatis erant, fovebat Portionem conventus continuo aumentare ftudebat, & plura officia ex parte conventus in redditibus ampliabat. Videlicet officium infirmariæ ad mappas infirmorum renovandas de VI fol & VIII den. aumentavit Et officium fubcellerariæ fub certo conftituit & carta fua confirmavit ut hic patet

Univerfis Chrifti fidelibus præfens fcriptum vifuris vel audituris, Ricardus de Londonia miferatione divina abbas de Burgo fancti Petri falutem in Domino fempiternam. Noverit univerfitas veftra nos conceffiffe ordinaffe & ftatuiffe pro nobis & fucceffioribus noftris perpetuis temporibus obfervandum ad honorem Dei & utilitatem tam hofpitalitatis, quam eleemofynæ ac religionis augmentum, pacem, & quietem tam obedientiariorum quam totius capituli noftri, quod conventus habeat de cætero granarium per fe fuis fumptibus conftruendum & reparandum, & quod cuftos granarii prædicti de communi confilio conftitutus recipiat de granario abbatis qui pro tempore fuerit totam liberationem quæ ad conventum fpectare confuevit, fecundum antiquam affifam frumenti & brafii cujufcunque generis bladi fuerint per dictum cuftodem diftribuendam & in ufus pios convertendam Ita quod cuftos qui pro tempore fuerit habeat electionem totius frumenti abbatis brafii & pifarum fecundum affifam prædictam, videlicet de frumento fin-

gulis diebus unum quarterium & unam eſke per menſuram
regis, & ſingulis ebdomadis dimidium quarterium & dimidiam eſke frumenti de aſſignatione domini Roberti de Lin-
deſeye abbatis pro octo monachis per ordinationem ſuam ad
conventum augmentatum, præter particulares donationes quæ
diſtribuuntur in principalibus feſtis & in die abſolutionis ad mandatum, & præter alias particulas minutas quæ ſæpe contin-
gunt per annum Idem etiam cuſtos percipiet de braſio ſingulis ebdomadis quando braciatur, de ordeo puro octodecim
quarteria & quatuor eſke de braſio ordei. Quando vero
braciatur de ordeo & drageto, tunc percipiet in ebdomada
XX & unum quarterium & quinque eſke, & dimidiam.
De drageto XIV quarteria & unam eſkem & dimidiam quando vero braciatur de Mayſmalt· quod eſt pro majore parte
de avena Tunc percipiet in ebdomada XX & IV quarteria
& unam eſke & dimidiam, videlicet de braſeo ordei ſeptem quarteria & dimidium Et de Mayſmalt XVI quarteria V eſke &
dimidiam percipiet: & qualibet ebdomada unum quarterium
de braſio ex dono & conceſſione noſtra præter omnem aſ-
ſiſam braſei ſupranotatam Et ſi aliquod prædictorum frumenti,
braſei vel piſarum ad opus conventus minus utile fuerit: quæ-
ratur in villa vel alibi quod melius poterit inveniri ad cuſtus
abbatis Volumus etiam, ordinavimus & ſtatuimus quod
conventus habeat de cætero omnes proventus & utilitates ſecundum capituli ordinationem quæ potuerunt provenire de
omnibus & ſingulis ſupranotatis Ita quod dictus conventus
per abbatem & ſuos miniſtros qui pro tempore fuerint, omni ſolatio & quiete gaudeat, ut decet, ſuo perpetuo Et ne
aliquis abbas futurus ad ulteriorem liberationem teneatur ex
debito niſi aliquid facere voluerit gratioſe Nec ad excuſa-
tionem prædictæ liberationis faciendam, nec ad retardatio-
nem ſubſtractionem ſeu diminutionem aliquam obſtare valeat vacatio abbatis, aut cariſtia, vel defectus cujuſcunque
bladi Quin prædicta liberatio cuſtodi granarii conventus ad
ſuam & ſuorum ſuſtentationem ac conſuetam hoſpitalitatem
faciendam plene fiat ſine aliqua diminutione.

Si vero placuerit & opportunum videatur conventui piſtrinum & bracinum habere ſeparatim, bene liceat eidem
nova conſtituere in loco competenti ſine contradictione cujuſcunque & famulos ſibi in ipſis ordinare & ſumptibus ſuis

ſuſtentare

sustentare Et ut ista ordinatio & concessio nostra perpetuæ firmitatis robur obtineat, præsens scriptum sigilli nostri una cum sigillo capituli appositione roboravimus. Datum &c

IPSE etiam granarium conventus ædificari fecit, & quod ministri abbatis de hujusmodi non intromitterent, diffinivit. Adquisivit enim idem abbas Ricardus cum auxilio sui conventus manerium de Gounthorp & boscum de Hawelound cum terris, pratis, pascuis, & pasturis, de domino Galfrido de Suthorpe milite pro CCL marcis Sterlingorum, ad quam solutionem faciendam recepit idem abbas ex parte conventus de fratre Willelmo de Louhtone tunc cellerario conventus LXXXVIII marcas argenti Super quo factum erat tunc temporis tale memorandum in regiftro conventus. Memorandum quod anno Domino MCCLXXX & anno prælationis domini Ricardi abbatis VI concessum est per eundem abbatem & conventum, quod cellerarius conventus qui pro tempore fuerit, recipiet de thesauraria conventus annuatim pro manerio de Gonethorpe LIV solidos, & IV denarios, donec persolvantur plenarie LXXX & VIII marcæ, quas idem abbas recepit ex mutuo de fratre Willelmo de Louhtone tunc cellerario consenfu conventus ad solutionem faciendam domino Galfrido de Suthorpe pro manerio prædicto.

VALET enim illud manerium per annum XX marcis, Statuit etiam idem abbas quod X marcæ de eodem manerio assignentur annuatim ad anniversarium suum videlicet V marcæ ad refectionem fratrum, & V marcæ ad distributionem omnium pauperum eodem die advenientium Conventus vero procuretur in vino, flatonibus, & piscibus, illo die vel aliis diebus, prout melius poterit expediri Et ponatur ferculum ad mensam ad opus pauperum illo die vel aliis diebus de dicto anniversario prout conventus procuratur Salvis aliis quæ fiunt pro abbatibus per cellerarium conventus debitis & consuetis, ita ut quilibet pauper habeat unum panem pretii quadrantis & II alleces, de refiduo si quod fuerit, visitentur pauperes in villa, & illi maxime qui non valent præ verecundia mendicare, servientes in ecclesia in Sartrino, & alii qui libenter veniunt ad figna pulfanda, monacho distribuente debent respici caritatis intuitu Alias autem X marcas assignavit annuatim thesauraria conventus ad usum ejusdem. Boscum de Hawelund assignavit facriftiæ, ita videlicet ut cum prima vestura illius

B   bofco

bosci emeretur unum vestimentum ad celebrandum officium
divinum die anniversarii sui.   Quod quidem vestimentum frater Willelmus Salmon sacrista postea emit cum prima prædi-
dicta vestura bosci prædicti, videlicet capam, casulam & tria
Dalmatica de rubeo veluto non brudato, & V albas cum
paruris de eodem rubeo veluto cum scutis diversi coloris bene brudati, cum II stolis & tribus manipulis de eadem secta
bene brudata & I stola cum I manipulo de eodem veluto
non brudato   Dedit etiam idem abbas unam albam de rubeo Samito cum ymaginibus stantibus aurifragiatis,   cum
stola & manipulo de eodem Samito brudatis cum vineis &
capitibus regum & episcoporum. Libros etiam XII donavit
ecclesiæ suæ, ut patet in rotulis præcentoris

TEMPORE ipsius abbatis comes Gloverniæ dominus Gilbertus de Clare, qui erat unus ex majoribus terræ, quoniam filiam
regis Angliæ duxerat in uxorem, dictum abbatem de manerio de la Bigginge implacitavit · existente die placiti videlicet
in crastino sancti Nicolai anno Domini MCC octogesimo
V & anno regni regis Eduardi filii regis Henrici XIII coram
justiciariis itinerantibus apud Northampton dictus comes dictum
abbatem per manum accepit & simul sedebant illo die, & fraudu-
lenter hoc fecit ut abbas non haberet serjantem pro negotiis suis
expediendis, nec ut aliquis pro causa ipsius abbatis se opponere seu defendere quoquomodo auderet   Abbate tunc petente a Justitiario ut unus ex suis monachis responderе posset:
Justitiario non negante surrexit frater Willelmus de Wodeforde tunc sacrista ab abbate suo benedictionem petendo perrexit ad Burum, nec faciem ipsius propter timorem comitis
verebatur. Sed quasi petra firmissima supra petram id est Chri-
tum fundata, negotia sua ut fidelis minister personaliter defendebat, petens visum brevis & optinuit, quo viso rogavit
ut ab alio legeretur, quo perlecto petiit judicium super defectum in brevi, quoniam scriptum erat, Rex Northamtoniæ salutem, hoc verbo vicecomiti omisso unde prostratum erat illud breve, & comes sine die.

Isto peracto dictus comes festinavit se apud regem ad im-
petrandum aliud breve super eodem & optinuit abbas autem
habito ejus consilio misit Johannem de Ashfordeby rectorem
ecclesiæ de Castre, & dominum Henricum rectorem ecclesiæ
de Cloptone, & Bernardum de Castre apud regem. Venientibus

tibus istis ad curiam regis invenerunt comitem prædictum
loquentem cum rege. Tremebant & non audebant attingere
ad regem propter timorem comitis. Recedente comite a
rege cum brevi suo, alii ex parte abbatis accesserunt suggesti
onem regi facientes, & verum dixerunt quod domus de Burgo
domus sua erat, & ex progenitoribus suis fundata & nihil
posset abbas perdere quin ipse perderet, ita loquentes, quod
dominus rex concessit eisdem per breve suum quod abbas
non responderet alicui sine rege, & habuerunt per clericos cancellariæ quod datum in brevi pro comite erat talibus die hora
tertia. Ideo in brevi pro abbate appositi erat per eorum
consilium ejusdem diei hora prima. Recesserunt a curia regis
cum magna celeritate venientes apud Northamtoniam ubi
bis vocati fuerunt abbas & comes antequam venerunt. Tertia vice vocatæ fuerunt partes prædictæ & apparuerunt hora VI, tunc dictus comes demonstravit breve regis pro ipso,
cujus datum erat tali anno, & tali die, hora tertia. Et abbas demonstravit breve regis pro se quod sine rege non responderet alicui. Cujus datum anno & die ut in brevi pro
comite sed hora prima. Et sic cessavit placitum, ita quod
abbas cum manerio suo ivit quietus, & comes sine die. In
ipsius etiam abbatis Ricardi tempore dum stetit in officio
sacristiæ erecta est turris magna ad ostium ecclesiæ & perfec-
ta in qua pendent magnæ campana. Fecit etiam fieri duas
campanas dum fuit sacrista quæ vocantur les Londres, quia
ipse de Londonis erat, & de Londone eas adduci fecerat.

In ejus tempore inchoata est capella beatæ Mariæ virginis
anno Domini MCCLXXII per venerabilem virum dominum
Willelmum Parys tunc priorem qui primum lapidem totius capellæ fabricæ apponens manu propria plura que
evangelia in quadam scedula scripta sub eodem lapide apposuit. Ad hujus etiam fundamenti initium fuerunt plures de con-
fratribus, & alii viri nobiles, ympnum, Veni creator Spiritus,
ad laudem & gloriam virginis gloriosæ devote psallentes.
Vir iste non solum opus istud inchoavit, verum etiam per gratiam continuandum cœlitus consummavit. Ista capella ex lapidibus & lignis constructa plumbo cooperta, & ténellis variis decenter ornata, ymaginem dictæ virginis gloriosæ una cum
genealogia circa eam descripta, quæ Jesse nuncupatur, habens

fiec fieri fecit. Deinde ymagines regum Angliæ a primo uſque ad ultimum circa parietes ſeriatim una cum corum vita ſub compendio ſcripta, fieri perfecit.

Iste Willelmus adquiſivit quinque libratas argenti & amplius annui redditus, ad illuminationem dictæ capellæ· mortuus enim eſt, & jacet in ecclesia coram beata virgine Maria ſedente cum filio ſuper columpnam ante caput occidentale dictæ capellæ. Sepultus etiam erat ibidem die ſancti Apollinaris anno Domini MCC octogeſimo ſexto, cujus animæ propicietur Deus

Abbas autem Ricardus prænominatus de debitis prædeceſſoris ſui duo millia marcarum acquietavit & laudabiliter vixit. Poſtquam etiam eccleſiam ſuam per viginti duos annos & dimidium rexiſſet, feliciter vitam finivit, anno Domini MCCXCV in craſtino aſſumptionis beatæ Mariæ, videlicet feria tertia. Corpus cujus jacuit in camera abbatis uſque ad diem ſepulturæ ejus, interim pro ejus anima diebus ac noctibus pſalteria & aliæ devotiones a fratribus dicebantur. feria vero ſexta ſequente ſtatim poſt capitulum in eccleſiam per portam abbatiæ, ut moris eſt, a toto conventu deferebatur, & in craſtino ante altare ſancti Andreæ honorifice ſepulturæ tradebatur. Abbas de Rameſeye nomine Johannes de Sautre ad hoc ſpecialiter vocatus officium ſepulturæ prædictæ miniſtravit, præſentibus domino Odone abbate de Thorneye, domino Radulpho abbate Croilandiæ, & abbate de Sautre, ac priore de Spaldinge cum baronibus, & militibus ac aliis multis magnatibus, qui eo die poſt officium ſepulturæ peractum omnes in refectorio comederunt. Poſt prandium vero cunctis adhuc in refectorio exiſtentibus acceſſit quidam famulus, nomine regis, qui ſeyſivit totam abbatiam in manum regis, tam ea quæ ſpectabant ad baroniam, quam ad ſingulares obedientiarios. et poſt, duo dii ſucceſſive, videlicet unus miles & alius clericus nomine magiſter Ricardus de Northamptonia qui homines d tenentibus abbatis tam infra Paſſum Burgi quam extra ceperunt, & in craſtino ſancti Bartholomæi huredredum apud Euſſet tenuerunt, ſicut antiquitus fieri conſuevit, ſcilicet ibi vel apud molendinum de Croylandia, vel pro Boram quſdem villa

Dii autem sepulturæ prædicti patris Ricardi, frater Willelmus de Wodeforde tunc sacrista, & frater Ricardus de Colstone tunc Pitanciarius ingressi sunt refectorium in fine prandii, præsentibus abbatibus, baronibus & aliis magnatibus, postulantes a domino Waltero de Walingforde tunc priore, & ab aliis prælatis ibidem reficientibus benedictionem, orationem, & suffragia optentis illorum benedictione & suffragiis, statim regis curiam adierunt licentiam eligendi abbatem petentes, quod & graciose impetraverunt a domino rege. Redeuntibus illis de curia, fuit dies electionis in festo decollationis sancti Johannis Baptistæ proximo futuro. Et sic in eodem festo super Wilhelmum de Wodeforde descendebat electio.

De Willielmo de Wodeforde abbate & monacho Burgi.

Willielmus natus in Schelton, & vocatus de Wodeforde, quia ibi erat nutritus cum quodam amico, de officio sacristiæ per viam compromissi electus est in abbatem Burgi. Vir autem erat eloquens & in mundana sapientia excellenter edoctus, & in jure canonico & in civili expertus. Virtutum & morum bonorum floribus repletus, inter omnes religiosos Angliæ singulariter effulsit. Hic per biennium ante electionem suam propter invaliditudinem prædecessoris sui abbatis Ricardi per injunctiones domini Oliveri Lincolniæ episcopi coadjutor abbatis erat, & omnem curam habebat tam infra monasterium quam extra. Sed in temporibus Johannis & Roberti abbatum continuo domus negotia tam in curia regis quam alibi exequebatur.

Etsi postquam in abbatem est profectus, jura ecclesiæ suæ & libertates strenue gubernabat. Hic enim, ut dicebatur, quoad religionem sic habebat, quod in suis actibus irreprehensibilis erat, subditis suis pium exemplum transfundens, unde propter excellentiam sapientiæ & religionum, in generali capitulo apud Glastoniam celebrato, præsidens erat electus anno prælationis suæ tertio. Hic erat mansuetus, & benignus,

nignus, mitis & affabilis omnibus & fingulis, & præcipue confia-
tibus fuis, nunquam aliquem maledixit, nec juramentum a-
liquod emifit: Bofcum, vel alnetum, vel aliquod genus arbo-
rum nunquam vendere voluit fed fi miles, vel aliquis alius
vicinus arborem ab eo poftulaffet, XX fol vel unam marcam, vel X fol. aut dimidium marcæ ei dare præcepit, fecundum poftulantis conditionem, dicens fe non aufum effe con-
fumere thefaurum ecclefiæ fuæ. Confiaties fuos, & præci
pue infimos de cibis fibi appofitis, & vino frequenter vifi-
tavit

Hic enim dum fuit facrifta manerium de Suthorp cum
bofco de domino Galfrido de Suthorpe milite, magnis laboribus & expenfis adquifivit, quod valet per annum XX libras
Et poftea dum fuit abbas affignavit illud idem manerium conventui Similiter dum fuit facrifta fecit fieri in hoftillaria
conventus magnas cameras. Ac etiam dum abbas erat, in abbatia capellam abbatis renovavit magnis fumptibus Similiter
in abbatia fieri fecit unam grangiam fœni Et apud Eye
unum molendinum ventricum, & aulam ibidem in manerio
incepit. XVII libros ecclefiæ fuæ donavit, ut patet in rotulis præcentoris. Acquietavit etiam de debitis prædecefforis fui Ricardi DCCCC marcas Approbavit infuper conceff-
fionem, ordinationem, & ftatutum prædeceffotis fui prædicti ac in perpetuum confirmavit fub hac forma.

Ego frater Willielmus, monafterii prædicti minifter, & prædicti venerabilis patris domini Ricardi abbatis proximus fucceffor, quantum in me eft, pro me & fuccefforibus meis ratifico & confirmo plene & integre fecundum cartæ tenorem
prædecefforis noftri fupradicti Et quia in tempore meo fuper liberationem XIII panum per diem qui dicuntur maftivi
controverfia movebatur, ego dictus Willielmus abbas mera &
fpontanea voluntate, liberationem VII maftivorum de piftrino abbatis perpetuis temporibus liberandorum pro me & fucceff-
foribus meis gratis affumpfi faciendam, viz duobus ferrien-
tibus in Sartrino, fervienti cameram qui dicitur Wodeman.
fervienti de piftrino qui dicitur Lodefman, & fervienti re-
fectorarii qui dicitur pincerna. Ita quod cellerarius conventus refpondeat VI fervientibus coquinæ conventualis de VI
maftivis eisdem per diem fpectantibus. In cujus rei teftimonium

nium præfenti fcripto figillum meum una cum figillo conventus eft appenfum.

Cum autem appropinquaffet dies refolutionis fuæ, tactus infirmitate, qua obiit, convocari fecit fratrem Walterum de Walingforde tunc priorem, & omnem congregationem; facramenta ecclefiaftica ipfis præfentibus accepit, donans pacem omnibus. Obiit vero die fancti Firmini epifcopi anno prælationis fuæ quarto finiente, præter tres ebdomadas, & VI dies. Sepultus eft etiam ante altare fancti Andreæ. Et vacabat abbatia a die fancti Firmini ufque ad diem Sergii & Bachi.

De nobili Godefrido abbate, & ejus operibus.

GODFRIDUS venerabilis monachus Burgi & profeffus, natus & vocatus de Croyland de officio pitanciarii electus eft in abbatem Burgi, anno Domini MCC nonagefimo IX in die fanctorum Sergii & Bachi, & fecit ingreffus fuos die fancti Thomæ martyris infra natale Domini. Rex autem Edwardus filius regis Henrici tertii mifit eidem abbati ad ejus ingreffus unam cuppam formofam de argento & deauratam, cujus pretium C folidi, quod maximum fignum amoris erat de tanto domino. Similiter cum idem abbas in prima creatione fua pro vacatione abbatiæ finem fecerit cum eodem domino rege pro mille marcis de Kokedone, & pro auro reginæ pro centum marcis de Kokedone, idem rex fecrete munivit eundem abbatem ut feftinaret fe cum folutione facienda de dicta pecunia, quoniam mutatio moneta foret in fefto nativitatis Domini proxime fequenti, & ita fuit. Deinde idem abbas petiit a domino rege confirmationem cartarum domus fuæ, ut de poffeffionibus, libertatibus, & aliis, pro qua confirmatione dominus Walterus de Langetone, tunc regis thefaurarius petiit ab abbate mille marcas fterlingorum fine diminutione aliquali. tunc abbas requifitus a rege quid & quantum thefaurarius petiit, refpondit quod non poffet minus evadere cum confirmatione cartarum, quam pro mille marcis. Rex autem fubridens fecit vocari thefaurarium fuum & quæfivit qualiter fe habuit erga abbatem, qui refpondit, nifi amicus vefter fuiffet, non minus quam pro mille mar

cis evaderet   Tunc rex conceſſit abbati confirmationem cartarum ſuarum ex gratia ſua ſpeciali, ita ut nil ſolveretur,
niſi tantum feoda cancellariæ.

Anno ejus primo apud Eyebiri conſummavit aulam pulcherrimam quam prius abbas Willielmus prædeceſſor ejus
inceperat. cujus ſumptus VI lib XVI ſol. XI den ob   Item ibidem incluſit landam quæ prius jacuit velut paſtura ad ſuſtentationem ſerarum   Cujus ſumptus XXVI ſol. IV den   Item
apud Caſtre fecit fieri unam novam boveriam in Eſtum pro
profunda & lutoſa fuga boum tempore ſeminis evitanda, cujus ſumptus LII ſol I den.   Item apud Wermingtone unam
novam bercariam in manerio juxta portam, cujus ſumptus
XXV ſol VI den ob.   Item apud le Bigginge unum novum ſtagnum.   Item apud Irtlingburg fecit includi orientale
latus manerii cum novis portis ante aulam, cum novo muro de petra, quoniam prius erat quaſi derelictum, cujus ſumptus I XIX ſol. XI den ob   Item in abbatia fecit fieri unam
garderobam fortem & pulcherrimam inter magnam eccleſiam & capellam ſuam cum almariis pulcherrimis in fine
capellæ   cujus ſumptus XXIII. lib.

Summa XXXVIII lib X ſol X den ob

Anno ejus ſecundo apud Burgebiri fecit fieri unum novum columbarium: unde ſumptus LXXIX ſol IX den ob.
Item ibidem unum ſtagnum novum cum foſſato ſalicino
ex una parte extra portam in occidentali parte. cujus ſumptus XXI lib   Item apud Eyebiri novam domum, piſtrinum
& Deyere, cujus ſumptus VI lib IX ſol I den. ob   Item
apud Rumpele prope Eyebiri cuniculare novum de ſumptibus IX ſol. VII. den   Item ibidem novum Gardinum cum
pyris & pomariis & aliis plurimis decenter ornatum   Cujus
ſumptus XXIV ſol VI den   Item apud Colingham unam
novam bercariam in Dounthorp, ubi nulla prius erat, cujus
ſumptus VI lib III ſol VII den   Item unam vaccariam
cum ſuis clauſuris juxta Oxeneye cum ingreſſu & egreſſu
per pontem ad Burgfenne   Cujus ſumptus centum ſol   In
IV pannis anni emptis LXX lib XVIII ſol

Summa denariorum de anno ſecundo præter non ſcripta
XLIV lib VI ſol. VII den

Anno ejus tertio apud I ye fieri fecit novum molendinum
ventricum, quoniam vetus erat combuſtum, cujus ſumptus VI

lib

lib. VI fol. IV den ob q   Item apud Thorpe unam novam
boveriam, cujus fumptus XL fol V den.   Item apud Waltone duas partes unius grangiæ fœni, cujus fumptus IV lib.
XVIII fol ob q   Item apud Undele novum molendinum
aquaticum, cujus fumptus IV lib. IX fol. II den   Item apud
Waltone unam novam domum pro defce, cujus fumptus
XXXI fol I den   Item apud Keteringe unum novum ftabulum, cujus fumptus XI lib XVI fol   Item apud Colingham
unum molendinum ventricum   cujus fumptus IX lib. IX fol.
VIII den   Item apud Fiskirtone novum ftabulum, cujus fumptus VIII lib XIV fol IV den ob   Item unam domum ad
portam Boichithe pro navibus recipiendis.   Item in libera-
tione, fratri Ricardo de Lilwicke pro cancella de Oxeney
elonganda XII lib. IV fol   Et pro tribus feneftris in dicta
capella vitricandis X lib.   Item fieri fecit quoddam Herbarium
pulcrum juxta gardinum Dereby, quod circuivit duplicibus
ftagnis & pontibus & pyris & herbis delicatiffimis, cujus fumptus XXV lib   Et adquifivit unum alnetum, Anglice, I holt,
inter dictum herbarium & ripam de Neen

Summa denariorum præter non fcripta XCVI lib. IX fol.
II den.

Anno ejus quarto apud Fychiri fieri fecit unum ftabulum,
cujus fumptus VII fol V den   Item ibidem unum novum
foffatum falicinum inter Talholt & novum pratum, cujus
fumptus VI lib. XIX fol. VIII den   Item apud Wermingtone, unum communem furnum, cujus fumptus XLV fol.
X den   Item apud le Bigginge fecit affartati croftum inter mancrium & parcum, cujus fumptus LXI fol II den.
Item apud Keteringe unum novum pratum fieri fecit   Item
apud Fiskirtone unum foffatum falicinum inter claufum pra
& mancrium, cujus fumptus XX fol III den   Item in abbatia
unam longam domum inter grangiam fœni & aulam regis,
cujus fumptus XII lib   Item incepit hoc anno novam portam abbatia, & fecit perfcrutari fundamentum illius intra
terram ex profunditate XV pedum de virga regia, & ibidem
latomi inceperunt operari

Item etiam de domino Rogero de Miridene terras & tenementa in Waltone, Paftone, Gunthorp, & Witherington
pro IX libris, & aliis cumulitatibus & valent per unum
XXI fol. IX den   quoniam fic dimittuntur ad firmam.
De

De quibus affignavit XX fol annuatim ad annivei faium domini Willielmi de Wodeforde prædeceffoms fui, & XXI den. affignavit fcivitoribus ecclefiæ pio laboribus eorum circa veftimenta quæ dederat ecclefiæ fuæ plicanda. Similiter affignavit ad dictum annivei faium prædeceffoms fui prædicti unam maicam de Aluualtone & Flettone quæ dicitur Witherfilver: quos quidem denauos prædictos receptoies conventus annuatim iecipiunt, & fecundum quod prædicitur faciunt & diftribuunt, quoniam idem Godefridus in vita fua fic ftatuit & oidinavit. Emit etiam pio magno altaii haftam & ciucem cum ymaginibus Crucifixi, Maiiæ, & Johannis ex utiaque parte nobiliffime factis de aigento & deauiatis

ITEM duo magna Candelabra de aigento Item IV tuitbula de aigento cum IV navettis & IV coclcaiibus argenteis, videlicet duo minora tuitbula pio coipoie Chrifti in principalibus feftis incenfando, & alia duo majoia pro conventu incenfando. Item unum frontale cum capitibus hominum & divcifis beftiis bene biudatis: pro quibus piædictis folvit XLVI lib XI fol. V den. ob. Item folvit eodem anno pio veftimentis XL lib.

SUMMA CXXI lib. V fol IX den. ob.

ANNO ejus quinto apud Eyebui fecit fieri unum columbaie novum, cujus fumptus XLVII fol. II den.

INCIPIT etiam eodem anno manerium de Noithholm, ubi nunquam fuit piius manerium, fed jacuit velut paftuia Inclufit etiam piatum de Cianemoic in quo continentui CC aciæ & amplius. Et in oiientali paite de Cianemor, de teiia aiabili plantavit unum bofcum & vocatur Childholm. Et alios ties holmos de maiifco cncuivit foffato falicino, ac fiaxinis & queicubus. Item ibidem fieri fecit unum novum foffatum de iipa de Neen, ufque ad dictum maneiium de Noitholm Et unum aliud foffatum intei le Reche & maiifcum, quoium fumptus XXXI lib. II fol. IX den ob. Item apud le Bigging incepit includere & faceie novum paicum ex licentia domini iegis, cujus fumptus XII lib XVIII fol VIII den Item apud Coiingham ieædificavit unam giangiam, cujus fumptus VII lib. XVIII fol. XI den ob

EMIT etiam hoc anno unum mefuagium & unum toftum, fexaginta & quatuoidecim acias teiia, & quatuoi acias piati cum pcitinentiis, in villa de Buigo fancti Petii, Waltone, Dodifthoip, Caitone, Neweike, Thoipe, & Fye, pio LX
lib.

lib. sterlingorum cum donis & aliis curialitatibus, & vocatur feodum Gymicii. Et cartam regis Eduuardi pro ingressu habendo in dictum tenementum ex ejus licentia adquisivit ut inferius patet. Postea vero totam prædictam terram cum omnibus suis pertinentiis una cum XVIII den. de annuali redditu ad eandem terram pertinentibus, assignavit & donavit conventui. Et confirmationes dominorum Cantuariensis archiepiscopi, & Lincolniensis episcopi super sententiam excommunicationis in omnes qui contra assignationem & donationem prædictam, aliquam partem dictæ terræ abstulerint, & ablatum retinuerint, impetravit.

Eodem anno adquisivit manerium de Lullingtone cum suis pertinentiis de Johanne filio domini Gregorii de Lullingtone militis, cum advocatione ecclesiæ ejusdem villæ & aliis juribus pro CXIII lib. VI sol. VIII den. Et pro uno corrodio annuatim percipiendo in abbatia ad totam vitam ipsius Johannis licentia domini regis Eduuardi super præmissis specialiter optenta ut infra patet. Corrodium ipsius Johannis erat tale, videlicet pro se & II garcionibus & II equis cum camera & stabulo in abbatia de Burgo. Ita videlicet quod idem Johannes cum superioribus liberæ familiæ abbatis de Burgo & successorum suorum in aula ipsius abbatis ad mensam declinaret & admitteretur. Et garciones sui cum garcionibus ipsius abbatis similiter in mensa admitterentur. Et si contingeret quod prædictus Johannes causa infirmitatis vel alia certa causa necessaria ad mensam in aula ut prædictum est declinare nequiverit, concessum erat ei quod reciperet de cellario ipsius abbatis singulis diebus duos panes albos, & duas lagenas bonæ cervisiæ & unum ferculum integrum cum uno intermisso de coquina abbatis. Et garciones sui in aula ut prædictum est nihilominus reciperentur. Et quod perciperet pro equis suis cotidie fœnum sufficiens & octavam partem quarterii avenæ, & focale sufficiens tempore yemali in camera sua, ac etiam quod perciperet de garderoba dicti abbatis annuatim duas robas, unam videlicet de meliori secta valectorum ad festum sancti Martini, & aliam ad Pentecosten sibi convenientem pro statu suo cum furruris decentibus & decem libris sterlingorum annuatim ad IV terminos anni per æquales portiones. Istam conventionem fideliter facere promittebant dicti abbas & conventus sub pœna XL marcarum eidem Johanni solvendarum, cum eos contigerit, quod abfit, in prædicta conventione eidem Johanni minus plene fatisfacere aut defiftendo deficere. Omnes iftas conventiones penes dictum Johannem abbas & conventus prædicti fideliter obfervarunt & tenuerunt. Adquifivit etiam idem Godefridus totum illud pratum perpetualiter poffidendum cum novo calceto quod eft inter Burgfen & Oxenlode quod valuit per annum aliquibus temporibus C. fol

PRÆDICTUM autem manerium de Lullingtone quod valet per annum XX lib ac dictum pratum affignavit conventui ad ejus anniverfarium faciendum. Et eidem conventui una cum dicta terra Gymicii imperpetuum per ejus cartam confirmavit.

Carta domini Godefridi abbatis.

NOVERINT univerfi quod anno a nativitate Domini MCCCVIII in fefto fancti Andreæ Apoftoli, dominus Godefridus permiffione divina abbas de Burgo fancti Petri, volens animæ fuæ & animarum patris fui, matris fuæ, fratrum fuorum, fororum fuarum, parentum fuorum, abbatum fucceforum, confratrum fuorum, & omnium monachrii Burgi benefactorum faluti profpicere, ad æternam memoriam ordinavit, conceffit, & affignavit facro conventui fuo in eodem monafterio Deo famulanti totum manerium de Lullingtone per ipfum abbatem regali affenfu & largitione adquifitum cum omnibus fuis pertinentiis & cum omni fervitio liberorum hominum & bondorum cum omnibus commoditatibus prædicto manerio pertinentibus Et LXXIV acras terra cum IV acris prati & redditum XVIII den per annum, quæ prædictus abbas in Burgo, Dodilthorpe, Cartone, Eftfeld, Newerk Waltone, & Iye perpetualiter adquifivit, & totum illud pratum cum novo calceto quod eft inter Burfen & Oxencyelode quod idem abbas fimiliter adquifivit, & valet per annum centum fol. habendum & tenendum, prædictum manerium & totam prædictam terram cum prato, calceto, & redditu cum omnibus fuis juribus & pertinentiis imperpetuum prædicto conventui pro omnibus infra fcriptis annuatim futuris temporibus fideliter faciendis & in ufus fubfcriptos abfque diminutione

minutione

minutione committendis. Videlicet centum sol. pro novis ornamentis ecclesiasticis providendis, & in usum ecclesiæ ante dictæ absque alienatione conservandis. Et si fortassis propter minoritatem pecuniæ, ad ornamentorum providentiam singulis annis non sufficiant tunc pro diversis annis in thesauro conventus sub certa custodia colligantur & reponantur, quousque per dispositionem conventus ornamenta decentia utiliter poterunt comparari. Et centum sol. pro cera emenda ad inveniendum luminare & sustinendum circa tumbam ipsius abbatis singulis annis suæ depositionis vel anniversarii. Ita ut completis exequiarum anniversariis solennis, IV libræ ceræ capellæ beatæ Mariæ, & IV libræ altari sanctæ Crucis & IV libræ capellæ beati Thomæ martyris juxta portam ad honorem divini cultus conventus dispositione fideliter erogentur. Et quia luminis providentia circa fratres dicti monasterii decedentes tempore humiliationis nimis est exilis ut apparet, ideo abbas vult & concedit, quod XX libræ ceræ cedant in aumentationem illius, officio divino completo, dispositione subsacristæ conservandæ. Et totum residuum illius ceræ in prædicto monasterio circa divina mysteria futuris temporibus honorifice dirigatur. Et centum sol. annuatim pauperibus ad dictum monasterium accedentibus certis temporibus juxta ordinationem ipsius abbatis dum vixerit, & post mortem suam tempore suæ dispositionis perpetuis temporibus erogandos.

Et centum sol. die suæ depositionis vel anniversarii refectioni conventus seu recreationi in perpetuum distribuendos.

Et centum solidos pro sustentatione unius sacerdotis in capella de Northolm pro anima ipsius abbatis & animabus benefactorum prædicti monasterii, & pro vivis ac defunctis perpetuis temporibus celebrantis: qui post mortem ipsius abbatis, prioris & conventus dispositione sit eligendus, & ibidem promovendus. Qui quidem sacerdos infra prædictum manerium de Northolm hospitetur. Et si contingat per lapsum temporis aliquem futurum abbatem prædictum manerium de Northolme & capellam in aliquos usus ita convertere vel alio modo occupare quod capellanus ibidem promotus vel promovendus ordinatione præmissa minime poterit divinis ministrare, tunc idem capellanus cum capellano sacrista in conventuali ecclesia vel in capella beati Thomæ martyris juxta

portam

poitam divinis intendat officiis modo supiadicto, piædictos centum solidos de thesauiaria conventus singulis annis peicepturus Hæc omnia & singula præmissa prædictus abbas vult inviolabiliter conseivaii, quæ nec cessionis nec postulationis nec alienationis vel absentiæ per loci distantiam causa qualicunque non impediat, quin singulæ suæ paiticulæ effectum capiant oidinatum Omnia vero piædicta piioi & conventus dicti monasteiii hujus giatiam subsidialem cum reveientia filiali giatantei acceptantes, unanimi assensu concorditer & bona fide piomiseiunt, se post moitem dicti abbatis juxta suam dispositionem in vita sua absque dolo, fiaude seu diminutione impeipetuum subituios & inviolabilitei, conseivatuios Qui autem hujus oidinationis & assignationis beneficium temeie pertuibaveiit, ejusque aliquam paitem abstulerit vel ablatum ietinueiit, seu aliquibus vexationibus fatigaveiit, quin omnia integia conseiventui, coium pio quoium benevolentia & anniveisario oidinata & pioviisa sunt usibus humanis piofutuia; salva supeiioium auctoiitate & justitia potestatis & honoiis divini dignitate, ieumque divino judicio si existeie de peipetiata iniquitate cognoscat, & a sacratissimo coipoie & sanguine Dei & Domini iedemptoris nostii Jesu Chiisti alienus fiat, atque in extiemo judicio distiictæ ultioni subjaccat Cunctis autem hac seivantibus sit pax domini nostii Jesu Chiisti, & fiuctum bonæ actionis peicipiant, & apud distiictum Judicem piæmia æteina pacis inveniant Ut hæc omnia piædicta iobui peipetuæ fiimitatis optineant, piæsenti scripto sigilla dictoium abbatis & conventus sunt appensa. Data in capitulo nostio die & anno supiadictis

Confirmatio Domini Johannis Lincolniensis episcopi super præmissis.

NOVERINT univeisi piæsentes liteias inspectuii, quod nos Johannes peimissione divina Lincolniensis episcopus quasdam liteias sigillis dilectorum in Chiisto filioium abbatis & conventus de Buigo sancti Petii nostiæ diœcesis sigillatas inspeximus continentes &c de veibo ad veibum piout in pioxima piæcedenti caita Nos vero oidinationem, concessionem, & assignationem hujusmodi, quantum ad nos peitinet

tinet approbantes, in hujus inspectionis & approbationis testimonium, sigillum nostrum præsentibus duximus apponendum. Data apud Novum Locum extra Stanforde, III Idus Januarii, anno Domini MCCCVIII.

Confirmatio Domini Walteri Cantuariensis archiepiscopi super præmissis.

NOverint universi præsentes literas inspecturi, quod nos Walterus permissione divina Cantuariensis archiepiscopus totius Angliæ primas, literas dilectorum in Christo filiorum abbatis & conventus de Burgo sancti Petri Lincolniensis diocesios tenorem inferius qui sequitur inspeximus continentes &c de verbo ad verbum prout in præcedenti carta domini Godefridi abbatis. Nos vero ordinationem, concessionem & assignationem hujusmodi quantum ad nos pertinet approbantes, in hujus inspectionis & approbationis testimonium, sigillum nostrum præsentibus duximus apponendum. Data apud Ramseye XVIII kal. septembris anno Domini MCCCXVI

Et quia in carta sua quædam est clausula, quæ aliquibus videbatur obscura, volens eam benigne declarare, ne ex ejus ambiguitate in posterum contentio oriatur, quod de residuo ceræ anniversarii sui infra triduum post anniversarium suum celebratum quilibet frater unam libram ceræ per manus subsacristæ sine diminutione percipiat, ad matutinos in choro vel alibi, secundum singulorum devotionem expendendam

Solvit etiam idem Godefridus in dicto ejus anno quinto pro vestimentis ecclesiasticis emendis XXVII libras, II solidos, II denarios. Adquisivit etiam eodem anno unam sergantiam in coquina conventus quæ vocatur Whitecoke, & valet per annum X sol. & per ejus cartam conventui assignavit. Ordinavit insuper & statuit ac per cartam suam confirmavit pro fratribus suis apud Oxeneye commorantibus Deo & beatæ Mariæ ibidem famulantibus, singulis annis imperpetuum tresdecim petras casei pro æquali portione percipiendas in manerio de Eye, & singulis ebdomadis inter festum inventionis sanctæ Crucis & festum exaltationis sanctæ Crucis quartam partem unius petræ butyri & duas lagenas lactis ibidem, ita quod

singulis annis perceptio cujuslibet portionis inter custodem ecclesiæ prædictæ & custodem manerii de Fye plenarie tallietur,
ut utriusque partis ignorantia plenius excludatur

Voluit etiam & ordinavit quod in anniversario domini
Ricardi de Londone, ac domini Willelmi de Wodeforde prædecessorum suorum XXIV cerei de residuo ceræ anniversarii
sui circa tumulum eorundem honorifice apponantur & illu-
minentur singulis annis, cum dicti dies advenerint imperpetuum.

SUMMA denariorum de anno V CCLIV lib XVI sol V den.

ANNO ejus sexto fieri fecit novos redditus ad finem del Westgate, cujus sumptus XIII lib IX sol III den & assignavit ad
Burghbyri, & valent per annum ————.

ITEM fieri fecit unum calcetum sub parco Burgi cum fossato salicino Item consummavit manerium de Northolm,
cujus sumptus XXXVIII lib III den Plantavit etiam unum
boscum juxta manerium prædictum, fecit etiam fieri apud Walcote super Humbrum novum columbare, cujus sumptus LVI
sol X den Apud Fiskurtone aliud novum columbare, sumptus XXXVI sol Item apud le Bigginge finivit novam clau-
suram circa parcum cum duplici fossato, cujus sumptus
XXXIV lib XVI sol II den ob q Item liberavit Waltero de Finchinkfeld pro debitis Johannis de Lullingtone
XXVI lib XIII sol IV den. Eodem anno in vestimentis
emptis, XIV lib XIII sol IV den

SUMMA denariorum de anno VI CXXXII lib. V sol ob q.

ANNO ejus VII apud Burghbyri inclusit unum longum pratum & fecit fossatum salicinum cujus sumptus XX sol Fecit,
etiam fieri apud Northolm unam novam capellam & eam
fecit dedicari Cujus sumptus VIII lib XVI sol IX den.
Deinde adquisivit cartam domini regis, ut abbas & conventus
habeant ibidem unam feriam per duos dies duraturam, videlicet in vigilia & in die sancti Matthæi apostoli singulis annis imperpetuum, ac etiam singulis septimanis unum mercatum per diem Jovis Apud Colingham fieri fecit novam
cameram cum capella Cujus sumptus LVII lib XVI sol
I den Apud Scotere molendinum aquaticum de novo reparavit Eodem anno idem abbas Godefridus emit de Johanne
de Lullingtone totum corrodium suum prædictum præter XX
sol annuatim, & unam robam de secta armigerorum & duos
panes & II lagenas cervisiæ in die, & de coquina pro se, sicut

cat uni armigero servitur, pro XXXIV lib. VI sol. VIII den. Eodem anno dedit conventui suo X lib.

Summa CXI lib. XIX sol. VIII den.

Anno ejus VIII inclusit parcum Burgi, sumptus IV lib XV sol Item fecit fossatum salicinum inter Thorpsen & le Dam, sumptibus XX sol. Apud Scotere unam cameram juxta coemeterium, sumptus XVIII lib ob Apud Keteringe unam cuniculare sumptus XI sol Eodem anno in vestimentis emptis XI lib X sol IV den. In donis conventui de parte bosci de Westwode vendita LXVI lib XIII sol IV den

Summa CII lib IX sol VIII den

Anno ejus IX apud Burgum fecit fieri novum pontem ultra aquam de Neen, qui in proximo yeme sequenti obrutus fuit per glaciem, sumptibus XIV lib VIII sol Item juxta Thorpsen unum fossatum salicinum Sumptus XXV sol V den Apud Lye medietatem novæ magnæ grangiæ, sumptus XLV lib XIX sol XI den Apud Castre unam boveriam reædificavit, sumptus XII lib Apud Scotere in Brodis-croft novam bercariam sumptibus XV lib XVIII sol VII den q Apud Thurlebi novum murum circa manerium, sumptibus XX sol In abbatia consummavit novam portam, & incepit cameras annexas versus ecclesiam cujus sumptus CXL lib Fecit etiam novum murum inter herbarium & Derebyyard. Eodem anno in vestimentis emptis LXVIII lib.

Summa denariorum de anno nono præter non scripta CCXCVIII lib XI sol XI den

Anno ejus X apud Thorp reædificavit columbare quod fuit ruinosum, sumptibus XLVI sol q Apud Witingtone unam domum cum thorallo Apud Burgum alium pontem fecit ultra ripam de Neen altiorem & fortiorem primo, sumptibus XVIII lib V sol Eodem anno in vestimentis emptis XIV lib In donis conventui XX lib Item eidem conventui de warda Rogeri de Boys de Wodeforde XL lib. Item dedit ecclesiæ suæ unum vas argenteum & deauratum ad modum turris cum lapidibus impressis, & ymaginibus sanctorum circumstantibus pro corpore Christi in principalibus festis ante processionem deportandum Quod quidem vas emit pro centum & viginti libris.

Summa CCXIV lib XI sol q

Anno ejus XI apud Burgbyri fecit unam novam domum pro

pro familia a fundo quæ dicitur aula, fumptibus IV lib VI den Item apud Burgbiri incepit novum stagnum ex parte orientali viæ cum quodam molendino aquatico, & unum murum in occidentali parte illius stagni, ac dictum stagnum circuivit foffato falicino, fumptibus LXII lib VI fol VII den. Apud Eye finivit aliam medietatem grangiæ fortis & magnæ, fumptibus L lib IX fol VI den Quæ grangia poft ejus mortem tota erat combufta per fœnum aquofum & viride infra pofitum Item apud Eye elargiavit gardinum & inclufit cum novo muro, & infra fecit IV ftagna pulcherrima, fumptibus XVIII lib II fol IX den Item fecit ibidem unum novum Wayrrum inter molendinum & manfcum Eodem anno in veftimentis emptis LII lib XVIII fol.

SUMMA denariorum de anno XI præter non fcripta CLXXXVII lib XVII fol IV den.

Anno ejus XII apud Eye fecit novam cameram ad occidentale caput aulæ plumbo coopertam cum duabus novis portis grangiæ, fumptibus LXXXII lib I den ob Item ibidem affartavit & fecit novum pomœrium in circoitu novi muri, & plantavit arbores diverfi fructus cum fepibus & foffatis per circuitum, fumptibus XLIV fol Apud Scotere unam novam bercariam fumptibus VIII lib XI fol VIII den Item apud Bargum fecit quandam magnam navem cum toto apparatu, quam poftea dedit domino regi. Item aliam minorem, & tertiam renovavit & reparavit Eodem anno in veftimentis emptis XXXI lib XVI fol VIII den.

SUMMA CXXIV lib XII fol V den ob.

Anno ejus XIII apud Eye incepit novam cameram cum nova panetria & botillaria ad ingreffum aulæ, cum longa garderoba, tam illi quam veteri cameræ item novam coquinam ibidem cum claufura inter aulam & dictam coquinam Item juxta Oxeneye reædificavit vaccariam prius combuftam, quarum fumptus XLII lib IV fol VII den Eodem anno in veftimentis emptis, XIX lib XI fol VI den

SUMMA LXI lib XVI fol I den

Anno ejus XIV apud Eye finivit dictas cameras & coquinam Apud Caftre fecit novas portas cum quadam camera fupra Item apud Iftiltone novam piftrinam, quæ fuit ruinofa reædificavit

SUMMA fumptus XIV lib.

Anno ejus XV in villa Burgi ad finem del Westgate fecit tres novas domus, quarum sumptus est XIX sol. XI den. Quas assignavit camerario, & valent per annum XII sol. Apud Glintone fecit novam grangiam sumptibus XIV lib. VIII den. ob. Apud Colingham fecit unam novam grangiam & unam bercariam novam in Dounthorpe, quæ combustæ fuerunt, sumptus XV lib XIX sol II den ob

Summa XXX lib XIX sol X den

Anno ejus XVI apud Eye fecit novam domum bracinum; & novam domum scilicet Thorale cum Thorallo, & unam novam domum gallinarum. Sumptus XXXV lib XV sol. IX den. Item apud sanctum Botulphum emit quoddam tenementum de quadam matrona nomine Ysoudia de Wormelee pro quodam corrodio, percipiendum illud ex parte abbatis, & ibidem fecit aulam novam cum duabus cameris. sumptus XCIV lib V sol XI den ob

Summa CXXX lib X den ob.

Anno ejus XVII apud sanctum Botulphum in dictis aula & cameris consummandis & finiendis cum aliis reparandis, VIII lib XIV sol VII den. Apud Waltone fecit unum boscum ubi nunquam prius fuit boscus, & circuivit fossato salicino sumptibus XX sol.

Summa IX lib XIV sol VII den.

Anno ejus XVIII apud Burgbyri fecit unum novum molendinum juxta Wodehythe venticum stans prope aquam, cujus agger perficitur ex petra veluta ad modum parietis, sumptibus IV lib XIX sol. Item apud Northolm fecit unam novam domum & cameram cum uno cuniculari, sumptibus XL sol Item adhuc apud sanctum Botulphum in emendatione domorum prædictarum, XXII sol. III den.

Summa VIII lib XV den

Anno ejus XIX apud Thurleby fecit unum novum columbare, sumptibus XLIV sol V den. Item apud Resham unam novam bercariam, sumptibus XVII lib. XIII sol VI den ob. Item in abbatia quatuor novas cameras cum stabulis. Item apud Withcringtone plantavit unum boscum ubi nunquam boscus prius fuerat, & circuivit fossato salicino.

Summa præter non scripta, XIX lib. XVII sol XI den ob

ANNO x ejus XX apud Keteringe fecit unum novum murum de petra veluta circa novum pomœrium, fumptibus XXXII lib. XIII fol. VI den.   Item apud Thorp unum novum ftagnum ex occidentali parte ftagni cum foffato falicino, cujus fumptus IV lib   Item eodem anno adquifivit de domino regeIII acias marifci in marifco de Holm, & circuivit illas foffato falicino.

SUMMA XXXVI lib. XIII fol. VI den.

ANNO ejus XXI in abbatia Burgi incepit quoddam molendinum equinum cum diverfis cameris, ita ut fieret fupra molendinum ventricum, artificiofe inceptum fed non confummatum, fumptibus LIV lib. VI fol. VIII den.   Et amplius fumma patet.

SUMMA totius præter non fcripta II Mil. CII lib. X fol. XI den.

ANNO ejus XXII & ultimo in quo anno mortuus eft, XII kal. Septembris & in die decollationis fancti Johannis Baptiftæ honorifice traditus eft fepulturæ anno Dom MCCCXXI. & jacet in monafterio Burgi inter chorum & magnum altare, cujus animæ propitietur omnipotens & mifericors Deus, Amen, Amen, Amen, Pater nofter &c   Idem autem Godefridus portionem conventus augmentavit, & per cartam fuam granarium conventus fub hac forma confirmavit. Ego frater Godefridus monafterii prædicti minifter, prædictorum venerabilium patrum dominorum Ricardi & Willelmi abbatum continuus fucceffor, dictam conceffionem, ordinationem & ftatutum quantum in me eft pro me & fuccefforibus meis ratifico, approbo & confirmo plene & integre fecundum tenorem cartarum fupradictarum   Et ne temporibus futuris fiat calumpnia de menfura antiqua & menfura regia, ficut tempore prædecefforis noftri actum effe cognofcimus, volumus & concedimus ut cuftos granarii conventus recipiat totam liberationem frumenti & pifarum ea menfura qua ufi fuerunt ante conceffionem prædictam   Volumus etiam & concedimus motu fraternæ caritatis educti, quod quando conventus recipiat liberationem brafei de puro ordeo habeant

---

1 Anno MCCCXIX & anno G abbatis XX incepit peftilentia animalium in Anglia

plenarie

plenarie liberationem suam sicut superius distinctum est, &
ubi superius dictum est, quinque esse, nos ex concessione nostra,
addimus III esse ut fiat quaternium integrum. Ita quod in
qualibet ebdomada recipiat XX quarteria Quando autem
braciatur de ordeo & drageto, volumus & concedimus quod
universa & singula sicut superius dicta sunt effectum forti-
antur, hoc adjecto quod ubi prius custos granam conventus
recepit de ordeo ad Grutmalt VII quarteria, dimidium, & de
drageto XIV quarteria, I esse & dimidium, ex nunc & in futu-
rium recipiat idem custos de ordeo ad grutmalt VIII quarteria, dimidium, esse, & de drageto XIII quarteria V esse, & hoc
ex dono & concessione nostra. Quando vero braciatur de
ordeo Masmalt quod est pro majori parte de avena, recipiet
prædictus custos VIII quarteria, dimidium esse de ordeo ad Grutmalt, & de Maysmalt XVI quarteria VII esse De multura conventus volumus & concedimus quod si aliquando contingat
necessitate cogente extra abbatiam molere, ut conventus im-
munis sit a præstatione telonei, nisi fuerit in locis, qui
nostræ non subjacent jurisdictioni. in cujus rei testimonium huic præsenti scripto sigillum nostrum una cum sigillo
conventus fecimus apponi Data in capitulo nostro die sancti
Idmundi regis & martyris anno Domini MCCC primo

Vestimenta Godefridi abbatis

IDEM etiam Godefridus licet non minimum laborasset in
redditibus, terris & libertatibus adquirendis & plurimi-
bonitatibus pro suo conventu confirmandis, tamen ecclesiam
Dei & suam placuit decorare, unde ejus memoria in æterna
felicitate congaudet

Dedit de panno de Siclatoun, unam casulam, unam capam,
cum III tuniculis nobilissime briudatis, cum ymaginibus in tabernaculis aurifragiatis plurimorum sanctorum solidissime ornatis.
Item de rubeo Samito, I casulam, I capam cum III tuniculis,
cum ymagine sancti Petri in dorso bene briudata: ac clavibus & rosis aurifragiatis tensalatis, & unum frontale magnum cum
mappa adjunctum, & aliud strictum ejusdem panni &
facturæ, quæ magno altari principalibus festis apponuntur
Item aliud frontale cum capitibus hominum & diversis besti-

is de aurifragio & ferico diverso confutum & nobile mappa
adjunctum   Item II pallia pro magno altari aurifragiata.
Item de panno viridi cum glauco findone duplicato unam capam cum III tunicis in parte viridi cum Byzantio, & aliam
aurifragiatam tenfellatam   Item de albo ferico I cafulam cum
III tunicis optime briudatis, cum ymagine gloriofiffimæ virginis Mariæ & rofis de aurifragio tenfellatis, quos affignavit
feftis dictæ virginis Mariæ   Item de panno rubei ferici, unam
cafulam, I capam, cum II tunicis bene extenfellatis cum parvis rofis aurifragiatis, & rofis de viridi ferico   Item de panno
de Tais unam cafulam cum II tunicis non briudatis fed dupli
catis cum viridi findone   Item I capam de panno de Thais
cum lunis & ftellis aurifragiatis bene briudatam   Item I cafulam de Thais, quafi cum Bezancio extenfellato, & in medio dorfi crux eft de aurifragio, cum fcutis diverfi coloris,
& aquilis nigri coloris   Item unam capam de panno de Thais
bene briudatam cum leonibus & floribus de Liz   Item I capam de rubeo famito optime briudatam cum leonibus & grif-
fonibus.   Et I cafulam quæ nunc mutatur in capam fimiliter de rubeo famito bene briudatam, habentem quandam arborem extendentem ramos cum foliis, & inter ramos circumquaque fcutos diverforum armorum confutos, quas emit de
quadam muliere nomine Ydonia pro quodam corrodio ad terminum vitæ ipfius ex parte abbatis percipiendo   Item poſt
mortem ipfius Godefridi emptum erat quoddam veſtimen-
tum tum integrum cum denariis collectis de diverfis annis
quos idem Godefridus affignavit ad veftimenta emenda, videlicet annuatim C fol   ut patet in compofitione anniverfarii fui, fcilicet I cafula, I capa, cum tribus tunicis de rubeo
famito cum ymaginibus in tabernaculis aurifragiatis bene briudatis, pretio LXI marcarum

Albæ Godefridi abbatis.

ITEM dedit idem Godefridus quinque albas, quarum paruræ funt
de rubeo famito cum ymaginibus, clavibus & rofis ex
aurifragio bene briudatis   Item XI albas cum amitis quarum
paruræ funt de panno de Turky quæ quafi aurum refplendent
Item I albam optimam cum amite, cujus paruræ funt de rubeo

bco veluto cum ymaginibus & arboribus de argento deauratis; similiter cum lapidibus magnis in argento positis, & eisdem artificiose impressis. Item unam albam cum amite, cum paruis de serico consutis, cum ymaginibus aurifragiatis bene brudatis. Item I albam cum amite cum paruis de serico consutis, cum ymaginibus passionis Jesu Christi nobilissime brudatis Item I albam cum amite cum paruis de serico consutis, cum scutis diversis bene aurifragiatis. Item I albam cum amite, cum paruis coopertis cum frettis & arboribus bene aurifragiatis.

Stolæ ejusdem.

ITem dedit idem Godefridus unam stolam cum manipulo de rubeo veluto cum minimis campanis, & glandibus argenteis & deauratis cum lapidibus in argento impressis desuper consutis Item unam stolam cum manipulo de aurifragio Item I stolam cum manipulo cum ymaginibus de serico & chaumpum de aurifragio Item I stolam cum manipulo cum ymaginibus & tabernaculis, de aurifragio bene brudatis. Item duas stolas cum V manipulis de rubeo samito cum clavibus & ymaginibus sancti Petri bene brudatis.

Ornamenta ejusdem.

ITem dedit magno altari quinque velamina de albo serico cum aurifragio ornata, pro patenario in principalibus festis patenam deportandim Item sex tapeta pro gradibus ante magnum altare in principalibus & duplicatis festis cooperiendis, videlicet duo de viridi colore cum scutis diversorum armorum, & duo majora quasi de rubeo & glauco colore a longe cum habenninis & cum albis borduris, & infra borduras cum vineis & rubeis rosis, & duo minora de diversis coloribus repleta lozengis cum floribus de Liz Item IV quischines de rubeo serico cum armis diversi coloris aurifragiatus Item unum crismatorium de argento & deauratum. Item octo annulos preciosos qui sunt super hastam in custodia custodis horologii. Item I calicem bonum cum patena. Item corporale cum coopertorio decentissimo, videlicet apparati-

one. Item unum vas de argento ad aquam benedictam de-
portandam cum aspersorio de argento, candelabra, turibula
cum navettis & hasta cum crucifixo de argento, prænotantur
in anno ejus IV Et illud nobile vas pro corpore Christi de-
portando in principalibus festis ante processionem, prænota-
tur in anno ejus decimo Dedit etiam capellæ beatæ Mariæ virginis optimam casulam de albo serico non briudatam Item
unam capsulam de eboie ad modum turris quadrati & infra
tres ymagines de eboie cum ystoria beatæ Mariæ artificiose
confecta Item dedit apud Oxeney unam casulam de panno
de Thars cum II tuniculis de eodem: & unam albam cum
amite cum paruis bene briudatis cum scutis & lozengis:
cum stola & manipulo de aurifragio Item unum ciphum
de albo cornu cum circulo de argento & deaurato Dedit
etiam ecclesiæ suæ duas biblias, quarum una gallice scripta;
Avicennam, Institutum peritatum, sextum librum decretalium,
Legendam sanctorum, Summum bonum, Regulam sanctorum
Benedicti & Basilii cum aliis rebus, processionarium bievi-
arium in duobus voluminibus, antiphonarium cum psalterio
& ympnario & canticis Ac etiam unam tabulam quæ vocatur lignum scientiæ boni & mali, & pendet ante altare
sancti Andreæ Dedit etiam magno altari unam coupam de
argento & deauratam, cum tribus argenteis cathenis & circulo argenteo & deauiato, & intro capsulam argenteam & deauratam pro corpore Christi reponendo. Dedit etiam refectorio unam coupam de argento infra deauratam, & unum a-
quarium optimum cum ymaginibus circumquaque foris ave-
latis. Item II bacilla argentea de pondere . . . . .
Item sex discos argenteos, & sex salsaria argentea de pondere . . . . Dedit etiam grossum meremium ad magnum dormitorium, & conventus fecit reparari Similiter dedit totum meremium ad cameram de Sengliftholt, quam Hugo de Riseburge tunc pitantiarius fieri fecit

Ac ipsemet Godefridus dum erat cellerarius abbatis fieri
fecit capellam sancti Thomæ martyris quæ est inter monasterium & capellam beatæ virginis Mariæ Et eidem capellæ sancti Thomæ dedit unam casulam fulvei coloris, & aliam
de rubeo samito, & unam albam cum paruis & stola &
manipulo de serico diversi coloris bene consutis.

DEINDE dum steterat pitantiarius, fieri fecit capellam apud Senglisholt in honore sancti Michaelis archangeli ex lapidibus & lignis & plumbo coopertam cum VII fenestris vitreis optime constructis. Ad istam capellam dedit unam casulam de panno de Thars, & unam albam cum paruris & stola & manipulo de serico consutis Et sic in bonitatibus vitam suam incepit, & semper continuando in talibus operibus bonis finivit.

Solutio regis &c.

IDEM abbas Godefridus anno suo tertio recepit honorifice apud Burgum regem & reginam, scilicet dominum Edwardum filium regis Henrici, ut in exenniis & jocalibus eisdem & eorum familiæ collatis, quæ excedebant CCLIII marcas, ut patet in compotis cellerarii & receptoris In solutis eidem regi anno regni ejus XXVIII pro servitio suo in Scotiam CC lib facta allocatione de quodam debito quingentarum librarum, quas idem abbas solvit summo pontifici pro rege in auro reginæ pro eodem servitio XX lib Item anno XXXI ejusdem regis Edwardi in solutis eidem pro servitio suo C lib In auro reginæ pro eodem servitio X lib. Item anno ejusdem regis XXXIV in solutis eidem pro servitio suo C marcas in auro reginæ decem marcas. Recepit etiam idem Godefridus apud Burgum dominum Edwardum prædicti regis filium, & dominum Petrum de Gaveston, quibus contulit dona diversa sub hac forma Veniente nuncio ex parte abbatis ad dictum dominum Edwardum cum quadam coupa de pretio L lib petiit idem Edwardus incontinenti si dominus Petrus fuerit de dono visitatus, respondente nuncio quod non, renuit coupam, noluit eam recipere. recedente nuncio ex mandato abbatis, accessit ad dominum Petrum cum alia coupa de pretio XL lib. qui granter donum abbatis recepit, gratias agens quam ficte Nuntius autem ex parte abbatis quasi consilium petens a domino Petro si alia coupa esset sufficiens pro domino Edwardo, respondens quod sic, tunc nuncius revelans quod noluit eam recipere vocavit autem dominus Petrus camerarium suum sic dicens ei, vadas ad dominum Edwardum & dicas ei, quod volo ut recipiat donum abbatis

batis, venientibus illis ad dictum dominum Edwardum cum prædicta coupa ut præmittitur, qui feliciter illam recepit, gratias conferens abbati de donis suis.

Post hæc anno regni ejusdem domini Edwardi IV, circa festum sancti Jacobi idem rex scripsit prædicto abbati, ut sibi provideret magnam summam frumenti, avenæ, & pisarum pro guerra Scotiæ, pro qua providentia idem abbas contulit eidem regi C marcas sterlingorum · eodem anno idem rex scripsit dicto abbati pro servitio suo militari, unde idem abbas misit dominum Willielmum la Souche cum equis & armis ad regem magnis sumptibus, qui excedebant LX marcas, & nihil placuit regi Iterum rex scripsit abbati ut pecuniam pro servitio suo demandaret. Tunc autem abbas demandavit domino regi pro servitio suo CCXX lib nihilominus scripsit idem rex prædicto abbati ut ei de carriagio pro necessariis guerræ suæ subvenire curaret, cujus mandatis abbas non resistens, eodem anno tres novas carectas, cum XII equis pretio XXX lib eidem demandavit.

Anno vero quinto ejusdem regis post translationem sancti Thomæ martyris idem rex per dominum Ingillardum de Warle, & dominum R de Stoke clericos, per literam credentiæ supplicavit prædicto abbati ut ei CCCC marcas usque ad certum terminum mutuaret, quam supplicationem in toto facere non valens, propter onera præmissa, eidem regi centum libras ex dono contulit, & mandavit per Robertum de Thorp

Eodem tempore idem abbas solvit pro decima temporalium sexaginta marcas Et in anno ejusdem regis septimo solvit idem abbas regi pro servitio suo centum marcas, & pro auro reginæ decem marcas

Istis diebus pro quibusdam contingentibus idem rex concepit indignationem versus dominum Walterum de Langetone quondam Angliæ thesaurarium, & imposuit ei aliqua crimina, ita quod idem rex intravit in omnes terras, castella, & tenementa prædicti domini Walteri Inter cætera cepit idem rex castellum de Thorp Waterville quod est infra libertatem abbatis de Burgo, pro transgressionibus ipsius Walteri

Tunc quidam Johannes de Miltone seneschallus dicti abbatis de Burgo consilium dedit abbati, quod peteret custodiam

diam illius caftelli a domino rege, quia infra libertatem ejus erat. Abbas primo renuit & poft conceffit & petiit a rege. Rex autem conceffit abbati, ita ut refponderet ei de proventibus. Tunc prædictus Johannes recepit cuftodiam, & ad fcaccarium regis folvit L lib pro proventibus dicti caftelli fuper primo compoto. Ante vero fecundum compotum dictus Johannes monebatur.

STATIM dominus rex dedit comiti Warennæ totum illud caftellum cum omnibus fuis juribus fructibus & proficuis illius anni. Unde prædictus abbas contulit dicto comiti pro benevolentia fua optinenda & pro fructibus dicti caftelli illius anni XCI marcas, nihilominus eodem anno folvit idem abbas ad fcaccarium domini regis apud Londone CXX marcas, nomine prædicti Johannis pro warda caftelli memorati. Solvit etiam idem abbas ad fcaccarium domini regis fupradicti ad filiam fuam primogenitam maritandam CXXVII lib. videlicet pro LXIII feodis & dimidio militum per quinque tallagia. Recepit etiam idem abbas alia vice dictum dominum regem & fuos apud Burgum magnis fumptibus, deditque regi duo bacilla argentea de pretio XX marcarum, & infra bacilla XL marcas de pecunia numerata. Item domino J Haward marifcallo regis VI marcas. Item dedit XVII militibus, qui venerant cum rege, cuilibet eorum XL folidos. Plurima alia dona dedit eodem tempore, fcilicet armigeris & aliis de familia, ut patet in compotis cellerarii & receptoris.

SUMMA denariorum folutorum regi & fuis MDXLIII lib XIII fol IV den.

RECEPIT etiam idem Godefridus honorifice apud Burgum duos cardinales, cum eorum familia miffos a latere papæ, pro concordia inter Angliam & Scotiam facienda, ut in cibis & potibus, diverfis donis, & jocalibus videlicet uni cardinali nomine Gaucelino dedit quoddam pfalterium literis aureis & afuris fcriptum, & mirabiliter luminatum.

ALIA vice redeundo de Scotia contulit eidem Gaucelino unam capam cum ymaginibus diverfi coloris confutis, cujus champe de aurifragio bene brudato, quam idem Godefridus prius emerat pro C marcis fterlingorum. Similiter & unam coupam de pretio LXXX marcarum. Dedit etiam alteri cardinali nomine Lucæ de Flifke unam coupam argenteam & de auratam, quam contulit ei Eduuardus rex ad ingreſſus ſuos de pretio C ſol. ſimiliter quinquaginta ulnas de puriſſimo rubeo ſcarleto.

SUMMA denariorum ſolutorum pro veſtimentis & ornamentis eccleſiæ DXVI lib. XII ſol VII den.

SUMMA emptarum terrarum cum parte corrodii J. de Lullingtone CCCXXXVII lib VIII ſol IX den.

SUMMA donorum conventui in argento CXXXVI lib XIII ſol. IV den præter debita obedientiariorum, quæ ſoluta erant bis per eundem Godefridum in vita ſua

SUMMA ſummarum, præter non ſcripta, ter mille ſexcentæ XLVI lib IV ſol III den. Item Godefridus abbas fecit fie ri baculum paſtorale de argento & deauratum cum aumayl, & in capite imago ſanctæ Trinitatis &c. Animæ cujus propitietur Deus, Amen

EXTENTA maneriorum, & omnium bonorum temporalium abbatiæ de Burgo S Petri viz de baronia vacante per mortem domini Godefridi supradicti nuper abbatis ejusdem loci anno R R Eduardi, filii R Edwardi XV. Northamtone.

EXTENTA manerii de Castlefield coram escactoribus domini regis VIII die octob anno R R Eduardi filii R. Eduardi XV, per sacramentam Johannis de Cantebrigia & aliorum juratorum, qui dicunt super juramentum suum, quod est ibidem quoddam capitale mesuagium sine gardino seu curtilagio, quod valet per annum II s Et est ibidem unum columbare quod valet per ann III s IV d Item sunt ibidem in dominico CXCV acræ terræ arabilis, quæ valent per ann. LXI s VIII d pretium acræ IV d Et sunt ibidem XIII & dimidium acræ prati, quæ valent per ann XXVII s pretium acræ II s Et est ibidem quædam pastura communis quæ valet per annum VI s VIII d Et est ibidem quidam boscus forinsecus, cujus subboscus nullus qui communis Et etiam ibidem quidam boscus inclusus qui continet circiter VI acras cujus subboscus valet per ann X s Et est ibidem quædam

COMPOTUS Willelmi de Braubroce, & Johannis de Munkelane, eschactorum domini regis, de exitibus omnium temporalium abbatiæ Burgi sancti Petri vacantium per mortem fratris Godefridi de Croyland nuper abbatis loci prædicti, videlicet a vicesimo primo die Augusti, anno regni regis Edwardi, filii regis Edwardi decimo quinto, quo die obiit, usque septimum diem octobris proxime sequentis, quo die, omnia temporalia abbatiæ prædictæ fratri Adæ de Botheby, per breve regis, liberaverunt

Idem respondent de viginti solidis de recognitionibus custumariorum apud Castle Et de decem denariis de capitali mesuagio ibidem

Et de viginti denariis de proficuo unius columbaris per tempus hujus compoti.

Et de duodecim denariis de pastura vendita ibidem Et de quatuor solidis de subbosco vendito ibidem.

Et de sex denariis de quadam

dam pifcaria ibidem vendita in ripa de Neen.

Et de viginti quinque folidis & fex denariis de redditu liberorum tenentium de termino fancti Michaelis.

De redditu nativorum nihil refpondent ad prædictum terminum, quia nihil reddunt præter auxilium.

Et de quinque folidis tribus denariis, de operibus novem cuftumariorum operantium per fex feptimanas & quatuor dies, videlicet in qualibet feptimana octodecim opera per tempus prædictum, pretium cujuslibet operis per diem obolus, fecundum confuetudinem manerii

Di aruris nihil refpondent, quia nihil feminabatur tempore regis.

E r

dam pifcaria feparalis in ripa de Neen, quæ valet per ann II f & non plus, quia fic affirmatur Item funt ibidem duo liberi tenentes qui reddunt per ann II f. ad IV terminos viz ad natale Domini ad fefta pafchæ S Johannis & S Michaelis æquis portionibus. Item funt ibidem VII virgatæ terræ & dimidium quæ folebant effe manibus bondorum, & nunc funt in manibus liberorum tenentium pro voluntate domini propter impotentiam bondorum, & reddunt per annum ad prædictos IV terminos C f viz pro qualibet virgata terræ XIII f IV d pro omnibus fervitiis Et funt ibidem IX cuftumarii, qui tenent IX virgatas terræ, & reddunt per annum ad natale Domini & pafcham VI f pro qualibet virgata terræ VIII d Et quilibet eorum operabitur a fefto S. Michaelis ufque ad idem feftum anno revoluto per duos dies in qualibet ebdomada cum uno homine, exceptis IV feptimanis viz ad natale Domini II feptimanis, ad pafcham I feptimana, & ad pentecoften I feptimana & fi non operentur dabunt domino pro opere ob. & non plus fecundum confuetudinem manerii; & eft fumma XXXVI f ———

Item quilibet eorum faciet duas

$

duas aruras per ann. viz I yemalem, & aliam quadragesimalem, si habuerit carucam propriam, Et si non habuerit carucam propriam, nihil arabit secundum consuetudinem manerii Et valet quælibet arura III d & est summa IV s. VI d Et sunt ibidem II custumarii, qui tenent unam virgatam terræ & reddunt per ann XVI d. ad terminos natalis Domini & paschæ, & quilibet eorum operabitur quolibet die Lunæ operabili per annum cum I homine, & si non operetur, dabit domino ob & non plus secundum consuetudinem manerii; & est summa IV s Item sunt ibidem IV cotarii, qui reddunt IV s. ad IV terminos supradictos.

Item dicunt quod omnes custumarii ibidem dabunt domino per ann. de auxilio ad festum S. Michaelis ex consuetudine IV lib

Et est ibidem quædam curia baronis quæ tenetur de III septimanis in tres septimanas & valet per ann XX s communibus annis.

Summa XVIII l. X s VI d.

Thorp

Item dicunt quod est ibidem unum capitale mesuagium cum gardino,

Et de septem denariis duorum nativorum de operibus duorum nativorum ibidem operantium, quilibet eorum, quolibet die lunæ operabili per annum cum uno homine, pretium operis obolus.

Et de duodecim denariis de redditu quatuor cotariorum ibidem pro termino sancti Michaelis

Et de quatuor libris de auxilio custumariorum ibidem ad festum sancti Michaelis.

Et de tribus solidis de placitis & perquisitis unius curiæ ibidem.

Summa omnium receptorum de manerio de Castre septem libræ tres solidi quatuor denarii in tempore regis, videlicet per sex ebdomadas & quinque dies

Iidem respondent de sexdecim solidis octo denariis de recognitionibus

nitionibus cuftumariorum a-
pud Thorp

ET de duodecim denariis de
proficuo capitalis mefuagii i-
bidem

ET de viginti denariis de
proficuo cujufdam columbarii
ibidem per tempus compoti.

ET de duodecim denariis de
communi paftura ibidem vendita per dictum tempus.

ET de duobus folidis de
fubbofco & herbagio ibidem
venditis.

ET de viginti denariis de
redditu affifo unius liberi tenentis de prædicto termino
fancti Michaelis.

ITEM refpondent de novem
folidis undecim denariis de o-
peribus fexdecim cuftumariorum operantium in qualibet
feptimana triginta duo opera, pretium cujuflibet operis obolus fecundum confuetudinem
manerii.

gardino, quæ valent per ann.
II f. Et unum columbare,
quod valet per ann. III f.
IV d. Et funt ibidem in
dominico CXC acræ ter-
ræ arabilis, quæ valent per
ann. IV l. XV f. pretium
acræ VI d. Et funt ibidem
XX acræ & dimidium prati,
quæ valent per ann. XXX
f. IX d. pretium acræ XVIII d.
& non plus, quia communibus
annis emerguntur. Et eft ibidem una paftura communis,
quæ valet per ann. IV f.
Et eft ibidem unus bofcus communis, cujus fubbofcus cum
herbagio, valent per annum
VI. f. VIII d. Et eft ibidem
unus liber tenens qui reddit
per annum VI f. VIII d. ad
IV terminos prædictos. Et
funt ibidem XVII cuftumarii,
qui tenent inter fe XII virgatas terræ & reddunt per
annum pro qualibet virgata
terræ, IX d ob viz. ad natale Domini IV d ad paf
cham IV d & ad feftum fancti
Johannis Baptiftæ I d ob.
& eft fumma IX f VI d. Et
quilibet eorum operabitur a
fefto fancti Michaelis ufque
ad idem feftum anno revo-
luto, in qualibet feptimana
per duos dies cum uno ho-
mine, exceptis IV feptimanis
prædictis. Et fi non operatur,
dabit domino pro qualibet o-
pere ob. & non plus, fecun-

dum

dum confuetudinem manc111,
& eft fumma LVIII ſ Lt
quilibet eorum faciet unam
piecariam in autumpno ad
cibum domini cum duobus hominibus, & valet diæta ultia
repriſam l d Et eft fumma
XVII d & facient unam aiuram pio qualibet virgata terræ ad femen yemale ad cibum
domini, & aliam aiuram ad
femen quadragefimale ad cibum domini, & valet aiura
ultia repriſam II d & eft fumma III ſ Et quilibet coium
reddit per ann ad feſtum
natalis Domini duas gallinas,
pretium II d & eft fumma II
ſ X d Et quilibet coium reddit ad paſcha XX ova, & eſt
fumma CCC, quæ valent XIV
d ob piec CV d Et
funt ibidem III cottaru qui
reddunt per ann. ad prædictos
IV terminos II ſ Et omnes
cuſtumaru prædicti dant per
ann de auxilio ad feſtum S
Michaelis de conſuetudine LX
ſ Et placita & perquiſita valent per ann ibidem III ſ IV d
Summa XVI XVIII d. ob

Et de fex denariis de red
ditu cotariorum ibidem ad feſtum ſancti Michaelis

Et de fexaginta folidis de
auxilio cuſtumariorum ad prædictum terminum fancti Michaelis ibidem

Et de fex denariis de placitis & querelis unius curia
ibidem per dictum tempus

Summa omnium receptorum
de manerio de Thorp per
prædictum tempus quatuor libræ quatuordecim folidi undecim denarii

Burgbiri.

Itim dicunt jurati quod eft
apud Burgbyri I capitale mefuagium cum quodam viva-
rio, quæ valent per ann VI
ſ & VIII d. quia non habentur

Iidim reddunt compotum de
quadraginta folidis de recognitionibus cuſtumariorum Et
de duobus folidis de proficuo
capitali

capitalis mesuagii & unius vi-
valii pei tempus hujus compoti

Et de duobus solidis sex denarus de proficuo unius columbaris ibidem. Et de V s de
uno molendino ventiico.

Et de tribus solidis quatuoi
denarus de subbosco ibidem
vendito

Et de duobus solidis sex
denariis de pioficuo unius piscariæ ibidem in iipa de Neene
usque Withsmeie.

Et de duodecim denariis
de pioficuo unius pastuiæ i-
bidem juxta mariscum.

Et de viginti duobus solidis septem denariis obolo, quadrante, de redditu assiso sex liberoium tenentium pio teimino sancti Michaelis.

Et de quatuoi libiis sexdecim solidis sex denariis de redditu assiso aliorum liberoium
tenentium in villa Buigi pio
teimino piædicto

Et de viginti & uno solidis decem denariis obolo de opeibus
viginti quinque custumaiioium
opeiantium pei sex ebdomadas & quatuoi dies piædictos,
videlicet in qualibet ebdomada

tui ibidem cui tillagium neque
gaidinum

Et est ibidem unum co-
lumbaie quod valet per ann.
V s. Et est ibidem unum molendinum ventiicum quod valet pei ann XL s. Et est i-
bidem unus boscus commu-
nis, cujus subboscus valet pei
ann. VI s VIII d. Et est i-
bidem quædam piscaiia in iipa
de Neen, quæ valet per
ann. VIII s ultia iepiisam
Item sunt ibidem in dominico CCCV acræ teiiæ aiabi-
lis, quæ valent pei ann VII
l XII s VI d pietium aciæ
VI d. Et sunt ibidem LIV
aciæ prati quæ jacent juxta
mariscum, & valent pei ann.
LIV s. & non plus, quia pei
septennium emeigebantui Et
est ibidem una pastuia quæ
vocatui Buigfen juxta maiis-
cum cujus agistamentum valet pei ann VI s VIII d
Item dicunt quod sunt ibidem sex libeii tenentes qui
reddunt per ann IV l X s
VII d ad IV terminos supia-
dictos   Item dicunt quod
sunt in villa Buigi diveisi libeii tenentes qui reddunt pei
ann ad IV dictos teiminos
XIX l VI s Et sunt ibidem
XXV custumaiii qui tenent
XXV viigatas teiiæ, & reddunt pei ann XXV s ad teiminos natalis Domini, & pascham. Item quilibet eoium
reddit

reddit per ann ad feftum natalis S. Johannis Baptiftæ V
d. Et eft fumma X f V d
Et quilibet eorum operabitur
a fefto S. Michaelis ufque ad
idem feftum anno revoluto
per tres dies in qualibet feptimana cum uno homine, exceptis IV feptimanis prædictis Et fi non operetur, dabit domino pro quolibet o-
pere ob & non plus, fecundum confuetudinem manerii.
Et eft fumma VIII l X f Et
quilibet eorum faciet tres a-
ruras in tribus feifonibus, fi
habuerit carucam propriam ad
cibum domini, & fi non habuerit nihil arabit, & valet
quælibet arura ultra reprifam,
III d Et eft fumma XVIII
f IX d Et quilibet eorum faciet duas precarias in autumpno cum duobus hominibus ad
cibum domini, & valet precaria ultra reprifam l d & eft
fumma IV f II d. Et funt i-
bidem feptem cotarii, qui reddunt per annum X f IV d
ad prædictos terminos Item
dicunt quod eft in villa Burgi quoddam forum quolibet
die Sabbati, cujus proficuum
tholneti valet per ann XL f
Item dicunt quod eft ibidem
quædam curia de Portman-
mot, cujus placita & perquifita valent per ann X f It
omnes cuftumarii prædicti dabunt per ann ad feftum S
Vol II. Michaelis

da feptuaginta quinque opera.
precium cujuflibet operis obolus.

DE aruris ibidem nihil refpondent, quia nihil per tempus hujus compoti feminabatur

ET de duobus folidis uno
denario de una precaria ibidem.

ET de duobus folidis feptem
denariis de redditu cotariorum ibidem de termino fancti
Michaelis
Et de fex folidis de tolneto
fori in villa Burgi per tempus hujus compoti.

Et de duobus folidis fex denariis de placitis & perquifitis unius curiæ de Portmanmot in prædicta villa Burgi
Et de duodecim libris de
auxilio cuftumariorum ejufdem
manerii de termino fancti Michaelis
A a a

ET de triginta folidis quatuor denariis de placitis & perquifitis unius curiæ ibidem cum quodam vifu poft feftum fancti Michaelis.

SUMMA omnium receptorum de manerio de Burgbiri una cum redditibus, tolnetis, & aliis, in villa de Burghe tempore regis, videlicet per fex ebdomadas, & quinque dies, viginti tres libræ tres folidi decem denarii q.

IIDEM refpondent de viginti folidis de recognitionibus cuftumariorum apud Glintone. Et de duodecim denariis de capitali mefuagio ibidem

ET de tribus folidis de proficuo unius molendini ventrici per tempus hujus compoti.

ET de fex folidis de paftura in manifco vendita

ET de octo folidis de reddita affifo libere tenentium pro tempore fancti Michaelis

ET de novem folidis feptem denariis obolo, de operibus undecim cuftumariorum ibidem operantium, in qualibet ebdomada, per tempus prædictum triginta tria opera, pretium operis obolus·

Michaelis de auxilio XII i. Item dicunt quod placita & perquifita curiæ ibidem cum quodam vifu in villa Burgi valent per ann XXIII f

SUMMA LXIV l. VII f IXd.

Glintone.

ITEM dicunt per facramentum fuum, quod eft in manerio de Glintone unum capitale mefuagium quod valet per annum cum uno gardino III f. Et unum molendinum ventricum quod valet per ann XX f. Et funt ibidem in dominico CXLVII acræ terræ arabilis, quæ valent per ann XLIX f pretium acræ IV d Et funt ibidem X acræ & dimidium prati quæ valent X f. VI d pretium acræ XII d. Et XVI acræ prati quæ valent per ann. VIII f pretium acræ VI d & non plus quia communiter emergitur Et eft ibidem quædam paftura in manifco cujus agiftimentum valet nunc per ann. LX f & non plus, quia emergitur per magnum tempus. Et funt ibidem VIII liberi tenentes, qui reddunt per annum ad prædictos IV terminos XXXII f Et funt ibidem XI nativi, quorum quilibet eorum tenet unum mefuagium, & I virgatam terræ, & reddunt per ann. ad terminos natalis Domini & paschæ IV ſ. VII d. Et quilibet eorum operabitur per tres dies in qualibet ſeptimana cum uno homine per totum ann. exceptis IV ſeptimanis prædictis; & ſi non operietur dabit domino pro quolibet opere ob & non plus, ſecundum conſuetudinem maneru, & eſt ſumma LXVI ſ. & quilibet eorum faciet duas precarias in autumpno ad cibum domini cum duobus hominibus, & valet precaria ultra repriſam I d & eſt ſumma XXII d Et quilibet eorum faciet tres aruras per ann in III ſerſonibus ad cibum domini ſi habuerit carucam propriam, & ſi non, nihil arabit, & valet qualibet arura ultra repriſam II. d Et eſt ſumma VI ſ VI d Et ſunt ibidem XII Sokemanni quorum quilibet eorum tenet unum meſuagium, & quandam particulam terræ, & quilibet eorum reddit per ann ad terminos natalis Domini & paſcha II d ob & eſt ſumma II ſ VI d Et quilibet eorum faciet tres aruras per ann in III ſerſonibus & valet qualibet arura ultra repriſam III d Et eſt ſumma IX ſ Et ſunt ibidem V cotarii, qui reddunt per ann ad prædictos quatuor terminos VII ſ VI d Et omnes cuſtumarii dant domino de auxilio ad

Et de undecim denariis de una precaria, ibidem per dictum tempus.

De aruris nihil reſpondent, quoniam nulla accidit tempore regis.

De Sokemannis nihil, quia nihil de eis accidit tempore regis.

Et de viginti duobus denariis obolo de redditu aſſiſo quinque cotariorum ibidem de termino ſancti Michaelis.

Et de novem libris de auxilio cuſtumariorum ibidem

Et de ſex denariis de placitis & perquiſitis curia ibidem

Summa totius recepti de Glintone undecim libræ decem ſolidi, undecim denarii.

IIDEM respondent de viginti sex solidis octo denariis de recognitionibus custumariorum apud Witheringtone:

ad festum S. Michaelis ex consuetudine IX l. Et placita & perquisita curiæ valent per ann. VI s. VIII d

SUMMA XXIII l VI s I d

Wytheringtone.

ET de sex denariis de proficuo capitalis mesuagii ibidem:

ITEM dicunt per sacramentum suum quod est apud Witheringtone unum capitale mesuagium quod valet per ann. XII d Et sunt in dominico CXXX aciæ terræ arabilis, quæ valent per ann XLIII s. IV d pretium aciæ IV d. Et sunt ibidem XIII aciæ prati, quæ valent per ann. XX l. VI d pretium aciæ XVIII d. Et est ibidem quoddam molendinum venticum, quod valet per annum XX s Et etiam ibidem de reddita assiso liberorum tenentium per ann. ad prædictos quatuor terminos XXXII s per æquales portiones. Et sunt ibidem X tenentes, quorum quilibet eorum tenet unum mesuagium, & XII acias terræ, & quilibet eorum reddit per ann. ad terminos natalis Domini & paschæ VIII d & est summa V l s VIII d Et sunt ibidem IX custumarii, qui tenent VIII virgatas terræ, & quilibet eorum reddit per ann ad terminos natalis Domini & pasch v VIII d. & est summa VI l Item qui

ET de tribus solidis quatuor denariis de proficuo unius molendini ventrici ibidem.

ET de octo solidis de redditu assiso liberorum tenentium de termino prædicto

ET de septem solidis decem denariis obolo de operibus novem custumariorum ibidem operantium per tempus prædictum, in qualibet septimana viginti septem opera, pretium cujuslibet operis obolus.

L i

liber

libet eorum operabitur per tres dies in qualibet septimana, cum uno homine, exceptis IV septimanis prædictis, & valet opus ob. Et est summa LIV s. & quilibet eorum faciet duas precarias in autumpno cum uno homine ad cibum domini, & valet opus ultra repasam ob. & est summa XX d. Et quilibet eorum faciet tres arruras per ann. in III seisonibus ad cibum domini, & valet qualibet arrura ultra repasam III d. & est summa VI s. IX d. Item sunt ibidem IV tenentes, qui tenent IV virgatas terre, & reddunt per ann. ad prædictos IV terminos XXXII s. & nihil operantur.

Item sunt ibidem VI tenentes quorum quilibet tenet unum cotagium & duas acras terre, & reddant per ann. IX s. ad prædictos IV terminos, & non operantur. Et omnes custumarii dant domino de auxilio ad festum S. Michaelis communibus annis VIII l. XLI s. IV d. Placita & perquisita curiæ valent per ann. V s.

Summa XXI l. IX s. IV d.

Waltone.

Jurati dicunt per sacramentum suum quod est apud Waltone

Et de quatuor denariis de una precaria.

Et de octo solidis de redditu assiso quatuor tenentium ibidem pro termino prædicto, & nihil operantur.

Et de duobus solidis tribus denariis de redditu assiso cotariorum ibidem pro termino prædicto:

Et de octo libris tredecim solidis quatuor denariis de auxilio custumariorum ibidem

Et de octo denariis de placitis & perquisitis unius curiæ ibidem

Summa totius recepti de Wytheringtone tempore regis undecim libræ undecim solidi

IIDEM respondent de tredecim solidis quatuor denariis de recognitionibus custumariorum apud Waltone.

Et de quatuor denariis de proficuo capitalis mesuagii ibidem.

Et de duodecim denariis de redditu duorum libere tenentium ibidem.

Et de septem solidis de operibus octo custumariorum operantium per tempus prædictum, in qualibet ebdomada viginti quatuor opera, pretium cujuslibet operis obolus

Et de viginti solidis de redditu sex custumariorum de termino sancti Michaelis & non operantur

Et de quindecim denariis de redditu cotariorum ad eundem terminum, & de LIII solidis quatuor denariis de auxilio ad festum sancti Michaelis.

tone unum capitale mesuagium quod valet per ann. XII d. Et sunt ibidem CXXV acriæ terræ arabilis, quæ valent per ann. XLI s VIII d pretium acræ IV d Et sunt ibidem VII acræ prati quæ valent per ann XI s. III d. pretium acræ XVIII d. Et non est ibi pastura nisi in communi marisco. Item dicunt quod sunt ibidem II liberi tenentes qui reddunt per ann IV s. ad IV terminos. Et sunt ibidem VIII custumarii qui tenent VIII virgatas terræ, & reddunt per ann V s IV d. viz pro qualibet virgata VIII ad natale Domini & ad Pascham, & quilibet eorum operabitur per tres dies in septimana per ann cum uno homine, exceptis IV septimanis prædictis. Et si non operetur, dabit domino pro quolibet opere ob. & non plus, secundum consuetudinem manerii· & est summa XLVIII s Et quilibet eorum faciet duas precarias in autumpno cum duobus hominibus ad cibum domini, & valet quælibet precaria ultra repasam I d & est summa XVI d. Et quilibet eorum faciet duas aruras per ann. unam yeme, & aliam quadragesima, ad cibum domini, si habuerit carucam propriam, & valet quælibet arura ultra repasam III d. & est summa

IV s

IV ſ. Item ſunt ibidem ſex
nativi, qui tenent ſex virgatas
terræ & reddunt per ann ad
prædictos IV terminos IV libras, & non operantur. Item
ſunt ibidem VI cotarii qui reddunt per ann ad prædictos IV
terminos V ſ Et omnes cuſtumarii dant domino de auxilio
ad feſtum S Michaelis LIII ſ.
IV d Et placita & perquiſita curiæ valent per ann II ſ
Summa XII l XVI ſ XI d.

Eyebiri.

Item juratores dicunt quod
eſt apud Eyebiri unum capitale meſuagium, cum quodam
parvo pirco adjacente, cujus
paſtura ultra ſuſtentationem
ferarum valet VI ſ VIII d.
Et ſubboſcus ejuſdem valet
per ann IV ſ Et eſt ibidem
unum molendinum ventri-
cum, quod valet per ann XIII
ſ. IV d Et ſunt ibidem CCX
acræ terra arabilis qua valent
per ann CV ſ pretium acra
VI d Et ſunt ibidem XXII
acra prati quæ valent per ann.
XXII ſ. pretium acra XII d.
& non plus, quia emergitur
Et eſt ibidem quadam paſtura
in marifco communi cujus proficuum valet per ann IV ſ.
Et ſunt ibidem X cuſtumarii
qui tenent X virgatas terra
& reddunt per ann VIII ſ
IV d.

Et de ſeptem denariis de
una precaria.

Et de ſex denariis de placitis & perquiſitis curiæ ibidem.

Summa totius recepti de
Waltone, tempore regis, quatuor libræ ſeptendecim ſolidi
quinque denarii.

Iidem reſpondent de decem
ſolidis de recognitionibus cuſtumariorum apud Eyebiri.

Et de duobus ſolidis de proficuo capitalis meſuagii ibi
dem

J ſ

ET de paſtura in parco adjacente vendita.

ET de viginti derariis de ſubboſco ibidem:

FT de duobusſolidis ſex denariis de proficuo unius molendini ventrici per dictum tempus.

ET de duodecim denariis de paſtura ibidem vendita.

ET de octo ſolidis novem denariis de operibus decem cuſtumariorum ibidem operantium per tempus prædictum, in qualibet ſeptimana triginta opera, pretium operis obolus.

ET de decem denariis de una precaria in autumpno.

FT de ſex denariis de redditu cotariorum ibidem

FT de quinquaginta ſolidis de auxilio cuſtumariorum.

FT de ſex denariis de perquiſitis curiæ ibidem.

SUMMA totius recepti de Fychun ſexaginta ſeptem ſolidi novem denarii.

IV d. viz. pro qualibet virgata X d. ad natale Domini & ad paſcham, & quilibet eorum operabitur per tres dies in ebdomada per ann exceptis IV ſeptimanis prædictis, & ſi non operetur, dabit domino pro quolibet opere ob. & non plus, ſecundum conſuetudinem manerii, & eſt ſumma LX ſ. & quilibet eorum faciet II aruras per ann. viz unam ad ſemen yemale, & aliam ad ſemen quadrageſimale ad cibum domini, ſi habuerit carucam propriam; & ſi non habuerit, nihil arabit & valet quælibet arura ultra repaſſam III d & eſt ſumma V ſ Et quilibet eorum faciet II precarias in autumpno cum II hominibus ad cibum domini, & valet opus ultra repaſſam ob & eſt ſumma XX d Et ſunt ibidem VI corum qui reddunt per ann II ſ ad IV terminos Et omnes cuſtumarii dabunt per ann ad feſtum S Michaelis de auxilio L ſ Et placita & perquiſita curie valent per ann. III ſ SUMMA XXIV I V ſ.

Undele.

IIIM dicunt juratores per ſacramentum ſuum quod eſt apud Undele unum capitale meſuagium cum curtilagio & ſine fine gardino cujus proficuum valet per ann. II f. & eft ibidem unum columbare quod valet per ann. IV f. Et funt ibidem duo molendina aquatica quæ valent per ann. C f. Item funt ibidem CLXX aciæ terræ arabilis quæ valent per ann IV l V f pretium aciæ VI d. Et funt ibidem XIV aciæ prati quæ valent per ann. XXVIII f pretium aciæ II f Et eft ibidem quædam paftura feparalis quæ valet per ann. VI f. VIII d Et funt in quodam loco qui vocatur le Bigginge infra dictum manerium in dominico CC aciæ terræ arabilis, quæ valent per ann L f pretium aciæ III d Et funt ibidem CCLX aciæ terræ arabilis quæ valent per ann XXI f VIII d pretium aciæ I d & non plus, quia tota fufca Et eft ibidem quidam parcus qui vocatur le Bigginge, cujus fubbofcus & herbagium ultra fuftentationem ferarum ibidem valent per ann XIII f IV d Et funt ibidem duo liberi tenentes qui reddunt per ann. ad prædictos IV terminos VIII f & I libram cymini ad natale Domini, pretium ob Et funt in villa de Undele XXXVII alii liberi tenentes qui tenent XXIV burgagia & reddunt per ann ad prædictos quatuor terminos, X l. IV f III d. ob.

IIDEM refpondent de viginti folidis de recognitionibus cuftumariorum apud Undele.

Et de octo denariis de proficuo capitalis mefuagii ibidem:

Et de duobus folidis de uno columbari ibidem:

Et de viginti folidis de proficuo duorum molendinorum aquaticorum ibidem:

Et de fex folidis octo denariis de fubbofco ibidem vendito

Et de duodecim denariis de paftura ibidem vendita

Et de viginti & uno denariis de redditu affifo duorum liberæ tenentium ibidem:

ET de quinquaginta & uno solidis uno denario de reddittu affiso aliorum libere tenentium in villa de Undele.

ET de viginti solidis de redditu assiso nativorum ibidem ad prædictum terminum.

ET de quadraginta tribus solidis quatuor denariis de redditu aliorum duodecim nativorum pro prædicto termino.

ET de duodecim denariis de una precaria

ET de decem solidis de tolneto unius fori ibidem:

ET de sex solidis novem denariis de redditu cotariorum ibidem.

De auxilio ad festum sancti Michaelis nihil, quoniam custumarii ibidem nihil dant de auxilio ad terminum prædictum

ET de duodecim denariis de perquisitis curiæ

SUMMA totius recepti de Undele per tempus prædictum novem libra quinque solidi tres denarii

d. ob. Et sunt ibidem XII nativi qui tenent inter se VIII virgatas terræ, & reddunt per ann ad prædictos IV terminos IV l. viz pro qualibet virgata X f Item quilibet eorum faciet unam aruram ad semen yemale ad cibum domini, & valet diæta ultra repriſam III d & est summa III f Item sunt ibidem XII nativi qui tenent VII virgatas terræ, & reddunt per ann. ad prædictos IV terminos, VIII l. XIII f. IV d. Item quilibet eorum faciet duas aruras per ann unam ad semen yemale & aliam ad semen quadragesimale, & valet arura V d Et est summa VII f. VI d. Et quilibet eorum faciet duas precarias in autumpno cum II hominibus ad cibum domini, & valet opus cujuslibet hominis per diem I d. & est summa XVIII d Et sunt ibidem XIX cotarii qui reddunt per ann XXVII f ad prædictos quatuor terminos Est ibidem quædam curia de Portmanmot quæ valet per ann cum tolneto cujusdam fori LIII f IV d Est ibidem quædam alia curia quæ valet per ann. III f IV d & prædicti custumarii nihil dant de auxilio per ann

SUMMA XLIII l XI f.

IbideM   Aschtone

Afchtone.

Item juratores dicunt per facramentum fuum, quod eft apud Afchtone unum capitale mefuagium fine gardino feu curtilagio, quod valet per ann. XII d. Et funt ibidem duo molendina aquatica, quæ reddunt per ann. ad prædictos IV terminos IV l. III f. IV d. Et funt ibidem in dominico CII acræ terræ arabilis quæ valent per ann. XXXIV f. pretium acræ IV d. Et funt ibidem X acræ prati & dimidium quæ valent per ann. XV f. IX d. pretium acræ XVIII d. Et funt ibidem II libere tenentes qui reddunt per ann. ad prædictos IV terminos V f. Et funt ibidem XIV nativi quorum quilibet tenet unum mefuagium & unam virgatam terræ, & reddunt per ann. CXII f. viz. pro qualibet virgata terræ VIII f. Item quilibet eorum faciet II aruras per ann. unam viz. ad femen yemale & aliam ad femen quadragefimale fine cibo, & valet quælibet arura V d. & eft fumma XI f. VIII d. Item quilibet eorum falcabit per II dies cum uno homine ad cibum domini & valet opus I d. Et eft fumma II f. IV d. Item funt ibidem II nativi

Iidem refpondent de viginti folidis de recognitionibus cuftumariorum apud Afchtone.

Et de quatuor denariis de proficuo capitalis mefuagii ibidem.

Et de viginti folidis de cem denariis de firma duorum molendinorum aquaticorum ibidem pro termino fancti Michaelis.

Et de quindecim denariis de redditu affifo quinque libere tenentium ad prædictum terminum.

Et de quinquaginta tribus folidis de redditu affifo quatuordecim nativorum ibidem ad eundem terminum.

Et de quatuordecim denariis de operibus cuftumariorum.

Et de fex folidis tribus denariis de redditu affifo aliorum duorum nativorum

Et de' duobus folidis novem denariis de redditu affifo duorum nativorum ibidem, qui tenent unam virgatam teriæ, & nihil operantur.

Et de uno denario obolo de redditu affifo unius cotarii ad eundem terminum.

Et de tribus denariis obolo de operibus prædicti cotarii operantis per prædictum tempus quolibet die Lunæ operabili, pretium operis obolus.

De auxilio ad festum fancti Michaelis nihil, quoniam prædicti custumarii nihil dant de auxilio ad dictum festum

Et de fex denariis de placitis & perquifitis curiæ ibidem

Summa totius recepti de Afchtone per dictum tempus centum fex folidi fex denarii.

Iidem refpondent de XL folidis de recognitionibus cuftumariorum apud Wermingtone.

Et de quatuordecim denariis de proficuo capitalis mefuagii ibidem·

3   Et

qui tenent duas virgatas teiræ & dimidium, & reddunt per ann. ad prædictos IV terminos XXV f & nihil operantur. Item funt ibidem duo cuftumarii qui tenent unam virgatam teiræ, & reddunt per ann. XI f. ad prædictos IV terminos & nihil operantur Item dicunt quod eft ibidem unus cotarius qui reddit per ann ad prædictos terminos VI d & operabitur quolibet die lunæ a fefto nativitatis S. Johannis Baptiftæ ufque feftum fancti Michaelis, & valet opus per diem ob. & eft fumma VII d Item dicunt quod prædicti cuftumarii nihil dant de auxilio ad feftum S Michaelis Et placita & perquifita curiæ valent per ann III f.

Summa XV l. VII f. XI d.

Wermingtone.

Item dicunt juratores, quod eft apud Wermingtone unum capitale mefuagium quod valet per ann cum gardinis & vivariis adjacentibus V f. Et eft ibidem unum columbare quod valet per ann III f. Et funt ibidem duo molendina aquatica quæ valent per ann. C f. Et funt ibidem in dominico CCCX acra terræ arabilis quæ valent per ann. VII l. XV f. pretium acræ VI d.

VI d. Et sunt ibidem XXXI
aciæ prati quæ valent per ann.
LXII f pretium aciæ II f
Est etiam ibidem quædam pastura quæ valet per ann VI
f. VIII d Et sunt ibidem X
liberi tenentes qui reddunt
per ann LXXVIII f ad præ-
dictos IV terminos Et sunt
ibidem XI custumarii qui te
nent XXXIII & dimidiam virgatam terra, & reddunt per
ann ad terminos natalis Domini & paschæ XVI f. VI d
viz pro qualibet virgata terræ VI d Item quælibet virgata terræ operabitur a festo
S Michaelis usque idem festum anno revoluto in qualibet septimana per tres dies
cum uno homine, & si non o-
peretur, dabit domino pro quolibet opere ob & est summa IX
f XV f Et quilibet earum
faciet II precarias in autumpno cum III hominibus ad cibum domini, & valet opus cujuslibet per diem ob & est summa VIII f I d ob Et qua-
libet earum facet duas aruras in
II seisonibus per ann ad cibum domini, & valet quælibet arura ultra reprisam III d
& est summa XVI f Et qui-
libet eorum dabit I gallinam
ad festum natalis Domini, pretium I d Et est summa III
f V d Et sunt ibidem V a-
cremanni, quorum quilibet tenet unum mesuagium & dimi-

Et de octodecim denariis de
uno columbari per dictum tempus.

Et de viginti solidis de proficuo duorum molendinorum
aquaticorum ibidem.

Et de duodecim denariis de
pastura ibidem vendita

Et de novendecim solidis
sex denariis de redditu assiso
liberorum tenentium ibidem:

Et de viginti octo solidis
sex denariis quadrante de operibus quadraginta & unius custumariorum operantium per
prædictum tempus in qualibet
septimana nonaginta septem o-
pera & dimidium, pretium o-
peris obolus

Et de decem solidis de redditu quinque acremannorum
ad festum sancti Michaelis &
nihil operantur

Et de sexdecim denariis
quadrante de una precaria

Et de quindecim solidis de
redditu assiso aliorum sex nativorum pro prædicto termino,
& nihil operantur

Et de tribus denariis de una precaria ibidem:

Et de duobus solidis de redditu affiso cotariorum ibidem ad eundem terminum.

Et de quatuordecim libris sex solidis octo denariis de auxilio custumariorum ibidem ad eundem terminum

Et de octodecim denariis de placitis & perquifitis curiæ ibidem·

Summa totius recepti de manerio de Warmingtone, viginti & una libræ octo solidi quatuor denarii obolus

Idem respondent de sexaginta solidis de recognitionibus custumariorum apud Keteringe

Et de quindecim denariis de proficuo capitalis mesuagii ibidem

diam virgatam terræ, & reddunt per ann ad prædictos quatuor terminos XL s. & nihil operantur Et sunt ibidem VI tenentes quorum quilibet tenet unam virgatam terræ, & reddunt per ann ad prædictos quatuor terminos LX s viz pro qualibet virgata X s & quilibet eorum faciet duas precarias in autumpno cum II hominibus ad cibum domini, & valet opus ultra repriisam ob & est summa VI d. Et sunt ibidem VI cotarii qui reddunt per ann ad prædictos quatuor terminos VIII s Et prædicti custumarii dant domino per ann de auxilio ad festum sancti Michaelis XIV I VI s. VIII d. & placita & perquifita curiæ valent per ann X s

Summa LII I XIII s IV d. ob

Keteringe.

Item dicunt juratores per sacramentum suum, quod est apud Keteringe unum capitale mesuagium cum II gardinis & uno vivario quæ valent per ann VI s. VIII d It est ibidem unum columbare quod valet per ann IV s Et sunt ibidem duo molendina, quorum unum aquaticum per dictum vivarium, & aliud ventriticum, & valent per ann

I i

LXXIII

LXXIII ſ IV d. Eſt etiam ibidem quoddam forum per diem Veneris, cujus tolnetum valet per ann XVI ſ Et ſunt ibidem in dominico CCC aciæ teriæ arabilis quæ valent per ann C ſ pretium aciæ IV d Et ſunt ibidem XVI aciæ prati & dimidium quæ valent per ann. XXXIII ſ pretium aciæ duo ſ Iſt etiam ibidem quædam paſtura ſeperalis quæ valet per ann, III ſ IV d Et alia paſtura communis quæ valet per ann IV ſ Et ſunt ibidem XL cuſtumarii qui tenent inter ſe XXXIV virgatas terræ, & reddunt pro qualibet virgata teria ad terminos natalis Domini & Paſchæ duodecim d It eſt ſumma XXXIV ſ Et quælibet virgata terræ operabitur per totum ann per duos dies cum uno homine qualibet ſeptimana, exceptis quatuor ſeptimanis prædictis, & ſi non operetur, dabit domino pro qualibet opere ob & non plus ſecundum conſuetudinem manerii, & eſt ſumma VI l XVI ſ It præter hoc omnes cuſtumarii debent CC acias terræ prædictæ de dominico quolibet anno warectare, rebinare, arare, & cum bladis domini ſeminare, herciare, ſarclare, metere, colligere, ligare & domi cariare, & valet opus cujuſlibet aciæ per ann XV

Et de duobus ſolidis de proficuo unius columbarii per dictum tempus ibidem

Et de duobus ſolidis de proficuo unius columbarii ibidem per dictum tempus

Et de tredecim ſolidis quatuor denariis de proficuo duorum molendinorum aquaticorum ibidem

Et de tribus ſolidis quatuor denariis de proficuo tolneti fori ibidem

Et de duodecim denariis de paſtura ibidem vendita

Et de novendecim ſolidis decem denariis de operibus quadraginta cuſtumariorum operantium per prædictum tempus in qualibet ſeptimana ſexaginta octo opera, pretium operis obolus

De aliis operibus quæ ſunt ibidem, ut de bladis metendis, ligandis, & cariandis nihil, quia nullum tale opus accidit tempore hujus compoti

Et de duodecim ſolidis de redditu aſſiſo ſexdecim aciemannorum pro termino ſancti Michaelis, & nihil operantur

Li

8

Et de feptendecim folidis uno denario obolo de redditu cotariorum ibidem pro prædicto termino

Et de quindecim libris fex folidis octo denariis de auxilio cuftumariorum ibidem ad feftum fancti Michaelis

Et de fexdecim folidis de placitis & perquifitis curiæ ibidem cum quodam vifu poft feftum fancti Michaelis

Et de quindecim libris de centum acris terræ feminatis cum filigine de bonis conventus, & cum operibus cuftamariorum ad eafdem feminandas expenfis fic venditis abbati fuccedenti in groffo

Summa omnium receptorum de manerio de Keteringe per dictum tempus quadraginti libræ duo folidi quinque denarii obolus

Idem refpondent de triginta folidis de recognitione cuftumariorum apud Cotingham

Et de decem denariis de proficuo capitalis mefuagii ibidem per dictum tempus :

b   Et

XV d & eft fumma XII l X f. Et iidem cuftumarii debent C acras prædictæ terræ dominicæ quolibet anno warectare, & rebinare, & valet opus cujuflibet acræ per ann VI d & eft fumma L f Et funt ibidem fexdecim acremanni qui tenent inter fe XLIII acras terræ, & reddunt per ann ad prædictos quatuor terminos XLVIII f & nihil operantur Et funt ibidem XXIV cotarii, qui reddunt per ann ad prædictos quatuor terminos LXVIII f VI d Et omnes cuftumarii dant domino ad feftum S Michaelis de auxilio ex confuetudine XV l VI f VIII d Item dicunt quod placita & perquifita curiæ valent per ann. cum duobus vifibus franci plegii XXX f

Summa LVII l III f VI d.

Cotingham.

Item dicunt juratores, quod eft apud Cotingham unum capitale mefuagium quod valet per ann III f & unum columbare quod valet per ann. II f VI d Et eft ibidem unum molendinum aquaticum quod valet per ann XLVI f VIII d Et funt ibidem in dominico CLIII acræ terræ arabilis quæ valent per ann. LXXVI f. VI

VI d. pretium aciæ VI d. Et sunt ibidem XII aciæ prati & dimidium, quæ valent per ann. XXV s. pretium aciæ III. Et est ibidem quidam boscas cujus proficuum nihil valet per ann. præter housbote & heybote, quia in forelta domini regis apud Rokingham. Item dicunt quod est ibidem de redditu assiso unius liberi tenentis per ann. IV s. ad prædictos quatuor terminos. Et sunt ibidem XXX custumarii qui tenent inter se XXI virgatas terræ, & reddunt per ann. ad terminos natalis Domini & paschæ XXI s. viz. pro qualibet virgata terræ XII d. & quælibet virgata terræ operabitur per totum annum in qualibet ebdomada cum uno homine per duos dies, exceptis quatuor septimanis prædictis. Et si non operetur, dabit domino pro quolibet opere ob. & est summa IV l. IV s. Et quælibet virgata faciet duas aruras per ann. ad cibum domini in II seisonibus. Et valet qualibet arura ultra repurfam III d. & est summa X s. VI d. Et qualibet earum faciet duas precarias in autumpno cum uno homine ad cibum domini, & valet opus ultra repurfam ob. & est summa XXI d. Et omnes custumarii dant domino de auxilio ad festum

Vol. II. S. Michaelis

Et de quindecim denariis de uno columbari per tempus prædictum

Et de duodecim solidis de proficuo unius molendini aquatici ibidem

Et de duodecim denariis de redditu assiso unius liberi tenentis ibidem, ad festum sancti Michaelis:

Et de duodecim solidis tribus denariis obolo de operibus triginta custumariorum ibidem operantium per tempus prædictum, in qualibet septimana quadraginta duo opera, pretium operis obolus:

Et de centum solidis de auxilio custumariorum ibidem ad festum sancti Michaelis

E e e   E

ET de fex folidis fex denaiiis de placitis & peiquifitis
unius cuiiæ cum quodam vifu poft feftum fancti Michaelis

SUMMA omnium ieccpto-
rum de manciio de Coting-
ham per tempus prædictum
octo libræ quatuor folidi octo
denaiii obolus.

IIDEM iefpondent de fex-
decim folidis de iecognitionibus cuftumarioium apud Sta-
newiggc.

ET de quatuoi denaiiis de
pioficuo capitalis mefuagii i-
bidem.

Lr de duodecim denariis de
pioficuo unius columbaiis ibidem:

Er de quindecim folidis de
fiima unius molendini aquatici ibidem ad feftum fancti
Michaelis:

Lr de viginti denaiiis de ied-
ditu affifo de liberis tenentibus ibidem ad prædictum tei-
minum:

Er

S Michaelis IV l. & placita
& peiquifita cuiiæ valent per
ann cum duobus vifibus X f
SUMMA XIX l. IV f. XI d.

Stanewigge.

ITEM dicunt juiatoies, quod
eft apud Stanewigge unum capitale mefuagium fine gaidi-
no feu cuitilagio quod valet
pei ann XII d. & unum co-
lumbaie quod valet pei ann.
II f & unum molendinum a-
quaticum quod ieddit pei
ann ad prædictos quatuoi tci-
minos LX f Ft funt ibidem
in dominico CXVI aciæ teiiæ
aiabilis quæ valent pei ann.
LVIII f. pietium acræ VI
d. Et funt ibidem XIX a-
cræ piati quæ valent per
ann. XXXVIII f pietium a-
ciæ II f Ft funt ibidem fex
libeii tenentes qui ieddunt per
ann. ad piædictos quatuoi tci-
minos VI f VI d. Ft funt i-
bidem XX cuftumaiii qui ie-
nent intei fc XIV viigatas tci-
iæ, unde ieddunt pei ann ad
feftum puiificationis beatæ Maiiæ XXVI f & ad feftum S.
Johannis Baptiftæ IV f VIII
d. pio quadam confuetudine
quæ vocatui Wethiifilvii, &
quælibei dictaium viigataium
teiiæ opeiabitui in qualibet
feptimana pei duos dies cum
uno homine pei iotum annum,

exceptis

exceptis IV septimanis prædictis, & si non operetur, dabit domino pro quolibet opere ob & est summa LVI s. Et quilibet de illis custumariis dabit domino ad festum natalis Domini unam gallinam, pretio I d. Et est summa XX d. & X ova ad pascham, & est summa CLXXX quæ valent per ann. VIII d. ob. q. Et omnes ei stamatii prædicti dabunt per annum de auxilio ad festum sancti Michaelis LXVI s. VIII d. Et placita & perquisita curiæ ibidem valent per ann. cum duobus visibus VI s. VIII d. & non plus communibus annis, quia nulli debent sectam ibidem nisi prædicti tenentes.

SUMMA XVI l. VII s. X d. ob. q.

Et de octo solidis tribus denariis de operibus viginti custumariorum ibidem operantium per prædictum tempus in qualibet septimana viginti octo opera, pretium cujuslibet operis obolus.

Et de sexaginta sex solidis octo denariis de auxilio custumariorum ad festum sancti Michaelis ibidem.

Et de tribus solidis sex denariis de perquisitis unius curiæ ibidem cum quodam visu post festum sancti Michaelis.

SUMMA omnium receptorum de manerio de Stanewigge per dictum tempus centum duodecim solidi quinque denarii.

Irtlingburghe.

ITEM dicunt juratores, quod est apud Irtlinburghe unum capitale mesuagium quod valet per ann. cum quodam clauso XX d. Et est ibidem unum molendinum venticicum quod valet per ann. XXVI s. VIII d. Et sunt ibidem in dominico LXX acræ terræ arabilis quæ valent per ann. XXIII s. IV d. pretium acræ IV d. Et sunt ibidem XXI acræ prati quæ valent per
pet

IIDEM respondent de viginti solidis de recognitionibus custumariorum apud Irtlingburgh.

Et de sex denariis de proficuo capitalis mesuagii ibidem.

Et de sex solidis octo denariis de proficuo unius molendini ventrici ibidem per dictum tempus.

Et de duobus solidis de pastura ibidem vendita.
Et

Et de duobus solidis septem denariis obolo de reddicu asfiso libere tenentium de termino sancti Michaelis:

Et de undecim solidis sex denariis pro operibus terrae dominicæ:

Et de quinque solidis tribus denariis de operibus viginti trium custumariorum operantium per prædictum tempus, in qualibet septimana octodecim opera, pretium operis obolus

Et de quinque solidis sex denariis de reddicu cotariorum ibidem ad prædictum terminum.

Et de sexaginta sex solidis octo denariis de auxilio custumariorum ibidem ad festum sancti Michaelis

Et de decem denariis de placitis & perquisitis curiæ ibidem:

per ann. XLII s prætium acræ II s. Et est ibidem quædam pastura quæ valet per ann VI s VIII d. Et sunt ibidem VII libere tenentes qui reddunt per ann X s VI d. ad prædictos quatuor terminos.

Et sunt ibidem XXIII custumarii qui tenent inter se XVIII virgatas terræ, & reddunt per ann ad terminos natalis Domini & paschæ LXXII s & prædicti custumarii debent quolibet anno warectare, rebinare, arare, seminare, cum bladis domini herciare, sarclare, metere, colligere, ligare, adunare, domi cariare XLVI acias dictæ terra, & valet opus cujuslibet aciæ terræ XV d. & est summa LVII s VI d. Et prædicti custumarii debent quolibet anno warectare, & rebinare XXIV acias prædictæ terræ dominicæ, & valet opus cujuslibet aciæ VI d & est summa XII s Et præter hoc quælibet virgata terriæ operabitur per I diem cum uno homine in qualibet septimana per totum annum, exceptis IV septimanis prædictis: & si non operetur, dabit domino pro quolibet opere ob. & est summa XXXVI s. Item sunt ibidem XV cotarii qui reddunt per ann ad prædictos IV terminos XXII s. Et omnes custumarii prædicti dant domino per ann.

SUMMA

de

de auxilio ad feftum S Michaelis LXVI f VIII d Et placita & perquifita curiæ ibidem valent pei ann V f.

SUMMA XVIII l XII f.

Northburghe.

ITEM dicunt quod eft apud Northburge unum capitale mefuagium quod valet pei ann. II f. & funt ibidem LXX acræ teriæ arabilis quæ valent pei ann XLVI f VIII d. prctium acræ VIII d Et funt ibidem VII acræ piati, quæ valent pei ann XIV f pietium aciæ II f Et eft ibidem quædam paftura communis qua valet per ann V f

SUMMA LXVII f VIII d.

Norhamtone.

ITEM dicunt juratores quod abbas de Burgo S Petri habet in comitatu Norhamtoniæ Hundreda fubfcripta, viz Naffum Burgi, Pokebroke, Okeflowe, & Navisforde, quæ tenentur de tribus feptimanis in tres feptimanas, quorum placita & perquifita curiæ valent per ann IV l Lt funt in quolibet prædictorum hundredorum duo magni turni pei ann viz. poft pafcham & poft feftum S Michaelis qui valent

Vol. II.   per

SUMMA omnium receptorum de manerio de Litlingburgh pei dictum tempus fex libiæ octodecim denaiii obolus.

IIDEM refpondent de octo denariis de proficuo capitalis mefuagii apud Northburgh:

Et de duodecim denariis de paftura ibidem vendita.

SUMMA totius recepti de Northburgh viginti denaiii pei tempus prædictum.

IIDIM refpondent de triginta folidis quatuor denaiiis de placitis & perquifitis quatuor hundredorum in comitatu Norhamtoniæ, fumma hundredorum patet.

IIDEM respondent de sex libris de quatuor turnis in quatuor hundredis post festum sancti Michaelis

SUMMA de turnis patet.

IIDEM respondent de viginti sex solidis octo denariis de recognitionibus custumariorum apud Tynewelle.

ET de decem denariis de proficuo capitalis mesuagii ibidem:

ET de octodecim denariis de uno columbari ibidem.

ET de quatuor solidis quatuor denariis de proficuo unius molendini aquatici ibidem per dictum tempus

ET de sex denariis de pastura vendita.

ET de decem denariis de redditu assiso unius libere tenentis, de termino sancti Michaelis.

per ann. auxilio vicecomitis X l. VI s VIII d.

SUMMA hundredorum cum turnis XIV l VI s. VIII d. summa praedictorum maneriorum cum hundredis & turnis in comitatu Northamtoniæ CCCC IX l. X s. II d ob. q

ITEM dicunt juratores quod est apud Tinewelle unum capitale mesuagium quod valet per ann. II s. Et unum columbare quod valet per ann. III s Est etiam ibidem unum molendinum aquaticum debile quod valet per ann. XX s. Et sunt ibidem in dominico CX acræ terræ arabilis quæ valent per ann. XXXVI s. VIII d pretium acræ IV d. Et sunt ibidem XI acræ prati quæ valent per ann XXII s pretium acræ II s Et sunt ibidem III acræ prati quæ valent per ann III s pretium acræ XII d Et pastura communis valet per ann II s. Et est ibidem de redditu assiso de uno libere tenente per ann III s III d. Et sunt ibidem & in Ingethorp XXVI custumarii qui tenent XIX virgatas terræ & reddunt per ann. ad natale Domini & ad pascham XXII s. IV d. viz pro qualibet virgata XIV d. Et quælibet virgata operabitur per duos dies in qualibet septimana cum uno homine per totum annum exceptis quatuor septimanis praedictis.

prædictis, & si non operetur, dabit domino pro quolibet opere ob & est summa LXXVI s & quælibet earum faciet duas precarias per annum ad cibum domini cum duobus hominibus, & valet dicta ultra reprisam I d & est summa III s II d Et quælibet virgata faciet III aruras per ann in III sarsonibus ad cibum domini, & valet quælibet arura ultra reprisam III d. & est summa XIV s III d Item dicunt quod sunt ibidem VI cotarii qui reddunt per ann ad prædictos IV terminos IX s Et prædicti custumarii dant domino de auxilio per ann ad festum S Michaelis C s Et placita & perquisita curiæ valent per ann cum duobus visibus X s & non plus communibus annis, quia nihil dant de chevagio seu de certo fine

SUMMA XVI l VI s IX d.

Estone.

ITEM dicunt juratores super sacramentum suum quod est apud Estone unum capitale mesuagium quod valet per ann II s & unum molendinum ventriticum quod valet per ann. XL s Et sunt ibidem in dominico CCCX acræ terræ arabilis quæ valent per ann. VII l XV s pretium

Et de undecim solidis uno denario de operibus viginti sex custumariorum operantium per tempus hujus compoti viz in qualibet septimana triginta octo opera, pretium operis obolus.

Et de viginti denariis de una precaria ibidem

Et de duobus solidis tribus denariis de redditu cotariorum ibidem ad eundem terminum:

Et de centum solidis de auxilio custumariorum ibidem ad dictum terminum sancti Michaelis

Et de sex solidis sex denariis de placitis & perquisitis unius curiæ cum quodam visu ibidem.

SUMMA omnium receptorum per tempus hujus compoti de manerio de Tynewelle septem libra sexdecim solidi unus denarius.

IIDEM respondent de XL solidis de recognitionibus custumariorum apud Estone.

Et de octo denariis de proficuo capitalis mesuagii ibidem:

Et

ET de septem solidis de proficuo unius molendini ventrici per tempus hujus compoti.

FT de tribus solidis quatuor denariis de bosco ibidem vendito

FT de quindecim solidis novem denariis de operibus viginti custumariorum ibidem operantium per tempus hujus compoti, in qualibet septimana quinquaginta quatuor opera, pretium operis obolus.

FT de quinque solidis quatuor denariis de redditu assiso sexdecim sokemannorum de termino sancti Michaelis

ET de quindecim denariis de redditu assiso unius tenentis ad dictum terminum sancti Michaelis.

IT de undecim libris tredecim solidis quatuor denariis de auxilio custumariorum ibidem

tium acræ II s Et est ibidem quidam boscus cujus subboscus valet per ann VI s VIII d & non plus communibus annis, quia communis. Et dicunt quod non sunt ibi liberi tenentes nisi qui tenent per servitium militare Et sunt ibidem XX custumarii qui tenent inter se XVIII virgatas terræ, & reddunt per ann. ad natale Domini & pascham XXXVI s viz. pro qualibet virgata II s Et quælibet virgata terræ operabitur per tres dies in qualibet septimana cum uno homine per totum ann. exceptis quatuor septimanis prædictis, & si non operetur, dabit domino pro quolibet opere ob & est summa CIV s & quælibet virgata faciet III aruras per ann. ad cibum domini si habuerit carucam propriam, & valet quælibet arura ultra reprisam III d & est summa XIII s X d ob Et qualibet virgata faciet I precariam in autumpno ad cibum domini, & valet opus ultra reprisam ob & est summa IX d. Et quilibet eorum dabit domino ad natale Domini unam gallinam, pretio I denarii, & est summa XX d Et quilibet eorum dabit domino ad pascham X ova, & est summa CLXXX & valent per ann IX d q pretio centenæ V d. Et sunt ibidem XXVI

I r   Sokemanni

sokemanni qui tenent inter se VIII virgatas terræ, & reddunt per ann ad IV terminos XXI s IV d. Et quilibet eorum faciet duas aruras per ann in II seisonibus ad cibum domini, & valet qualibet arura ultra repisam III d & est summa XIII s & quilibet eorum faciet unam precariam in autumpno cum uno homine ad cibum domini, & valet opus ultra repisam ob & est summa XIII d. Et est ibidem quidam tenens qui reddit per ann ad prædictos IV terminos V s & facit duas aruras per ann ad cibum domini, & valent ultra repisam VI d Et omnes prædicti custum ii dant domino ad festum S Michaelis per ann de auxilio X l XIII s IV d Et placita & perquisita curiæ valent per ann cum II visibus franci plegii, XL s

Summa XXXVI X s I d ob q

Colingham.

Item dicunt juratores super sacramentum suum quod est apud Colingham unum capitale mesuagium cum quodam parvo vivario, quæ valent per ann III s IV d Et est ibidem unum columbare quod valet per ann III s VI d Item

Et de viginti uno solidis sex denariis de perquisitis unius curiæ ibidem cum quodam visu post festum sancti Michaelis

Summa omnium receptorum de manerio de I stone per tempus hujus compoti, sexdecim libræ octo solidi duo denarii

De redditu assiso unius liberi tenentis de uno termino, & de auxilio custumariorum ad festum sancti Michaelis, & de placitis & perquisitis curiæ de hoc manerio de I stone, una cum summa receptorum de eodem plenarie notata in præcedenti parte hujus folii.

Iidem respondent de quadraginta solidis de recognitione custumariorum apud Colingham

Et de duodecim denariis de proficuo capitalis mesuagii ibidem

Et de viginti duobus denariis de proficuo unius columbaris ibidem

Et de duobus solidis de pastura ibidem vendita.

Et de octodecim denariis de quadam seperali piscaria ibidem.

De proficuo cunicularis nihil per dictum tempus

Et de septem solidis sex denariis de proficuo duorum molendinorum ventricorum

Et de duodecim solidis novem denariis obolo quadrante de redditu assiso quinque liberi tenentium ibidem ad festum sancti Michaelis.

Et de septendecim solidis tribus denariis de redditu assiso quadraginta sokemannorum ad eundem terminum

3

dicunt quod sunt ibidem in dominico CCVIII acræ terræ arabilis, quæ valent per ann LXIX s IV d. pretium aciæ IV d. Item sunt ibidem XV aciæ prati quæ valent per ann. XXII s VI d pretium acræ XVIII d Est etiam ibidem quædam pastura communis quæ valet per ann VI s Et est ibidem quædam alia pastura quæ vocatur Stones, quæ continet tres acias, & valet per ann XII d. Et est ibidem quædam alia pastura communis quæ valet per ann III s. Item est ibidem quædam piscaria siperalis quæ valet per ann X s. Est etiam ibidem quoddam cuniculare quod valet per ann XII d Sunt etiam ibidem duo molendina ventritica quæ valent per ann ultra reprisam LIII s IV d Item dicunt quod sunt ibidem V liberi tenentes qui reddunt per ann LI s II d ob viz ad terminos natalis Domini, paschani, S Johannis & S Michaelis, per æquales portiones Item sunt ibidem XL sokemanni qui tenent inter se XLVI bovatas terræ, unde reddunt pro qualibet bovata terra per annum ad prædictos terminos XVIII d & est summa LXIX s Item quilibet eorum prædictorum sokemannorum facit duas aruras per ann. ad cibum domini cum quot

Di

quot averiis habuerint junctis in caruca, viz. unam yemalem, aliam quadragesimalem, & valet quælibet arura II d Et est summa XIII f IV d Item quilibet eorum farclabit per unum diem cum uno homine, & valet opus ob & est summa XX d Et quilibet eorum falcabit per unum diem cum uno homine, & metet per unum diem cum uno homine, & valet opus cujuslibet hominis per diem ob & est summa III f IV d Item dicunt quod sunt ibidem XIII custumarii, quorum quilibet tenet duas bovatas teriæ, & reddunt per ann ad prædictos quatuor terminos XIII f per æquales portiones, & quilibet eorum faciet duas aruras per ann viz unam yemalem & aliam quadragesimalem, & valet quælibet arura II d & non plus, quia si non habuerit carucam propriam, nihil arabit secundum consuetudinem manerii, & est summa IV f IV d Item quilibet eorum operabitur a festo S Michaelis usque ad idem festum anno revoluto per duos dies in qualibet septimana cum uno homine, exceptis quatuor septimanis prædictis, & si non operctur, dabit domino pro quolibet opere ob & non plus, secundum consuetudinem manerii, & est summa LVI f. & II d Item dicunt

De aliis operibus prædictorum sokemannorum nihil, quia nullum opus accidit tempore hujus compoti.

Et de tribus solidis tribus denariis de redditu assiso tredecim custumariorum ibidem pro prædicto termino.

Et de septem solidis septem denariis de operibus eorundem operantium per tempus prædictum, in qualibet septimana viginti sex opera, pretium operis obolus.

Et de quinque solidis de redditu assiso de decem cotariis ibidem ad eundem terminum:

Et de tredecim libris sex solidis octo denariis de auxilio custumariorum ibidem ad eundem terminum

Et de duobus solidis de placitis & perquisitis curiæ per dictum tempus ibidem.

SUMMA

dicunt quod funt ibidem X cotaiii qui ieddunt per ann. XX f. ad piædictos quatuoi teiminos per æquales portiones. Item quilibet eoium cotariorum opeiabitui pei unum diem in autumpno cum uno homine; & valet opus ob. fecundum confuetudinem manerii, & eft fumma V d. Et omnes cuftumaiii, fokemanni, & cotaiii dant domino ad feftum S. Michaelis de auxilio XIII l. VI f. VIII d. ex confuetudine. Item dicunt quod placita & peiquifita cuiiæ valent per ann XIII f IV d.

SUMMA XXXIV l. IV f. V d ob.

Fiskirtone.

ITEM dicunt juratoies fupei faciamentum fuum quod eft apud Fifkeitone unum capitale mefuagium quod valet pei ann. cum cuitilagio & vivaiio adjacentibus VI f VIII d. Eft etiam ibidem unum columbaie quod valet pei ann. II f. Item funt ibidem CCCX aciæ teiiæ aiabilis, quæ valent pei ann VII l. XV f. pietium aciæ VI d Et funt ibidem XXX aciæ piati, quæ valent per ann. LX f pietium aciæ II f Eft etiam ibidem quidam bofcus cujus fubbofcus valet pei ann. X l & pafluia

SUMMA totius recepti de maneiio de Colingham pei tempus hujus compoti octodecim libiæ octo folidi quatuoi denaiii obolus quadians

IIDEM iefpondent de ccntum folidis de iecognitionibus cuftumaiioium apud Fifkiitone

ET de fexdecim denaiiis de pioficuo capitalis mefuagii ibidem

Ii de duodecim denaiiis de pioficuo unius columbaiis

pastura prædicti bosci valet per ann VI ſ VIII d. Item est ibidem unum molendinum ventriticum quod reddit per ann LIII ſ & IV d ad prædictos quatuor terminos Item est ibidem quædam piscaria in ripa de Wythem, quæ reddit per ann LIII ſ. & IV d Item dicunt quod sunt ibidem IV liberi tenentes qui reddunt per ann XXVI ſ VIII d ad quatuor terminos prædictos per æquales portiones. Item sunt ibidem XXXIII custumarii qui tenent LXVI bovatas terræ & reddunt per ann. ad prædictos IV terminos viz natalis Domini, paschæ, S Johannis & S Michaelis IV ſ VIII ſ viz pro qualibet bovata terræ XVI d & quilibet eorum faciet tres arutas per annum ad cibum domini, viz. unam yemalem, & aliam quadragesimalem & tertiam æstivalem, ſi habuerit carucam propriam, & valet quælibet arura ultra repisam II d & est summa XVI ſ VI d Item quilibet eorum operabitur a festo S Michaelis usque ad idem festum anno revoluto, exceptis IV septimanis prædictis, in qualibet septimana per duos dies cum uno homine, & ſi non operetur, dabit domino pro quolibet opere ob & est summa VII. XII ſ. Et quilibet eorum faciet duas

Vol. II   piscarias

ET de centum solidis de subbosco ibidem vendito.

Di pastura nihil respondent, quia nulli erant emptores per dictum tempus

Et de tredecim solidis quatuor denariis de firma unius molendini ventritici

Et de tredecim solidis quatuor denariis de firma unius piscariæ ibidem in ripa de Wythem ad festum sancti Michaelis.

Et de sex solidis octo denariis de redditu assiso liberorum tenentium ibidem ad eundem terminum

Et de viginti duobus solidis de redditu de triginta tribus custumariis ibidem ad festum sancti Michaelis

Et de novendecim solidis tribus denariis obolo de operibus prædictorum custumariorum iiorum ibidem operantium per prædictum tempus in qualibet septimana sexaginta sex opera, pretium operis obolus.

Et de septem solidis de redditu assiso viginti unius aliorum custumariorum de termino prædicto:

Et de sex solidis uno denario obolo de operibus prædictorum custumariorum operantium per tempus prædictum in qualibet septimana viginti unum opera, pretium operis obolus:

Et de undecim solidis tribus denariis de redditu assiso viginti novem custumariorum in Sudbroc & Scotthorne pro termino prædicto:

Et de decem solidis undecim denariis de redditu assiso triginta cotariorum in Fiskirtone, Refham, Sudbroke & Scotthorn pro termino prædicto

Et de septendecim libris tredecim solidis quatuor denariis de auxilio custumariorum ad festum sancti Michaelis:

precarias in autumpno ad cibum domini, cum II hominibus, & valet opus cujuslibet hominis ultra reprisam I d & est summa XI s Et sunt ibidem XXI custumarii qui tenent XXI bovatas terræ, & reddunt per ann ad prædictos quatuor terminos XXVIII s viz. pro qualibet bovata terræ XVI d & quilibet eorum operabitur in qualibet septimana per unum diem cum uno homine per totum ann exceptis IV septimanis prædictis. Et si non operetur, dabit domino pro quolibet opere ob. & est summa XLII s & arabunt inter se XXI aruras in tribus seisonibus ad cibum domini, & valet quælibet arura ultra reprisam II d. & est summa III s VI d.

Item dicunt quod sunt in Sudbroc & Scotthorn XXIX custumarii, qui tenent inter se XXXIV bovatas terræ, & reddunt per ann. ad prædictos IV terminos XLV s viz pro qualibet bovata XV d. Et quilibet eorum faciet tres aruras per ann ad cibum domini in tribus seisonibus prædictis, si habuerit carucam propriam, & valet quælibet arura ultra reprisam II d Et est summa XXIV s. VI d Item dicunt quod sunt in Fiskirtone Refham, Sudbroc, & Scotthorn XXX cotarii, qui reddunt

Et

dunt

dant pei ann. XLIII ſ VIII
d Et omnes cuſtumaii dant
domino de auxilio ad feſtum
S Michaelis XVI l XIII ſ.
IV d Item dicunt quod placita & peiquiſita cuiiæ valent
pei ann cum duobus viſibus
Fianci plegii XXX ſ

Summa LXIX l XIV d.

Scotere.

Item dicunt juiatoies quod
eſt apud Scoteie unum capitale meſuagium quod valet
pei ann cum uno vivaiio V
ſ Et eſt ibidem unum columbaie quod valet pei ann III
ſ Sunt etiam ibidem in do-
miuico CCV aciæ teiiæ a-
rabilis, quæ valent pei ann.
LXVIII ſ IV d pietium a-
ciæ IV d. Et ſunt ibidem
XXX aciæ prati quæ valent
pei ann XLV ſ pretium a-
ciæ XVIII d Eſt etiam ibidem
quædam paſtuia quæ valet per
ann. VI ſ VIII d Et eſt ibidem unus boſcus cujus ſubboſcus valet pei ann VIſ. VIII
d Et eſt ibidem unum mo-
lendinum ventiiticum quod valet pei ann XL ſ Item ſunt
ibidem quinque liberi tenentes
qui ieddant pei ann XX ſ.
Item dicunt quod ſunt ibidem
XX ſokemanni qui tenent intei ſe XX bovatas teiiæ, &
ieddunt pei ann. ad piædictos

Et de ſexdecim ſolidis de
placitis & perquiſitis cuiiæ
ibidem cum quodam viſu poſt
feſtum ſancti Michaelis

Summa totius recepti de maneiio de Fiſkiitone cum mem-
biis pei tempus hujus compoti tiiginta quatuoi libiæ novendecim denaiii.

Iidem ieſpondent de qua-
diaginta ſolidis de recognitionibus cuſtumaiioium apud
Scoteie.

Et de ſexdecim denaiiis
de pioficuo capitalis meſuagii
ibidem :

Et de octodecim denaiiis de
pioficuo unius columbaris ibidem :

Et de duodecim denaiiis de
paſtuia ibidem vendita

Et de tiibus ſolidis quatuor
denaiiis de ſubboſco ibidem
vendito.

Et de decem ſolidis de u-
no molendino ventiitico

Et

Et de quinque solidis de reddītu assiso liberorum tenentium ibidem ad festum sancti Michaelis.

Et de duodecim solidis sex denariis de reddītu assiso viginti sokemannorum ibidem ad eandem terminum.

Et de decem denariis de una precaria ibidem

Et de sexdecim solidis uno denario obolo de reddītu assiso quadraginta trium custumariorum ibidem ad eundem terminum.

Et de duodecim solidis sex denariis obolo de operibus eorundem custumariorum operantium in qualibet septimana per tempus prædictum quadraginta tria opera, pretium opeis obolus.

Et de sex solidis uno denario obolo de reddītu assiso octodecim cotariorum pro prædicto termino

Et de tredecim libris sex solidis octo denariis de auxilio omnium custumariorum ad festum sancti Michaelis.

Et de undecim solidis sex denariis de placitis & perquisitis unius curiæ forinsecæ cum quodam visu post festum sancti Michaelis

Et de decem denariis de placitis

tos quatuor terminos L s. Et quilibet eorum faciet tres aruras per ann. in tribus seisonibus ad cibum domini, & valet quælibet arura ultra repisam II d Et est summa X s. Et quilibet eorum faciet tres precarias in autumpno ad cibum domini cum uno homine, & valet opus ultra repisam ob. Et est summa II s. & VI d. Et sunt ibidem XLIII custumarii, qui tenent XLIII bovatas terræ, & reddunt per ann. ad prædictos terminos LXIV s VI d. viz pro qualibet bovata XVIII d Et quilibet eorum operabitur per totum ann exceptis quatuor septimanis prædictis, in qualibet septimana per unum diem cum uno homine Et si non operetur, dabit domino pro qualibet opere ob & est summa IV l. V s Et quilibet eorum faciet tres aruras per ann in tribus seisonibus prædictis, si habuerit carucam propriam ad cibum domini, & valet quælibet arura II d & est summa XXI s VI d Et sunt ibidem XVIII cotarii qui reddunt per ann XXIV s VI d. Et omnes custumarii, sokemanni, & cotarii dant domino de auxilio ad festum S. Michaelis XIII l VI s VIII d. Item dicunt quod est ibidem una curia forinseca cujus placita & perquisita valent per ann cum duobus

duobus visibus XX s. & quædam alia curia de manerio prædicto quæ valet per ann. VI s. VIII d.

SUMMA XXXVII l. VI s.

Walcote.

ITEM dicunt juratores quod est apud Walcote unum capitale mesuagium quod valet per ann. XVIII d. Est etiam ibidem unum columbare quod valet per ann. III s. VI d. Et sunt ibidem in dominico CIII acræ terræ arabilis, quæ valent per ann. LI s. VI d. pretium acræ VI d. Et est ibidem quædam placea prati quæ continet V acras, & valet per ann. X s. Est etiam ibidem unum molendinum ventriticum quod valet per ann. XIII s. IV d. Et sunt ibidem duo liberi tenentes qui reddunt per ann. ad prædictos terminos IV s. VIII d. Et sunt ibidem XVI custumarii qui tenent inter se XVIII bovatas terræ, & reddunt per ann. ad prædictos terminos XXVII s. viz. pro qualibet bovata XVIII d. Et quilibet eorum operabitur per totum annum exceptis quatuor septimanis prædictis in qualibet septimana per unum diem cum uno homine, & si non operetur, dabit domino pro quolibet opere

Vol. II.   ob.

placitis & perquisitis curiæ custumariorum ibidem:

SUMMA totius recepti de manerio de Scotere per tempus prædictum novendecim libræ novem solidi tres denarii obolus

ITEM respondent de viginti solidis de recognitionibus custumariorum apud Walcote

ET de sex denariis de proficuo capitalis mesuagii ibidem.

ET de viginti uno denariis de proficuo unius columbaris ibidem per dictam tempus.

ET de duobus solidis sex denariis de proficuo unius molendini ventrici per tempus hujus compoti

ET de quatuordecim denariis de redditu assiso duorum liberorum tenentium ad festum sancti Michaelis

ET de sex solidis novem denariis de redditu assiso sexdecim custumariorum ibidem ad dictam tempus

ET de quatuor folidis octo denariis de operibus eorundem operantium in qualibet feptimana per tempus prædictum fexdecim opera, pretium operis obolus·

Et de octodecim denariis de redditu affifo quatuor corariorum ibidem:

Et de quadraginta folidis de auxilio cuftumariorum ibidem ad feftum prædictum

Et de octo denariis de perquifitis unius curiæ ibidem:

SUMMA totius recepti de manerio de Walcote fuper Humbrum per dictum tempus feptuaginta novem folidi fex denarii.

IIDEM refpondent de tredecim folidis quatuor denariis de recognitionibus cuftumariorum apud Thurleby:

Et de fex denariis de proficuo capitalis mefuagii ibidem.

Et de octo denariis de proficuo unius columbarii

ob & eft fumma XXXIII f. Et quilibet corum faciet duas aruras per ann. ad cibum domini fi habuerit carucam propriam, ut fupradictum eft, & valet quælibet arura ultra repafam duobus d Et eft fumma V f IV d Et funt ibidem IV cotarii qui reddunt per ann ad prædictos quatuor terminos VI f Et cuftumarii dant domino de auxilio ad feftum S Michaelis XL f & placita & perquifita curiæ valent per ann III f IV d.

SUMMA IX f XIX f II d

Thurleby.

Item dicunt juratores quod eft apud Thurleby un um capitale mefuagium quod valet per ann XII d Et eft ibidem unum columbare quod valet per ann XX d Sunt etiam ibidem in dominico LV acræ terræ & dimidium, quæ valent per ann XVIII f pretium acræ IV d Sunt etiam ibidem IV acræ prati quæ valent per ann VIII f Et eft ibidem quædam paftura in marifco in communi quæ valet per ann VI f VIII d Eft etiam ibidem quidam bofcus cujus fubbofcus valet per ann III f IV d Sunt ibi IV liberi tenentes qui reddunt per ann ad prædictos IV terminos

minos XVIII ſ Sunt etiam
ibidem XII cuſtumarii qui tenent XII bovatas teriæ, &
reddunt per ann ad natale
& paſcha XVI ſ viz pro qualibet bovata XVI d Item quilibet eorum operabitur in qualibet ſeptimana per duos dies
per ann cum uno homine
exceptis quatuor ſeptimanis
prædictis, & valet opus ob.
& non plus ſecundum conſuetudinem manerii, & eſt ſumma XLVIII ſ Et quilibet e-
orum faciet duas aruras per
ann in duobus ſaiſonibus ad
cibum domini, & valet arura ultra repriſam III d & eſt
ſumma VI ſ Et quilibet e-
orum faciet duas precarias in
autumpno cum uno homine
ad cibum domini, & valet o-
pus ultra repriſam ob e eſt
ſumma XII d Et quilibet e-
orum dabit domino unam gallinam ad natale Domini, pretio I d & eſt ſumma XII d
Et precarii cuſtumarii dant
domino per ann ad feſtum
S Michaelis de auxilio XXIII
ſ IV d Item dicunt quod
pratum de pinguibar cum vale-
bit per ann cum duabus
ribus falcat plegii VI ſ
VIII d

Summa XII ſ XIII ſ
VIII d

Et de duodecim denariis de
paſtura vendita in mariſco:

Et de duobus ſolidis de ſub
boſco ibidem vendito.

Et de quatuor ſolidis ſex denariis de redditu iſtorum quatu-
or liberorum tenentium ibidem ad feſtum ſancti Michaeli

Et de ſeptem ſolidis de o-
peribus duodecim cuſtumarii
orum operantium in qualibet
ſeptimana, viginti quatuor o-
pera, precium operis obolus.

Et de ſex denariis de u-
na precaria in autumpno i-
bidem

Et de viginti tribus ſolidis
quatuor denariis de redditu
cuſtumariorum diſti manerii ad feſtum ſancti Michaeli

Et de tribus ſolidis octo
denariis de precariis cuſ-
ibidem cum quadam vel poſt
feſtum ſancti Michaeli

Summa totius recepti de
manerio de Thoklesby per di-
tum tempus quinquaginta ſex
ſolidis ſex denarii

IIDEM respondent de quinque solidis de redditu quorundam tenentium in Stanforde ad festum sancti Michaelis.

ET de undecim solidis sex denariis de perquisitis unius curiæ ibidem cum quodam visu post festum sancti Michaelis:

SUMMA totius recepti de Stanforde per dictum tempus sexdecim solidi sex denarii.

SUMMA omnium receptorum de maneriis abbatis supradictis per tempus prædictum ducentæ septuaginta quatuor libræ octo solidi quinque denarii obolus.

Stanforde.

ITEM dicunt juratores quod in Stanforde sunt diversi liberi tenentes qui reddunt per ann. ad prædictos IV terminos XX s. Item dicunt quod est ibidem quædam curia tenta de III septimanis in tres septimanas & valet per ann. cum duobus visibus XX s.

SUMMA XL s

SUMMA maneriorum abbatis de Burgo de baronia in comitatibus Lincolniæ Notinghamiæ, Leicestriæ, & Rotelandiæ CCXII l VI s ob.

SUMMA omnium maneriorum abbatis de Burgo de Baronia tam in comitatu Norhamptoniæ, quam in comitatibus Lincolniæ, Notinghamiæ, Leycestriæ & Rotelandiæ, cum hundredis & turnis, DCXXI l. XVI s. III d. q

HISTORIÆ
Coenobii Burgensis
CONTINUATIO
Per *ANONYMUM*

Abbas Adam de Botheby MCCCXXI

ANNO Domini millesimo trecentesimo, vicesimo primo, Godefrido de Croylande quondam abbate monasterii de Burgo sancti Petri, ordinis sancti Benedicti, Lincolniensis Dioecesios, viam universæ carnis ingresso viz. XII Kal. Septembris, ipsius quoque corpore ecclesiasticæ sepultura tradito, fratre Alexandro de Wistowe ipsius monasterii priore, una cum aliis monasterii ejusdem monachis in domo capitulari hora consueta congregatis, ac morte ejusdem domini Godefridi eisdem notificata, petita prius a domino Edwardo rege Angliæ, filio regis Edwardi, de electione facienda licentia, petita & optenta, ac deliberatione inter se habita diligenti, diem septimum mensis Septembris in loco capitulari ad electionem futuri prælati in ipso loco celebrandam præfixerunt & assignarunt· quo die adveniente, dictis priore & monachis convenientibus dictam electionem faciendis, ut prius comparentibus, ac deliberatione aliquali præhabita per quam viam esset in hujus electionis negotio procedendum, tandem placuit omnibus & singulis per viam procedere compromissi, ecclesiæ desolatæ de pastore providere, Unde dictus conventus nullo penitus discordante, in duodecim comonachis plenam potestatem ad eligendum abbatem dicti monasterii concesserunt   Qui quidem compromissarii fratrem Adam de Botheby tunc dicti monasterii subcellerarium divina favente clementia concorditer in abbatem & pastorem ipsius monasterii dicto septimo die elegerunt

Qua quidem electione coram priore & conventu prædictis in forma juris proposita, & tandem eodem die post horam nonam præfato electo præsentata, idem electus electioni de se factæ, utilitate dicti monasterii posita, annuit & consensit, & statim eodem die versus dictum dominum regem consensum ejusdem petiturus iter arripuit

Temporalibus dicti monasterii in manibus dicti regis a tempore vacationis ejusdem continuo existentibus, & licet idem electus prædictum dominum regem primo Londoniæ & postea Roucestriæ, ubi familia ipsius domini regis aliquamdiu morabatur, diligenter quæsivisset, certa tamen nova de eodem domino rege, ubi videlicet personaliter inveniri posset, per duodecim dies continue expectando in dicta civitate Roucestriæ idem electus cum familia sua continua morabatur, & explorare non potuit, nisi quatenus ex relatu quorundam didicit, quod idem dominus rex in insula de Tenet juxta Cantuariam permansit, transfretationem domini Hugonis le Despencer expectando   Qui quidem dominus Hugo a regno Angliæ de consensu majorum totius regni relegationi deputatus extitit & addictus.   Quo quidem supradicto relatu plenius intellecto, dictus electus versus dominum regem ad locum in

re dictum

tedictam, ex confilio domini Rogeri de Northborou tunc garderobæ domini regis thefaurarii & aliorum amicorum, iter arripuit, ac domino regi in dicta infula exiftenti fuerat præfentatus, & electioni de fe factæ negotium humiliter extitit expofitum, implorando quod regiæ fuæ majeftatis electioni prædictæ fuum præbere dignaretur affenfum. Cujus benevolentia graciter impetrata Londoniam eft reverfus, & fic dictus electus verfus dominum Henricum tunc Lincolniæ epifcopum apud Bokedene exiftentem confirmationem fuæ electionis petiit inftanter. Idem tamen dominus epifcopus variis ut afferuit tunc præpeditus negotiis, ad negotium præfatum terminandum intendere nequivit, fed quod ibidem electus coram eo in ecclefia parochiali de Stevingtone in comitatu Bedeforfiæ in dicto electionis negotio proceffurus, & recepturus quod juftum foret, compareret [ad] certum diem præfixum. Quo die adveniente idem electus coram dicto domino epifcopo loco præfixo comparuit, & electionis fuæ confirmationem in forma juris inftanter petiit.

Tandem poft multas altercationes idem dominus prædictam electionem canonicam fore pronunciavit, & pontificali autoritate tanquam canonicam confirmavit prædictum. Poft quam quidem confirmationem, ficut præmittitur, non fine gravibus laboribus & expenfis habitam, idem electus confirmatus iterum verfus dominum regem præfatum, pro temporalibus fuis, [per] prædictum dominum regem & ipfius miniftros tempore vacationis dicti monafterii occupatis, recuperandis & liberandis iter fuum arripuit. Quem idem electus confirmatus in caftro de Porceftria in diœcefi Ciceftriæ fupra mare poft multos & diverfos labores invenit. Coram quo idem electus negotium fuum propofuit, & ut idem dominus rex fidelitatem fuam admitteret, & temporalia dicti monafterii juxta confuetudinem regni liberaret, inftanter petiit. Idemque dominus rex fidelitatem dicti electi accepit per manus domini Ricardi de Eyremine, qui figillum privatum ejufdem domini regis tunc detulit, & domino cancellario Angliæ tunc Londoniæ commoranti per literas fuas fub privato figillo, quod temporalia dicti monafterii prælato electo reftitueret, fcribi mandavit & fecit.

Solutis quoque poftea feodis diverfis per electum prælatum marefcallo domini regis, & camerario, ut eft moris, quæ

fe

se extendebant ad decem libras sterlingorum, idem electus Londoniam rediit, & diversa brevia in cancellaria ipsius domini regis ad excaetores ejusdem pro temporalibus suis liberand, juxta mandatum domini regis sub sigillo suo privato, praedicto domino cancellario prius directum impetravit. Ipsaque brevia [ad] excaetores domini regis, timore oppressionum diversarum, de quibus iidem excaetores comminabantur, celeriter transmisit. Et sic idem electus per finem CCCXXXII lib VI sol VIII den. quæ faciunt quingentas marcas, domino regi solvendarum pro tempore vacationis monasterii praedicti, temporalia sua de manibus domini regis liberavit & adquisivit, pro quibus sicut praemittitur, celeriter liberandis, idem electus excaetoribus & aliis LXVI lib IX sol X den. præter expensas diversas eorundem, quæ extendunt in pecunia XII lib XIX sol III den. Solvit etiam præter expensas per mensam quas fecit frater Ricardus de Offorde monachus tunc senescallus de Burgo, & Johannes de Monklane tunc subescaetor domini regis in comitatu Northamptoniæ circa compotum ordinandum, faciendum, & reddendum, apud Westmaster ad scaccarium domini regis pro tempore vacationis praedictæ, quæ sunt VII lib & IX sol. Et præter unam annuam pensionem C sol & unam robam, quam habuit Ricardus de Rodeneye tunc excaetor domini regis pro filio suo. Et unam annuam pensionem C sol quam habuit dominus rex jure suo regio pro magistro Willelmo de Maldone tunc domini regis notario. Et se extendunt expensæ praedictæ cum fine facto domino regi præter annuas expentiones & victualia [ad] CCCCXLI lib IV sol II den. quæ faciunt in marcis DCLXI marcas, XI sol V den. Quibus per praedictum electum sicut praemittitur expeditis, munereque benedictionis eidem electo per præfatum dominum episcopum die dominico proximo post festum S. Luini anno Domini supradicto in ecclesia de Bradewelle, prout decuit, impenso, idem frater Adam de Botheby tunc abbas monasterii præfati, primo ad manerium suum de Ketennge, postea ad manerium de Eye accessit, & ibidem usque festum conceptionis virginis gloriosæ ex tunc proximum futurum moram traxit. Eodemque die per officialem domini archidiaconi Northamtoniæ, auctoritate domini episcopi Lincolniensis, in corporalem possessionem dicti monasterii inductus fuit, & per eundem officialem installatus. Et

licet

licet item officialis palefridum domini abbatis pro feodo suo peat, nihil tamen nomine feodi reportavit. His supradictis expeditis, descendendum est ad expensas varias singulorum annorum temporis sui.

In primis idem abbas cum feodis & pensionibus non solutis, ac etiam creditoribus pro diversis generibus bladorum emptis, quia caristia bladi fuit nimis excessiva per sex annos, propter sterilitatem terrae, & inundationes aquarum, & quasi continue supererant, Computatis istis autem omnibus & singulis, cum fuit abbas e pleris, indebitabitur de tempore praedecessoris sui de MCCLXXI lib. li. f. V den. ob. Quod quidem debitum idem Adam abbas tempore suo persolvit. Item eodem anno dominus Thomas comes Lancastriae una cum aliis comitibus & proceribus regni contra dominum regem insurrexerunt, ac domino regi apud pontem de Burtone obviam dederant. In subsidium cujus guerrae idem abbas Adam praedicto domino regi de mandato domini regis contulit CXXXIII lib. VI sol. VIII den. Item eodem anno idem abbas praedictus domino regi ad gulam Augusti pro servitio suo versus Scotiam CC lib. & pro auro reginae XX lib. persolvit. Item cum clerus provinciae Cantuariae praedicto domino regi quinque denarios de marca in sui subsidium concessissent, idem abbas pro portione sua praefato regi XIV lib. XI sol. VIII den. persolvit. Et sic extendunt solutiones praedicta praedicto domino regi facta [ad] CCCLXVII lib. XVIII sol. IV den. Summa solutionum praedictarum tam pro vacatione quam aliis expensis circa alia recuperandi, quam domino regi, ut praemittitur, ex causis praedictis factarum, viz. a tempore obitus Godefridi abbatis usque ad festum sancti Michaelis proximum sequens, & ab illo festo usque ad idem festum anno suo primo finiente, una cum emptione bladorum & aliam MMMCCCCLXIII lib. XIII sol. V den.

Item eodem anno tanta sterilitas terrae ratione inundationis aquarum quasi continuo supererat, quod omnia blada ad omnia maneria, ad dictum monasterium illo anno pertinentia pro expensis dicti monasterii usque festum purificationis nequaquam sufficere poterant, sed a dicto festo purificationis usque ad gulam Augusti ex tunc proximum sequentem idem abbas omnia bladorum genera, quae per dictum tempus pro expensis in ipso monasterio faciendis requirebantur, & per suos ministros emi fecit, viz. CCCCXCI quarteria VII esk & dim frumenti, XI quarteria III esk siliginis, CCCCXVII quarteria VI esk ordei, CCXCI quarteria avenæ, LXVII quarteria, VI esk fabarum, CCLXXV quarteria, duo esk brasei ordei, duo quarteria brasei diageti, & decem quarteria VI esk moturæ emptum Summa quarteriorum emptorum, MDLXIX quarteria, I esk & dimidium Summa prædictorum in pecunia DCXXIX lib XIX fol IV den ob. q & erat custus singulorum quarteriorum omnium bladorum multum excessivus ut patet in compoto Sic idem abbas de anno in annum tempore suo bladum, quæ se extendunt temporibus suis in pecunia numerata ad MCCXL lib II fol I den ob præter venditiones qualcunque factas. Et ne recedatur a memoria qualiter omnes prædecessores istius abbatis sufficientiam bosci pro focali temporibus suis sine emptione quacunque possederunt sicut in alnetis, Burgfen, Tolneholt, & Peykirkefirth: Tempore tamen dicti abbatis fiebat emptio continua singulis annis prætextu defectus focalis, ratione inundationis aquarum, & corruptionis dictorum alnetorum, & aliarum sylvarum cæduarum, videlicet CCCLXXX lib VIII fol XI den Propterea inter alia infortunia, pestilentia sive morina animalium sic contigit immensa, ut in primo anno suo expendit in stauro, emptum de claro CXXXIII lib II fol V den & sic per plures annos in sui principio permanebat, quod prætextu dictæ morinæ per XVI annos, quæ se extendebat ad XIV MXXXIII animalia, dictus abbas solvit in denariis pro recuperatione stauri maneriorum per XIII annos, MCCXIII lib XI fol XI den nam trina vice omnia animalia empta pro prædictis maneriis continue moriebantur, excepta emptione in annis postmodum futuris

Anno secundo dicti abbatis accidit, quod per nuncium alicuius cujusdam fratris prædicatoris eisdem abbati & conventui constabat, quod quatuor albæ cartæ falsæ, fabricatæ ad modum sigilli abbatis & conventus Londoniæ extiterant consignatæ, una cum quodam scripto obligatorio CC lib. sigillo abbatis & conventus false fabricato & consignato, adjecta conditione in eodem scripto, quod si abbas & conventus in solutione terminis in ipsa obligatione contentis deficerent facienda

facienda, extunc C lib nomine pœnæ in subsidium terræ sanctæ
applicandis persolverent una cum sorte prænotati. Quibus,
per abbatem & conventum prædictos, conceptis & intellectis,
fratrem Gilbertum de Asfokbi commonachum eorundem ad
explorandum de præmissis celerius destinarunt. Qui de mandato superiorum quidem Londoniam accedens & cum prædicto fratre prædicatore colloquium habens de præmissis, quis
cartas albas & obligationem prædictam habuit, concepit, &
non tunc magna difficultate ipsas obligationem & cartas vidit. Licet idem frater Gilbertus abbatem & conventum
de hujus obligatione & cartis, quod de ipsorum consensu nullatenus ordinaverunt, quantum potuit excusavit, ipsas tamen
obligationem & cartas sine redemptione immensa recuperare
non potuit, sed inducias XX dierum ad consulendum dominos abbatem & conventum super his cum difficultate optinuit, & sic apud Burgum rediit, & quæ vidit abbati & conventui ac eorum consilio nunciavit, qui non sine turbatio-
ne maxima consilium eorum, ut quid in tanto periculo cau-
tius foret agendum ordinarent, convocari fecerunt, & habita
plena deliberatione cum eisdem, quod hujus cartæ & obliga-
tio, ex quibus dampna intolerabilia dicto monasterio provenire possent, redimerentur, ordinarunt. Super quibus præfatum
fratrem Gilbertum Londonias remiserunt, cum summa pecuniæ viz L lib & gravibus laboribus & aliis expensis ipsis cartas & obligationem redemit, & ipsis usque Burgum detulit. & in capitulo, abbate & conventu præsentibus, ostendi, & literam obligatoriam legi & etiam ibidem can-
cellari fecit.

Item eodem anno quidem Willelmus de Ascheby tunc senescallus libertatis domini abbatis, duas albas cartas sigillo abbatis & conventus signatas apud Stanewigge pro XX marcis
redemit. Nec potuit aliquis cognoscere sigillum fabricatum
& sigillum conventus nisi conjunctim apponerentur, & vix tunc,
quia tunc plures monachi non cognoscebant. Nec movea-
tur quis quod talium cartarum cum sigillis fabricatarum redemp-
tio emergebat, quia, qui possidebant illas Londoniis maxime
manebantur, nisi de adeptione earum celerius tractaretur,
ad manus domini Hugonis filii domini Hugonis le Espen-
ser devolverentur, quem tunc tanquam domini regis consili-
arium habebant, & illius timore præ oculis inito ad finem
levius

levius perducitur prælocutum Item anno prædicto cum cleius provinciæ Cantuariæ domino regi decimas concessissent, idem dominus abbas solvit pro portione sua XLVIII lib XVIII sol XI den   Item eodem anno construxit de novo quandam grangiam lapideam apud Glintone de sumptibus ———

In emptione bladorum eodem anno, super venditiones quascunque factas, CCCLXXIII lib IX sol VII den ob In stauro empto CXIX lib XIX sol

Anno tertio idem dominus abbas solvit domino regi pro decima per dominum Johannem papam XXII de clero concessa XLVIII lib XVIII sol XI den Nota, cum oppressionibus & pestilentiis prædictis per ipsum abbatem & conventum diligenter consideratis, volentes expensis non statum suum ære alieno quamplurimum oneratum quantum poterant relevare, ut idem dominus abbas cum aliquali familia ad partes Oxoniæ se transferret, ordinarunt Idem quoque dominus abbas, sicut præmittitur, consultus in die sancti Marci evangelistæ ad partes illas se transtulit, & per VI menses ibidem moram trahens & casualiter dum ibi moram traxit, contingebant incendia domorum in die sanctorum Gordiani & Epimachi in le Hythegate, Prestegate & in Marketstede apud Burgum, quod redditus dicti abbatis minuebantur fere in C sol annuatim Item accidit eodem anno quod cum humida in quadam grangia magna lapidicina & de novo constructa per abbatem Godefridum in manerio de Eye una cum omnibus bladis ad dictum manerium pertinentibus reponerentur, ex foeno prædicto ignis generatur unde prædicta grangia cum omnibus bladis prædictis, quæ juxta communem æstimationem ad MCCC quarteria se extendebant, penitus concrematur Idem abbas expendit circa reparationem prædictæ grangiæ præter grossum meremium & præter expensas immensas ——— In emptione bladorum, super venditiones qualescunque factas, CX lib XVIII sol IV den In stauro empto, CL lib IX sol X den.

Anno quarto idem abbas domino regi solvit pro decima per prædictum dominum papam commissa tunc currente XLVIII lib. XVIII sol XI den In emptione bladorum super venditiones qualescunque factas CCLXXV lib. XIII sol. I den In stauro empto

empto CLXVII lib VI fol VIII den Item eodem anno accidit, quod cum mancinum de Toipel & Uptone ad manus dicti Edmundi de Wodeftoke, tunc comitis Canciæ, fratris Eduuardi regis, filii regis Edwardi, de novo perveniffet, ac oppreffiones hominibus dicti domini abbatis fibi & in manciis fuis frequenter per fe & miniftros fuos intuliffet, ac idem abbas in ifto parliamento Londoniæ tractatum habens cum dicto comite & fuis, de confilio fuo confiderans & attendens pericula majora futura ratione duritiæ & dominationis anxiæ dicti comitis temporibus futuris imminere, ductus confilio fuorum, tandem tales mediatores erga dictum comitem habuit, quod dictum mancrium ab ipfo comite ad firmam recepit pro CVI lib XIII fol IV den eidem comiti pro firma præfata annuatim folvendis, idem tamen mancrium juxta verum valorem LXXX lib fummam annuatim non exceffit. Sed quia idem dominus abbas oppreffiones prædictas evitare voluit, de confenfu conventus & totius confilii fui præfatum mancrium pro fumma ita exceffiva ad firmam admifit Et fuerunt folutiones dicti maneiii de Toipel majores per fex annos quam firmam de CCCCXLVII lib. VI fol IX den

Anno quinto cum dominus Edwardus de Carnarevan filius regis Edwardi fuiffet apud Watercutone juxta Walmisforde, idem abbas expendit in dicto domino rege & familia fua, viz. in exeniis & aliis donis XXIII lib X fol In emptione bladorum fuper venditiones quafcunque factas CCXV lib. XIV fol IV den In ftauro empto CLVII lib XIII fol. XII den

Anno fexto dominus Edwardus tertius a conqueftu, filius regis Edwardi, in fefto pafchæ ex tunc proximo futuro una cum regina matre fua domini Ifabella, & dominus Johannes de Eltham frater domini regis & comes Cornubiæ & dux foliores domini regis cum aliis comitibus, nec non tribus epifcopis cum cancellaria fua apud Burgum venit, & feftum fuum pafchale ibidem tenuit, ac per decem dies continue moram traxit. In quibus præfatus abbas in donis diverfis, viz in pecunia numerata, in jocalibus & aliis diverfis donis præter pafctidum & præter Judaium, panem vinum & cervifiam de ftauro [expendit] CCCCLXXXVII lib VI fol V den. Item eodem anno idem abbas cartas diverfas de libertatibus per progenitores dicti domini regis ecclefia de Burgo

Vol. II   M m m   conceffis

concessas confirmari, & aliquas libertates in eisdem de novo addi fecit, & unam novam cartam de uno saltero habendo ad parcum de Bygginge, & de prædicto domino rege tunc impetravit. Pro quibus LIII lib. XIII sol. IV den. dicto domino regi solvit.

Item eodem anno solvit domino regi, pro servitio in Scotia, quando idem dominus rex Scotos in parco de Stanhop obsedit, & ipsos Scotos ad fugam posuit, C libras, & pro auro reginæ X libras In emptione bladorum super venditiones quascunque fictas CXL lib XIX sol VII den ob. In staurio empto LXXX lib II sol I den

Anno septimo idem abbas solvit domino regi pro decimis sibi concessis XLVIII lib IV sol. VIII den ob Item idem abbas eodem anno expendit in exenniis factis domino regi apud Undel & Stanford commoranti XXXIV lib VII sol IV den Eodem anno contigit quod justitiarii itinerantes domini regis Northamptoniæ sedebant Ad quam quidem villam idem dominus abbas, prior, & quatuor monachi, cum familia sua in crastino omnium sanctorum personaliter accessit, & usque translationem beati martyris cum magna familia ibidem moram traxit, & hospitium magnum & onerosum valde tenuit, [ad] justitiarios & alios nobiles quoscunque ibidem commorantes sepius convivandum, libertates insuper ecclesiæ de Burgo, de quibus prius dubium vertebatur allocari, coram domino Galfrido le Scroup & sociis suis per diversa placita & onerosa faciunt allocatæ In quacunque etiam actione contra ecclesiam de Burgo in dicto itinere mota semper optinuit, nec in aliquo succubuit quovismodo.

Accidit quippe quod dominus Galfridus de la Mare miles, cui tria feoda militum de dicto abbate in Makeseye & Thorleby tenuit, anno Domini MCCCXXVII diem suum clausit extremum, & sepultus est apud Burgum sancti Petri in capella beata Mariæ juxta antecessores suos

Dictus vero dominus Galfridus tenuit de comite Herfordia viz de domino Johanne Bown in Essex terras & tenementi per feodum militare Prædictus vero Galfridus tres duxit uxores, ex tertia uxore, scilicet Margareta nomine, prægnante in abbatia de Burgo sancti Petri, dimisit, & postea in eadem abbatia ratione partus sui per aliquod tempus custodita, filium masculum peperit, quem amici sui fecerunt in monasterio Burgi baptizati & Calfridum nuncupati. Et quia dominus Galfridus prædictus dum vixit duas habuit sorores, quarum unam dictus Radulphus de Crombwelle, & aliam dominus Johannes de Foleville duxit in uxorem, qui prædicta Margaretæ imposuerunt quod uxor legitima dicti Galfridi non extitit, sed concubina, ex hoc arguentes, quod Galfridus puer prælatus extitit illegitimus & de legitimo thoro nullatenus procreatus, & sic patri suo prædicto jure hæreditario succedere non valebat.

Super quibus dictæ sorores contra dictum puerum Galfridum primo in consistorio Lincolniensi, & postea in curia de arcubus causam movebant. Quæ quidem causa in dicta curia quia tres annos extitit agitata, quod dictus dominus abbas per idem tempus quasi tutor legitimus causam defendebat circa cujus defensionem XL lib. expendebat. Et tandem proposita contra dictas sorores quadam exceptione, dictæ sorores dictam causam prosequi non curabant. Accidit namque, quod cum domina Philippa filia domini Johannis comitis de Hanow regina Angliæ futura, quam dominus Rogerus de Northburge episcopus Cestriæ procurator domini regis Angliæ ad hoc specialiter deputatus, in partibus transmarinis desponsaverat, in Anglia [die] circumcisionis Domini venit ad Burgum, & in ejus comitiva comes de Herforde, qui versus dominum regem tunc Eboraci commorantem fuisset adducta. Idemque dominus comes dicto domino abbati in prædicta dictæ dominæ reginæ imposuit, quod custodia dicti pueri, eo quod pater suus dominus Galfridus præfatus aliquas terras in Essexia a dicto comite tenuit, ad eum pertinuit, incto jure petens dicti pueri possessionem & restitutionem, graves minas incendii monasterii ipsius domini abbatis publice inferendo. Idemque dominus abbas crudelitate dicti comitis, necnon alia mala & scandala, quæ in præsentia tanti dominæ, si puerum detinuisset, verisimiliter contigisse potuissent, volens evitare, prædictum puerum dicti comitis metu ductus liberavit, ea ratione puerum abduxit, abbatem & monasterium de custodia dicti pueri illa vice spoliavit. Quem puerum idem comes ad castrum suum de Pleseys duci fecit. Postea vero durante itinere prædicto idem dominus abbas, deliberato consilio suo injuriam sibi & monasterio suo per prædictum comitem illatam diligenter considerans, breve contra

dictum

dictum comitem, quod puerum prædictum rapuit in itinere præfato, impetravit, & contra prædictum comitem processum fecit Idem quoque dominus comes considerans quod puerum prædictum, virtute processus contra ipsum inchoati, prædicto domino abbati inevitabiliter restitueret, nisi viam aliquam obliquam ordinaret. habito tractatu cum quodam domino Umfrido de Waldene tunc senescallo suo, & aliis de consilio suo falsas machinationes formare non verentibus, querelam injustam contra dictum abbatem, monachos suos, ac nonnullos alios dicti abbatis familiares indictamentum fabricarunt, viz quod idem dictus abbas commonachi & familiares sui prædictum castrum suum de Pleseys & parcum suum ibidem fregisse nonnullaque bona in dicto castro inventa asportasse, feras suas etiam in dicto parco occidisse debuissent

Super quibus idem dominus comes ad audiendum & terminandum in comitatu Essexiæ justitiarios, viz. dominum Ricardum de Wiluby & Johannem de Chardeloy impetravit, qui contra dictum abbatem processum inchoatum primo die ad XL lib. secundo vero die in quatuor libris eo quod non venit in exitibus posuerunt. Tertio vero die si non venisset in C lib in exitibus posuisse proposuerunt. Quæ cum idem abbas relatu quorundam intellexisset, præhabito super hoc consilio tum pariter monasterium suum indempne cupiens præservare, malitiis & prædictis quantum potuit obviare; assumptis secum paucis de familia Londoniam accessit, & athornatum viz magistrum Johannem Tryvet ad litigandum cum dicto comite, & alios servientes placitores viz. Wilelmum Casse, & Willelmum Stotte ibidem ordinavit, qui ad diem tertium litis apud Stratford Attebowe accesserunt, & ibidem dominum abbatem commonachos & familiares prædictos inculpabiles fore de sibi impositis coram dictis justitiariis asseruerunt Tandem idem dominus abbas malitiis ipsius domini comitis resistere non valens, mediantibus quibusdam amicis cum eodem comite diem sumsit amoris, in quo post multas altercationes concordarunt in hunc modum. viz quod idem dominus abbas prædicto comiti C libras in pecunia solveret numerata, quam quidem pecuniam idem abbas prædicto comiti ibidem persolvit, præter quas idem abbas alias C libras circa dictum negotium expendit & persecutionem suam in dicto itinere penitus omisit. Postea vero idem dominus

r nus

rus comes rubore confufus, dictum puerum prædicto domino abbati, delictum fuum agnofcens, libere reftituit, quem
quidem puerum præfatus abbas domino Galfrido de Scrop tunc
domini regis jufticiario meritis fuis exigentibus filiam fuam
defponfaturum contulit & conceffit. Poftmodum dictus comes languens in extremis & ductus confcientia de injuria abbati & monafterio fuo multipliciter illata, injunxit executo-
ribus fuis illas prædictas C lib dicto monafterio reftituere, & re-
ftituerunt, fed non in toto. Itinere non facto recedamus
ulterius.

ITINERE quoque prædicto nondum finito, fed durante, abbate prædicto negotia fua in eodem profequente, inquifitio
magna militum, & aliorum conventus Northamptoniæ fpeciali
clamore immenfo præcedentium, coram dictis jufticiariis præ-
fentarunt, quod in quodam loco, qui vocatur Uppwelle in curfu aquæ de Nene, quæ tendit verfus Linne, obftructio quædam erat, facta in præjudicium & dampnum populi comitatuum Northamptoniæ, Lincolniæ, Bedefordiæ, Huntingdoniæ,
& Cantebrigiæ, ad quem deobftruendum præfatus abbas cum
toto confilio fuo quamplurimum nitebantur, & tandem fumptibus propriis deobftructionem prædictam coram domino
Galfrido de Scroup apud Lincolniam coram militibus & fran-
colinis patriæ obtinuit, per decretum, quod quidem decretum abbas Ramefeye, Thorneye, Croyland, aliorum mag-
natum juxta marifcum præfidio affumpto, executioni debita
demandavit, locum prædictum, qui Welledam nuncupatus C
pedes in longitudine & L vero in latitudine continebat, penitus deobftruendo, fic quod per locum illum folito curfu
aquæ adquifito, munditiones aquarum in marifcis adjacentibus non morantur, fed citius folito evacuantur, quæ facta
non fuiffent, nifi prædictus abbas ac commonachi fui ex-
penfas ad id LXIII lib XI fol I den præbuiffent. Memorandum quod idem dominus abbas circa iter Northamptoniæ
& itinera Bedefordiæ & Notinghamiæ, nec non circa wardam de Malefeye expendit MCLXXVI lib XVIII fol
IV den.

ITEM eodem anno expendit circa emptionem bladorum,
præter venditiones quafcunque factas, LXXIX lib XIX fol
VI den. In ftauro empto LVI lib XII fol.

Anno VIII expendit dominus abbas in exenniis domini regis XV lib X fol.

In emptione bladorum, præter venditiones quafcunque factas, CLXXXIII lib XV fol. V den.

Anno IX dominus abbas expendit in exenniis miffis domino regi, & duabus reginis fcil Ifabellæ matri domini regis & Philippæ uxori & reginæ domini regis apud Broune, præter ftaurum panis, vini, & cervifiæ & aliorum minutorum cum donis & eorum hominibus factis, XXXVI lib V fol V den Et præter tres palefridos, pretium XXX lib. & X den datis eorum hominibus diverfis pro bonis domini in manciis falvandis.

In emptione bladorum præter venditiones quafcunque factas CCXLI lib. II fol. V den. in ftauro empto CIII lib X fol. VIII den

Anno decimo dominus abbas expendit in rege, & fuis apud Croylande, & in mora reginæ apud Burgum per VII dies, in donis & jocalibus fibi & fuis, præter unum palefridum quem regina habuit, CXXIV lib V fol V den. Præterea in donis hominibus regis & reginæ pro bonis abbatis in diverfis locis falvandis VIII lib.

In emptione bladorum, præter venditiones quafcunque factas, CXCIII lib. VI fol I den. in ftauro empto L lib. XIII fol I den.

Anno undecimo dominus abbas expendit in exenniis miffis domino regi & reginæ apud Walmisforde & Staunforde XLII lib Et cum uno palefrido dato comiti Ceftriæ pretium XLII lib. IV fol XI den Præterea dedit idem abbas hominibus regis & reginæ pro bonis abbatis in diverfis locis falvandis VII lib VI fol. VI den. In emptione bladorum præter venditiones quafcunque factas CCXXXVII lib. XIX fol IX den

Anno duodecimo dominus Adam abbas folvit domino regi & miniftris fuis pro magna carta de libertate clarificanda CLXX lib ut patet in eadem carta, allocando in marefcalli domini regis XI lib. X fol Eodem anno grangia nova de Afchetone facta fuit de fumptibus . . . . In emptione bladorum præter venditiones quafcunque factas CXXV lib XII fol I den In ftauro empto LV lib XV fol III den

Anno decimo tertio dominus abbas expendit in adventu domini regis, & reginæ, cum familia eorum apud Burgum,

præter

præter duos palefridos datos regi & reginæ, CCCXXVII lib. XV fol. præter unam cupam de ſtauro, pretium XXXV lib. Præterea dedit idem abbas hominibus regis & reginæ pro bonis ſalvandis in maneriis de Burgo XVII lib X ſol Eodem anno nova grangia lapidicina apud Thorp facta fuit de ſumptibus . . In ſtauro empto L lib. IX den

ANNO XIV dominus Edwardus comes Ceſtriæ primogenitus regis Angliæ, cum duabus ſororibus ſuis & famulis corum venit ad Burgum ſancti Petri, & ibi moram traxit per VIII ebdomadas & IV dies, viz in die proxima poſt feſtum ſanctorum Gervaſii & Prothaſii viz ad diem Veneris proximam poſt feſtum aſſumptionis beatæ Mariæ Dominus abbas expendit in jocalibus & donis . . . ſumma . . . præter expenſas ſuas & familiæ ſuæ in diebus feſtis

EODEM anno fecit cameras apud Eye cum neceſſariis de ſumptibus XII lib X ſol VIII den ob præter expenſas in menſa Eodem anno rex habuit unam carectam cum quinque equis bonis in Scotiam cum carectario & duabus garcionibus Eodem anno in mutuo reginæ non reſtituto XXVI lib Eodem anno in mutuo magiſtro Johanne de Durham theſaurario comitis Ceſtriæ, in receſſu comitis non reſtituto X lib Eodem anno in decimis conceſſis per clerum domino regi XXVII lib præter maneria in Borea & præter maneria conventus Eodem anno aula domini regis cum duabus cameris in abbatia Burgi patiebatur ruinam

ANNO XV dominus abbas expendit anno XV & XVI circa reparationem aulæ domini regis cum duabus cameris, præter groſſum meremium, & præter expenſas operariorum ad menſam domini, CXXVIII lib VIII ſol III den Item eodem anno dictus abbas cum Johanne filio Johannis Overtone pro LXXX marcis ſibi ſolvendis pro renuntiatione juris feodi cujuſdam & alterius cujuſcunque contractus juſque marſchalliæ, quod clamavit habere in abbatia in aula dicti abbatis, ut aſſeruit hæreditario per prædictum patrem Johannis in prædicto itinere Norhamptone petito, & ipſo filio ſuo idem jus inſtanter proſequente cum auxilio domini Henrici tunc Lincolnienſis epiſcopi, & domini Bartholomei fratris ſui, quas quidem quater viginti marcas ſibi ſolvit certis temporibus ſibi promiſſis Idem abbas convenit cum Johanne de Draytone pro reverſione de Cathewyt pro XXVI lib XIII ſol IV den. Et ſolvit etiam unam robam per annum de ſecta armigerorum

gerorum suorum ad terminum vitæ suæ. Idem abbas, convenit cum domino Ricardo de Rodeneye pro renuntiatione centum solidorum annuæ pensionis suæ pro XXXIII lib. VI sol VIII den quæ faciant L marcas

ANNO XVI dominus abbas fecit novam grangiam lapide tectam apud Burgbyri de sumptibus . . Eodem anno magnum infortunium accidit in manerio de Wermyngtone quadam tempestate horribili ad dampnum XX lib & amplius Item dedit unam crucem bonam argenteam & deauratam, in qua imprimitur De ligno Domini

VESTIMENTA, duæ casulæ cum imaginibus brudatis, quarum una est de rubeo veluto dorso de purpure veluto & alia de tule samito Item una amita optima de margaritis super humeris deauratis consuta

ITEM duo panni viridis coloris de serico Item panni Turky admodum deaurati

Libri domini Adæ de Botheby

DECRETALES, Sermones, Johannis de Abbevile media pars; Missale, Breviarium, Manuale, liber cantarum, actus Apostolorum, & epistolæ canonicæ, Gerardus super psalterium, summa summarum, diurnale, dicta Senecæ, cum XXXVI tractatibus contentis in eodem volumine

ANNO Adæ abbatis XVIII incipiente & anno Domini MCCCXXXVIII diem clausit extremum, viz XXV die novembris scil die sancta Katharinæ virginis.

PRÆLATUS fuit magnæ religionis & discretionis, mitis, pacificus, benignus, caritativus, moribus honestus, pacem & tranquillitatem inter fratres suos firmare studuit habitu simul & professione Burgi fuit monachus, pulcher, & mediocris staturæ, dilectus erat a Deo & hominibus, nec mirum, qui Deum diligit, si ab hominibus diligitur. a rege Edwardo & ab Isabella regina, & ab Edwardo rege, & Philippa regina & a magnatibus terræ multum diligebatur. Cujus animæ propitietur [Deus] Amen

De quarto die mensis decembris circa horam diei tertiam, priore & conventu in albis revestitis, a camera sua, in qua medio tempore jacuit, usque ad monasterium, prout decuit, deportatus in crastino viz die sabbati hoc est nonis ipsius mensis honorifice traditus est sepultura. Abbate de Rameseye seu exequias cum missa celebrante, ac clero & populo sermonem faciente

Et notandum quod statim post mortem ejusdem abbatis, sigilla ipsius fracta, in capitulo ordinati fuerunt per priorem & conventum duo fratres R de Offorde, T de Croylande ad nunciandum domino regi mortem ipsius abbatis & petendum ab ipso licentiam eligendi pastorem Deo & ecclesiæ ydoneum & regiæ majestati acceptum Et quia dominus rex fuit tunc temporis cum suo exercitu in partibus transmarinis, deliberato consilio, prior & conventus direxerunt litteras suas per prædictos duos fratres propter dubium eventum, unam viz domino regi, alteram filio suo duci Cornubiæ, & custodi Angliæ, & tertiam episcopo Londoniensi tunc cancellario domini regis Ac prædicti fratres de consilio sapientum prædicto duci & custodi Angliæ negotia exposuerunt, & ab eo licentiam eligendi optinentes, litteras ipsius ducis cancellario prædicto reportaverunt Et sic de cancellario literam patentem magno sigillo domini regis consignatam licentiam pastorem eligendi plenius continentem habentes, apud Burgum ante diem sepulturæ prædicti abbatis, expedito sic negotio, redierunt.

Expensæ circa funeralia sunt hæc, viz In cera CC [lib] & dimidium De frumento pro distributionibus pauperum XLV quarteria, de halecibus pro eisdem M, cuilibet pauperum VI. Item in pane pro festo die sepulturæ XX quarteria frumenti. Et pro cervisia, eodem XL quarteria brasii In vino unum dolium & una pipa In halecibus pro expensis diei sepulturæ VIIIMCCCC De lupis aquaticis grossis C De codlingis XII sem De haddoke I sem De Sparling unum sem De salmonibus XXIV De Milvell CXX De Dogge Drove C. De plaice X sem De congris I De wilkis V sek De grossis anguil'is V stik. De minutis anguillis LXX stik De Sturgon I barrile De linea tela pro nappis mensarum & pro naperouns CC ulna De platellis & discis garnitis MCCCC De trowes XII boll IV De ciphis de ligno pro vino & cervisia . . In ollis luteis pro vino & cervisia CCC De corbell V.

De Henrico de Morcote electo & in abbatem confirmato. MCCCXXXVIII.

DICENDUM est de Henrico de Morcote. Die dominica proxime sequenti prior cum pluribus de conventu sapientioribus, & eorum consilio assistentibus, eisdem inhibitis ecclesiasticis viris peritis, in capella quidem prioris tractavit cum eisdem diligenter de agendis in negotio tam arduo, & maxime de electione pastoris futuri, quoad hoc quod ecclesia non potuit solatio pastoris carere absque discrimine maximo & periculo quodammodo inevitabili. Et etiam qualiter possit evitare manus escaetoris domini regis, viz. domini Wilelmi Trussell militis, & pro celeri expeditione consilio plene deliberato, statuit diem electionis, sexto idus decembris, viz. diem conceptionis S. Mariæ. In cujus admonitio spem suam potissime ponens, electionem illo die fieri in capitulo communiter decrevit, præcipiens absentes, si qui essent, interim prout juris est & moris, fore vocandos.

Quo die adveniente celebrata summo mane solenniter ad magnum altare missa de Sancto Spiritu, & fratribus particulariter celebrantibus missis, postea pulsata campana, ut moris est, capitulum fratres intraverunt, ægrotis & debilibus solummodo exceptis, & invocata gratia Spiritus Sancti, Veni creator Spiritus, cum nota devote cantato, placuit omnibus & singulis per viam compromissi, mediam viam cum beatis acceptantes, ad electionem procedere, & sic per illam viam fratres compromissaria potestate eis tradita a capitulo, fratrem Henricum de Morcote, virum discretum in spiritualibus & providum in temporalibus, circa horam ipsius diei sextam, post eorum tractatum in capella sancti Laurentii habitum ad capitulum redeuntes, unus de compromissoriis electionem vice sua & vice compromissoriorum suorum ac omnium & singulorum de capitulo, consensu ægrotorum & debilium primitus requisito, & eorum consensu habito, dominicam electionem præsentibus omnibus sollenniter publicavit, & mox, Te Deum laudamus, incipientes, dictum electum in humeris & brachiis usque ad magnum altare cum jubilo portaverunt, & dicta oratione a priore usque ad pulpitum perduxerunt, ubi prior populo, sicut moris est, electionem de ipso factam in continenti publica

vit. Et sic ad hosteleriam perductus est electus ad prandium, & tanquam hospes ibidem pernoctavit, & die Martis
iii, ordinatis secum per priorem duobus fratribus, uno clerico,
pro expensis coquinæ tribus valectis tantum, summo mane
versus Londonias iter arripuit, & eodem die apud Huntingdon
pernoctavit, nec majorem diatam facere potuit propter gelu
fortissimum, quod duravit fere per undecim septimanas seque-
tes. Die Veneris sero venit Londonias, & die Sabbati sequenti, viz. II idus Decembris apud Westmonasterium coram
cancellario domini regis, thesaurario ejusdem, domino Nicolao de la Beche, magistro . . . duce Cornubiæ custode Angliæ,
domino Willelmo de Mundene gerulo sigilli privati ducis
prædicti, vicem domini regis, ipso in remotis agente, repræ-
sentantibus, per litteram prioris & conventus sigillo capituli
consignatam, eisdem in quadam parva camera juxta scaccarium cum aliis de consilio domini regis existentibus exhi-
bitam, persona ipsius electi gratiose est acceptata, quia dominus rex tunc temporis cum suis apud Andwerp in Braban-
tia morabatur, & dux Cornubiæ apud Byflet. Et sic cancellarius certificata per litteram ducis de favorabili acceptatione
personæ ipsius scripsit cancellarius vicario generali episcopi Lincolniensis, ut ipse, quod suum foret, exequeretur. Verum quia zelantes commodum monasterii, vehementer timebant pericula eminentia propter diuturnam vacationem ecclesiæ verisimiliter opinatam, & maxime incidere in manus escaetoris, & optimo consilio ducti fecerunt finem cum domino rege, coram viz. cancellario, thesaurario & aliis de consilio vicem ipsius regis gerentibus, apud Novum Templum die
lunæ sequenti viz. decimo nono Kalend. Januarii pro vacatione dicti monasterii, viz. a prædicto die lunæ usque ad festum
purificationis beatæ Mariæ pro ducentis libris, anno domina regina excepto. Et notandum quod finis iste factus fuit
pro tota abbatia Burgi, tam pro ministris conventus quam
abbatis. Sed dominus rex sibi reservavit feoda militum, &
advocationes ecclesiarum medio tempore, & scripsit cancellarius per breve regis sub data die finis facti escaetori & sub
escaetoribus cujuscunque comitatus in quibus maneria abbatiæ
& obedientiariorum existebant, quod ipsi in nullo se intromitterent, nisi tantum de reservatis domino regi, ut prædictum. Plura tamen mala fecerunt medio tempore priusquam

quam

quam prædicta brevia ad eos pervenerunt, quamvis cum festinatione diligenti per diversos quæsiti. Et sic expeditus rediit versus partes Burgi sicut potuit per dietas. Et quia potuit in maneriis abbatiæ ante confirmationem suam morari, petita licentia ab abbate de Thorneye & optenta ad manerium de Standground declinavit, viz. die sancti Thomæ Apostoli· & ibidem moram traxit, usque ad dominicam proximam post festum epiphaniæ viz. tertio nonas Januarii. Interim quia dies solennes fuerunt & non juridici, ex commissione magistri Simonis de Islepe vicarii generalis episcopi Lincolniensis, ipso in remotis agente, facta fuit proclamatio per decanos de Burgo & de Jakele in monasterio Burgi publice & palam coram multis astantibus, ut si qui vellent opponere se contra electum, objiciendo aliquid contra personam suam vel electionis formam die lunæ II Kal. Januarii in ecclesia sancti Jacobi de Thrapstone pro termino peremptorie, coram vicario prædicto comparerent. Ad quam diem electus ibidem comparuit coram domino commissario petendo confirmationem electionis de se factæ per procuratorem a priore & conventu sufficienter constitutum. Et facta diutina disputatione & altercatione super forma ipsius electionis & quia dies breves, usque ad diem Martis immediate sequentem, dictus vicarius negotium prologans. Quo die quia nulli oppositores comparuerunt quamvis alta voce præconis, primo, secundo, tertio vocati, nec audebant comparere quia forestarii & multi alii cum arcubus & sagittis, balistis & quarellis, gladiis & fustibus pontem & villam de Thrapstone circumvallabant. Et sic via præclusa eisdem de cætero quicquam opponendi, processu electionis per vicarium prædictum diligenter & exquisite limato, electionem factam, per multas quæstiones & varia argumenta quassata & irritata fuit electio, circa horam illius diei nonam per prædictum magistrum Simonem ex mero motu & speciali affectione erga ecclesiam Burgi sancti Petri dedit & solenniter confirmavit.

Cujus facti litteras suas patentes idem vicarius duci Cornubiæ tunc custodi Angliæ absque mora dispendio destinavit. Litteras etiam ab eodem concessa cuique episcopo catholico electo confirmato benedictionem conferendi infra diœcesis Lincolniæ vel extra, & die sequenti, viz. Idus Januarii versus Londoniam cum festinatione, qua potuit, iter arripuit. Et

ibidem

6

ibidem die Veneris licet difficulter pervenit hora vesperarum, & die proxima sequenti porrecta littera confirmationis suæ, coram domino cancellario & aliis de consilio regis, fidelitatem suam fecit, & statim priusquam pontem prope Westmonasterium ascenderet, accessit quidam cum breve domini regis continente CC libras pro fine vacationis jam facto domino Johanni de Molins assignatas, & sine mora dispendio eidem solvendas, & sic necessitate coactus inevitabili incidit in manus mercatorum viz societatis Longobardorum, non absque gravi jactura pro dicta pecunia ab eisdem ad tempus mutuata.

Et die dominica sequenti viz XV Kal Februarii ab episcopo Londoniensi tunc cancellario domini regis in capella hospitii domini Eliensis episcopi supra Holburne, auctoritate litterarum vicarii generalis domini Lincolniensis episcopi, benedictionem suam cum magna solennitate consecutus est. Et consequenter cancellarius scripsit sub data die fidelitatis factæ litteris patentibus sub magno sigillo priori & conventui de Burgo, quod eidem tanquam abbati suo de cætero obedirent, militibus, francolanis, ac aliis tenentibus suis quibuscunque juxta gradus & conditiones eorundem, [ut] facerent et quod facere deberent & domino Willelmo Trussel electori citra Trentam, quod manus suas a reservatis per dominum regem subtraheret indilate nec potuit dictas litteras optinere de cancellario priusquam solvisset centum solidos pro feodo cameræ domini regis, clerico suo ibidem existenti, præter alia feoda electorum, nec inde acquietantiam habere potuit quovismodo Et sic negotiis expeditis versus maneium suum de Eye iter arripuit, & die sabbati proxima sequenti ad prandium pervenit ibidem, ubi per quindenam continue morabatur usque ad VII Idus Februarii, quo die accessit ad monasterium Burgi, & ibidem per commissarios officiales archidiaconi Northamptoniæ, assistentibus sibi militibus, clericis, & aliis amicis quamplurimis, ad hoc secrete præmunitis, honorifice fuit installatus, onerosa multitudine nullatenus occurrente

HISTORIA

VETUS

C OE N O B I I

PETRIBURGENSIS

VERSIBUS

GALLICANIS.

HISTORIA

VETUS

Cœnobii Petriburgenſis

VERSIBUS GALLICANIS.

UMENCEMENT de geſte foit eſt atruver
Choſe ke ſeit honeſte ben deit lum eſcutei :
Io endiai une duce choſe en iime,
Cleie cum la lune, quant lum apele piime:
A Seinui e a Dame deit eſtie piive,
Si null la blame, pai li ſeit amende.
Due voil une choſe, ki ke le voile entender
De aunciene geſte paiti pot apiendie.
Si ſage hume leſcute, ſun ſen neit ia lemender,
Ia ſi ſage ne ſeit, ki uncoie ne pot apiendie,
Io ſui pieſt de piimei, ki ke le volt defendie.
De une aboie eit la geſte Buich eſt anume,
Mes Buich ne out ele anun quant piimes fu tiuve,
Medeſhamſtede par dieit nun eſteit apele.
Piimes dirum de tuz le luis de cele cunte ;
Puis diium les aficies de chaſcun abbe.

Ke puis cel uie de kes cest vii lunt guverne.
Un des luis est Rameseie pai la grace Deu;
Toineie, Ciuland & autiez afez.
A nul de ces ne pot venu, si lum ni alt per nef,
Fois a Rameseie del une coste.
Ely est un ile en cele cunte,
Set luis lunge & auter taunt le
Vint & deus miles de ewe envirune,
Mais ne pai hoc de tieis punz est ele honure.
Al chef del giaunt palu est Buich heibeie.
A Buich cummence le palu si vait vers oiient.
Seifaunte liues duie si cum io entend.
Mult est piofitable a la bone gent,
Lingne & stuple, iunt al fu, fein afez as iument,
Cuveituie a maifuns icret espessement
Mult iat volatile e peifun enfement:
Mult est Buich ben afis co facex veiieiment,
Del une pait maicis e ewe mult espessement,
Del autei pait tere & pie, e bois a lur talent
De tutes paiz plentiuus e bel estiaungement,
De tutes parz i pot lum venu, fois ful del oiient,
Si pai nef nun dicele part ni pot lum venir nent.
    Un ewe icuit de iufte Nen est apele
U quil nut pot alei ki utie feit passe
En un liu iat une funteine nest gueies le,
Mult est piofund e taunt en fieit en un esle
Ke nul de no aueiz pai fieit ni pot afunx alei,
Ne pai hoc en mei ia nest engele
Li auncien Medefuuelle lunt apele
Ecous ke piimes cumenceient le giaunt muftei:
Medefhamftede apies la funteine le fiient apelei.
Kai si cum Toineie pui le fpine est anume;
I Ely pui les angules qui at a plente,
I Ciulande pui la ciue teie fu apele,
Aufi Medefhamftede pai la funteine fu anume.
    Tiiis fieies fuient ki piimes le cumencerent,
Peada, Uulfei, Etheliedi, tuz fuiunt ieis Cieftiens.
Mes lui peie Pende esteit iei paen
Cil ocist feint Ofuuald le iei Cieftien.
Li tieis fieies quant cest lui ourent tiuvez,

Ueant
i

Veant le bon e bel, mult funt ioius e lez.
Od lui feintes foruis cumencent le mufter,
Kyncburch e Kynefwit uncoi ifunt co facez;
E dan Ofuuy le iei lui ad aide.
De oi & de aigent ben lunt honuie:
Si ke Paiays en teie puft eftre apele.
U la file Rume en Engleteie cumence.
De ces tieis fieies ici envoil laffei,
Tut al cumencement voil oie cumencei,
Ki favei volt de cele gefte, oie entendes ben.

I\ dis en Engeltere efteit un noble iei,
Paien efteit pui co nout pas bon fei,
Pende out anum, ben tirt paien lei,
Cift engendra les treis fieies, dunt oienz cuntai.
Uncoie fi mis plaift, io vus numeiai,
Peada, Uulfei, Ethelred, lur uveis nume enai.
Quant Pende fu auncien, Peada devint iei:
De fux li iccut la gent Cieftiene lei
Deus anuz devaunt la moit fun peie Pendei
Mult fu bel e vigrus en deu afiont fei.
Ben amout le oueiaine deu e Cieftiene lei.
Si efpufat Alfled la file Ofuuy le iei,
Fieie feint Ofuuald, ki deu amont de fei.
Ealfiid le freie Alfled le fiz Ofuuy us
Efpufat feint Kyncburc la foiui Peadei.
Quant ceft liu ad tiuve od Ofuuy le iei,
Mult le volt ben feie de quei e de fei,
Saxulf un hume ieligiufe en aie pient od fei.

P\R le confeil de eus cumencet le fundement
Teles peies fait euz getei od giant maffe de gent.
Ke dis e viii paiie de bos ne taiieient lun fenglement,
Uncoie hui ceft iui igifent co facez ueiieiment
Quant entei lui e Saxulf unt fait le fundement
Medefhamftede lapelent tut al cumencement,
Avaunt le voleient feie bel e noblement.
Mais li diable ki envius eft encuntei bone gent,
Pas ne volt ico fuffiii fenz deftuibement
Alfled li ieine engine taunt dolueifement,
Ke ele fun baiun tuat pai giaunt tiaifement;
De fun peie Ofuuy ne lui fuvint nent,

Ne de Ofuuald fun uncle; ke rei fu mult feint,
Ne de feint Kynebuich pas ne li fuvint,
Ke foiui fu fun baiun e femme fun freie Alfiid.

QUANT Peada fu moit a peche pai tiaifun,
Sun fieie Uulfei iecut la regnun,
Tute le ieaume tint en bandun,
La cuiune portat ieis eit de giant valur
Co ke fun fieie cumencout avant le fift a honui,
Od fun fieie Fthelied e od fes deus foiurs,
Le une efteit Kynefuuyt, lautei Kynebuich.
E od dan Saxulf, ki amout ieligiun,
Paifait le mufter a foice e a bandun
Quant tut fu apaiaile e ben cuveit de plum.
A feint Peie la uveient le noble baiun
Lapoftle Jhefu Ciift, ben le fanum
Quant a feint Peie cumaunde le unt,
Fiz ameint piudum venii ifunt
Giaunt maffe de moines oidenex iunt
Pui Deu feivii e feint Peie en ieligiun

A abbe lui funt Saxulf lur cumpainun,
E ke il pui fufieit ne guerpifent la religiun,
Teie lur dunent e quant ke il mefter unt.
Li iiche iei Uulfei leglife mut amad,
Pai durable fiaunchife a Medefhamftede dunat
Teie e ewe piopie li enviiunat
A Deu e a feint Peie e a Saxulf le cumaundat
Od tute Cieftiente fi efcumeiat,
Ki ke iamais de co iur defeiiteiat
Li abbes Saxulf ben le guveinat
Od paitie de moines Toinei cumenfat
Un des meiluis a abbe lui dunat.
Biidefmund, Weimundefeie e muz auties cumenfat:
E tute le plufuis, ke en Engelteie enad
Pais fu fait evefke, kai Deu meimes lamad.
Quant evefke fud a Deu le meiciad,
A un de fes moines Cuthbald laboie cummaundat
Abbe le fift a Medefhamftde mut le honuiat.
E cil taunt cum il nefqui ben le guvernat
QUANT li iei Uulfei eit a fa fin ale,
Ethelied fun fieie a iei eft ordine

6   Mult

Mult plus de ces freres ceſt aboit ad ame,
Mult le volt honuret par graunt auctorite,
E auſi fraunche faire cum Rume la cite.
Taunt ad fait par grant travail e par humilite,
Ke lapoſtoile ſeint Agathun taunt li ad maunde.
Ethelred ſalux vus maund e tres graunt amiſte.
Co ſacent tuz, ke ore ſunt, e ke iames ſerunt ne;
Ke io a Medeſhamſtede ſaunz fin ai graunte,
Ke ele ſoit auſi fraunche cum Rume la cite.
Ia terien ſerviſe ne ſoit demaunde
Taunt ſeit reial e fraunche par noſtre auctorite;
Ke ici, ne cunte nule ren ne face demaunde;
E ki iames li face, cil ſeit eſcumege
De Deu e de ſeint Pere, e de tuz les ſeinz de cel.
E ki de aler a Rume ait aime,
E il ni puiſſe aler pur enfermete,
La voiſt od ſun offrende par graunt humilite.
Iloc ſeit aſous de tuz ſes pecchez,
Nul niart meſtre, fors ſulement labbe,
Ne nul ni face ordre, ſeinz ſa volunte
U ke iſeit en cuvent ſeit le plus honure,
Tut dis ſeit ben del rei e entre les primers.
Par tut Engeltere mut ſeit honure,
E ki ceſt ne graunte ſeit eſcumege
   QUANT ces lettres oit Ethelred, mut fu ioiuſe, e le,
Tuz les cleis de Engeltere ad aſemble,
Les arceveſkes, le primis, eveſkes e abbez;
A tuz icous comunement les lettres ad muſter,
Quant les unt oi tut a lui volunte,
Chaſcun veſke apers auter veit aſchumerger,
Tuz icous ki iames de lui bon gre
Tort facent de ico, ke li Pape ad cumaunde,
Tuz endient amen, ſil nut otrie
   APRES ico departent, lez evint ioius.
Li abbes Cutbald ſen turne mut fu religius,
Sur tute ren enloeit Deu le glorius
Ben guardont ſes ordres co le ſavum nus.
Quant cil mort eſteit, e od Deu fu la ſus,
Apres li fu abbe Edbald le glorius.

Puis ivint un auter, ki out a nun Puse.
E apies Puse Celied le meiveilus.
Puis ivint Hedda, oie le savet nus.
Apies iccus vindient autres plusurs,
Dunt unke nent oi pailei, ne io ne sai lur nuns ;
Navint pas si tost cum nus le cuntuns.
Mais tutesnais aveit seint Peie tiestuz ses honurs
Entie ices aferes, quei dirieie io plus.
Avint un destrucciun mal e doleius.

    Vindrent li Daneis la tere iober,
U quil unkes vindient les viles nunt aidei,
Tant quil vindrent a cest liu, alas de piete,
Quant il isunt, leglise unt ais, les moines unt tue,
Ne mie od foice, mais od fu tut lunt deguaste.
Dous duties enaveit cele gent maluie
Hyngaui e Hubbe, mar fuient unkes ne,
Kai unqes dous duties ne fiient tel pecche,
Quant isen venit nilaissent uif un sul hume ne.
Puis vindient a seint Edmund, sil unt maityrize:
Cil fu piince de Engeleie e iei curune.
En tele guise Engeleie unt avent tiane,
Puis sen vinit a lui pais mult ioiuse e lez.
Mes mult del Engleise gent lur est escape.
Lung tens apeis ico lui damage unt iestoie;
Mais tuz les abboies estuient deguastex.

    Apres ico vienit iui, quant Deu le voleit,
Seint Atheluuald eveske de Wentaine esteit;
En loidie Deu ses moines mult guaidont estieit,
Les aboies qui cient destiuit iefeie les voleit
Pai la giace de Deu, si deus le oueit
A cel tens en Engeleie Edgai iei esteit:
Mult fu gentil hume, de Deu soit il beneit.
Deu amout seint Adeluuold, mercie len seit.
Un nut iut en sun lit, si cum il soleit ,
A vis li fu ke nostie Sue devaunt lui esteit,
Sil amonestat, quil alast tut dieit
Refeie le mustei seint Peie, ke iuste Nen esleit.
Quant cil si haut cumaundemend oi evaneit,
Mult le volt ben feie, kai co en ert giant dieit.

    Li matin vint mut tost la nuit ien est ale,

Od laube del un li prudume eſt leve,
Une maſſe de ſes humes ad aſemble
Si ſen vait quere, ke Deu lout cumaunde.
Quant a Undale eſt venu, cil quide aver truve :
Kar cel eſteit le muſtei ſeint Peie le honure
Ne demurad gueies ſur leglife ad cumence.
Une nuit apeis ico, quant ben ſud repoſe,
Noſtre Sire auterfeiz li ad cumande,
En ſui ceſt euue meux avaunt ſi avcias toſt truve :
Kai ceſt neſt pas le muſtei dunt io tai cumaunde.
Cil ſen leve par matin, mut fu ioius e le,
Od tute la cumpainie avaunt ſen eſt ale ;
Tut dreit enter prime le muſter ſunt enter.
Eſtables de iumenz leinz unt truve.
De co ſen dont ſeint Adeluuold leveſke bonure,
Tieſben le fait net de tut cel mayeſte
Puis ſenna a Uuentaine a ſun eſveſche
Par atarnei ſes humes de fere le uveraine Deu.
Un iur en ſun oiatoiie par uier eſt entei :
Si piiad a Dompne Deu de bone volunte,
Ke il feit le rei e la reine de lui bon gie
Aidei li a feie, co ke il out cumaunde.
La ieine eſtut de reie luis, quant tut lout eſcute,
Saut avaunt ſi li diſt, ke ele aidia de bon gie
Un poi ſu huntus, nekedent a Deu lad giacie
Al iei ſenvait la dame, tieſtut li ad cunte,
Puis la moneſte & piie par giaunt humilite
Siie kai vus aiez pai ſeinte chaiite
Volenteis dame evint de bon gre
Puis enveit pai li ſil ad cumaunde,
Ke il ieface le muſtei, e il aideiat de gre,
Quint le entend leveſke, mut eſt ioius e le.
   Un chauncelei avoit li ici, Adulf lapele,
Cil en out un petit fiz, quil tant amat,
Ke entei li e ſa femme giſit le outiiad
Taunt ke une nuit entei eus muiiut cel enfaunt.
Quant ſun fiz uit giſit moit, doil en out mut giaunt.
Vait a ſeint Adeuuald confeſſiun queiraunt.
Diſt ke il vout a Rume alei pai ſun pecche penaunt.
Beu fiz mun cunſeil cieiex fait ſeint Adtheluuold,

Co ke tu volz defpende vers Rume penaunt.
Dunez le a feint Pere, io le tei cumaund.
Pai feie fun mufter bel e avenaunt.
E io nus ci de ceft pecche tei feirai garraunt,
Ke dirrei io plus, mais cil lotriat:
Ne demueriont gueres, le rei ialad,
E od li cift Adulf e feint Adeluuald,
Quant il le vit, fi deftiut doil en out mut grant.
Mais cift Adulf mement grant dol demenat,
De refere cel mufterimut fci perpenfat.
Lui meimes e ces chateus a feint Pere cumaundat,
Iloc fei fift tundei fi peift les dras mauntenaunt,
Si devint moine, Edgar le rei veiaunt.
Quant le vit Edgar, de co efteit ioiaunt:
Teie e oi e aigent a fere leglife dunat.
En poi de tens feint Adeluuald meimes iordinat,
Giaunt maffe de bon clers iafemblat:
Si lur fift leglife bel e avenaunt:
Abbe lur fift Adulf ki ben leglife amad,
Teies e auinemenz muz lui puichafad.
   APRES ico quant le rei le vint icvifiter,
Od li menat cvefkes, cuntes e abbes,
Aicevefkes e piiuis, bauns e chivalers:
Vit cel mufter noble, e en bon liu pofe:
E od cuvent des moines tiefben ordine:
E des beaus auinemenz le vit ben honuie:
L oit les charites e les dignitez,
Ke il aveient en le veus paiieis del muftei tiuvez,
Ke li moines iadis aveient mucez,
Quant li Daneis vindient a lui voleunt tuei.
E oift le privilegges e les auttoiitex
I ke li pape fciat Agathun iaveit otiie·
Ke cle fuft aufi fiaunche cum Rume la cite
I kinel giauntaft feiieit efcumege
De Deu e de feint Peie e de tuz le feinz de cel.
Quant tut ceft avoit ci, mut fu ioiufe, e le
Ke il en fun regne avoit tele dignete
L ke il de fi feint humes ne foit efcumege
Quant ke lui chaities dient teiftut lad otiie
Devaunt tute les humes, ke il avoit iloc amiene,

Viles e teres mut lur ad dune,
Chaities lur dune, si fait escumeger
Ki ke de co lui tolu iames eit vuler,
Quant co enoirent cele gent, tuz Deu unt lee.
Les uns idunent tere, li auter dunent pie,
Or e argent askaunz iunt presente,
Ke de une chose ke de auter taunt iunt dune,
Ke plus esteit riche, ke nul e cite
Par co ke taunt esteit riche haut nun lunt dune,
Gildenburch pai dieit nun lunt apele,
Uncoie desqua cest iu Burch est anume
    A cei tens en tel reveience esteit icel muster,
Ke si erceveske, u eveske, piiur, u abbe,
Rei, u cunte, u baiun, u noble chivaler,
U cleic, u lai, u dame iveinst pur urer,
Quant feireit a la poite, se feireit descaucer,
E diloc deskavant irieit un pez
Sa offiender imettreit de bone volunte,
Kai enter le fieies aveit si grant chaiite,
E si graunt religiun, e tel autoiite,
Ke si acun de eus tiespaffat pai nule cuntei,
Riches e poveies lui chef unt encline,
Si cum il euft efte le aungel dampne deu
F fa feint beneicun li unt demaunde.
Dunt plus riche fu cel liu, pai tele dignete,
De viles, e de teres, de bois, e de pie:
Ke nul en Engelteie facez de verite
Cel liu tiefben guveinat Adulf le chauncelei,
Ki pai feint Adeluuold ilo fu feft abbe.
    Apres ico quaunt moit fu luiiche ici Edgar,
A ici efteit hauce fun fiz feint Eduuaid,
Pai le piieie de Adulf alglife oiitat
Quant ke lui chaiteis diftient, e plus lur dunat,
I de fa buche meimes si efcumen iat,
Ki nul de les dignetex iames abatat.
    Quant le erceveske Ofuuald fu a fa fin ale,
A erceveske eft choisi Adulf le chauncelei,
L en fun liu a Buich Kenulf efteit fet abbe
Ki plus fu fage des auties facez de veiite
Quant vint a cest aboie mut lad amende.

                                    Quaunt

Quaunt moit esteit leveske de Uuentaine la cite,
Cist est a eveske chosi e ordine.
Apeis li fu Alffi a Buich fet abbe:
Mut fu sage e prudum le liu adavaulice,
Relikes e aurnemens mux ad parchace.
E le cois seint Florentin de Boh Val acate
E de Easter seint Kyneburch & Kynesuit aporte;
E seint Tibbe de Rihale la viigine damnedeu.
Od laie de sun Segerstein Lewin la lose,
Quant L. aunz noblement leglise ad guverne,
En le servise Deu est a sa fin ale.
Quant moit esteit Alffi le pruz e sage abbe
Acinwy le simple est le aboie cumaunde.
Nert gueis hardi poi tens lad guverne
Kai viii aunz devaunt sa mort le aboie ad lasse.
En sun liu est Leuiiz chosi a abbe:
Cist esteit sage e seint e tresben enseine
La giaunt cioiz fist feie ke esta uter lautei
De gemmes e de aigent de fin or e de cler.
De oi e de aigent chaundelabres fist atuiner.
E la giaunt table fist fere devaunt le haut auter,
E plusurs feities noblement fist apaiailei,
E chaisubles de puipei e de or auirner
E de pieciuses gemmes, ke il acatout cher,
T chapes e pailles muz ad puicace,
T auteis auinemenz taunz ia dune,
Ke de une chose ke de auter plus lad amerde
Ke nul ne fist devaunt, li sacez de veiite,
U iames fiad apeis, li taunt fu boniure:
    FN sun tens fu un moine Eiliic out anun.
Cist fu seint e prudume a Deu le meicium,
A eveske de Dunholm est echosi,
Mult ben le guveinad, en veiite vus di,
Kai pui lamui damnedeu tost le desguerpi
F taunt cum il le guveinad od graunt honui le tint,
L a ses fieies a Buich pui Deu servii iemut.
    Unt vespie cum il fist en leglise pui urer
Fstut le Deble deuaunt li en le muster
Ln le guise de une enfaunt e loinz del autei,
Si dist ke ticis feiz destiucreit le muster,

AI

Al primei foiz ſerreit robe e les moines encace,
Al autei feiz ſerreit ais e tieſtut deguaſte.
E ala teice deveieint le moines medlei,
E chaſcun moine autei od ſun cutel tuei.
Quant co ad diſt, ſi volt alei veis le giaunt autei,
Mais liveſke li defend del pait dampne deu
Quant co oit li Diable il ſenvole cum fume,
E apies li en le muſtei tel puui ad leſſe,
Ke uncoie de kes aminuit leinz iad duie.

En icel tens Willam le duc ſi cum la letter diſt
De Noimandi tut Engeltere pai ſa foice conquiſt,
E en ſa cumpainie labbe Leuiiz eſteit,
E diloc a ſa abboi malades vieneit,
E en la nuit de tuz ſcinz a ſa fin alad,
Giaunt fu le doil pai Engeltere, ke lum pui li feſad,
E en ſun liu Biand a abbe toſt eſt achoiſi,
Cil treſben le guveinad, mes poi de tens veſqui

Par foit tiavail e giaunt oveitaunt ad puichace,
Ke tieſtutes lur chaiters ad ienuvele
Devant le rei Guillam e lui dignete
Si ke le iei meimes al muſtei ad giante
Tieſtuz ſes honuis e ſes dignetez,
Pui co ke il no veult pas eſtei eſcumegez
En le teiz an apies muiut Biand labbe,
A Deu e a ſeint Peie ſa alme ſeit cumaunde
Li ieis Guillam igulement le abboie ad dunc
A un clerc de Noimaundie, Toioud apele
Quant poidetens apies ico laveit guveine,
Vindrent li Danois la gent maluie.

Sufin le fiz Cnut le rei od giaunt cumpainie,
Vint en Engelteie od ſa gent hardie,
De iobei e de mal feie pas ne ſe ublie.
Un de ſes cuntes vint en Ely,
Hoſbeiin out anun e giaunt gent od li
Od eus ſa cumpaine Heiuuaid le uthlage haidi
Si vint od ſes vaſals a Hoſbein en Ely.
Heiuuaid lui amoneſtout, quei giſum vus ici?
Alum mis al muſtei de Buich od nos vaſals haidi,
Si piengum oi e aigent, ſi lamenum deſke ici,
Kai mult iad de iicheſce, pai veiite vus di.

Un iur Toroud li abes fu a Staunford ale
E tuz ses chivalers od li avoit amene,
Ceus en Ely enveis Burch mut tost se sunt haste,
Veint un espie ad moynes trestut lui ad cunte
Il perveint lur segresteint Yuuai apele,
E chapes e pailles mut li unt baile,
E cil les amenet a Stanford dekes al abbe,
E les nuveles tost li ad muster,
Taunt dementers vindernt cele gent malure
A la rive de Burch od plus de III c neff,
E dieit a Bulehithe se sunt arivez.
Mais li moines e lui humes les portes unt fermez,
Si se defendent cum gent alosez,
Forment cumbatent encunter les enemis Deu
Quant co vit Heruuard e ceus quil out mene,
Sur les proceins maisuns lui fu unt gete,
Ne uve par force mais par fu dedenz isunt enter;
E trestut la vile unt ars, fois sulement le muster;
Li moines fuient, e li roburs enter sunt en muster
E la giant croiz voleint prender sur le haut auter,
Mais il ne porent en nule manere iloc espleiter,
Kar nostre cher Sure ne le voleit otrier.
Quant virent ke tut ne le porent aver,
La curune de fin or prestrent de sun chef,
E le orine escamel, ke stut de suz ses pez,
Si prestrent dous feitres de fin or e de cler,
E ix de or e de argent de gemmes aurnez,
E xii croiz noblement e ben apareillez,
E la grant table devaunt le haut auter,
E plusurs aurnemenz, ke io ne puis cunter.
Kar entur Engletere ne remisteint teuz.
E tute cel richesce misteint en lui neff
F Adeluuold le priur od eus unt enmene:
E ausi le moine, si sunt arivez
A la rive de Ely mult ioiuse e lez
Mais li moines de Burch par male destine
Cum uwailles saunz pastur sunt esparpelez,
Si ke nul ne remist dedenz le muster,
Fors un sul moine, ki iust enfermete,
Lewine le Lunge esteit apele.

Ore eft paiempli, co ke li maufe
Dift a Eyliic le moine bonure.
Kar il dift ke treifiez deftruereit cel mufter,
A la primeie ficz ferreit robe,
L treftuz le moines hors encace;
Al autei fiez ferreit ais e tut degafte;
E ala teice fiez deveieint les moynes medler,
E chafcun moine autei od fun cnivet tuer.
La primeie deftruccium ore eft entei,
Kar ore eft leglife malement robe,
E les moines fi funt tuz ecace.
Meimes cel iur ivint Toiold le abbe
Od deus cenz Noimauns trefben armez:
Mes les maufetuis ne poient pas truvei:
Mes il tiove treftut ais fois fulement le mufter.
Ore eft Gildenebuich a chaitif burch turne.
    A T H E I U U O I D li bon priui efteit en Ely
Od les Daneis e od Heiuuard le uthlage haidi:
Pur co ke il fu fage il pramifternt ali,
Si il voufift od eus iemuvei deci,
E kc il feiicit evefke fet en lur pais.
Atheluuold li fage lui en iefpundift;
Volenteis le fiai faunz nule cunteidit.
Quant li Daneis icel mot unt ben oi,
Treftut icel tiefui cumaundent ali.
E cil martens e autei feis iguele conquift,
Si les tint od fei e en fauf les mift.
    U N iui cum li Daneis cel efcumege gent
Fiient un convive ben e noblement,
E tut en iui buient trefluz alui talent,
Adeluuold li priui tut celement
Pient tuz fes maiteus e fes feimenz,
Si fait fa uicifun a Deu ben e avenaunterment
Puis oveiit le fcitci mut poveiufement,
U le biaz feint Ofuuald od le mein fu denz.
Quant il le vift criaument en fes mains le pient,
In apies le baife mut devotement
Puis le mucet a fun chef li priui piivement
In le ftiein de fuz fun chef mut ioiufement,
E plufuis iehkes ovoc treftuz enfement:

Puis

Puis aturnet les ferties, si cum il furent enz.
Lendemein les reltkes de sun lit il prent
Si enveit a Rameseie par la sue gent
As moines pur garder les mult celeement
    EN TER ices aferes sunt acordez
Li rei Guillam del Engeltere par bone volunte,
E li rei de Daneis Suein eit apele
Par ceu cuvenaunt ke il amenereint tut a sa cuntei,
Quaunke il e ses humes usent ci robe
Quant co furent li Daneis, ki en Ely unt este,
Treftut icel trefor od eus unt mene
E Adeluuold le prim vers Burch se est hafte,
Quant il vient, si trove Toroud le abbe,
E ses freres ki furent le servife dampnedeu,
Kar vii iurs ni out nul fini ne cumence
Quant il les ad vouz, treftut lur ad cunte
Puis enverent a Rameseie dekes al abbe
Pur les reltkes, ke il les unt bale
Mes li abbes a eus ne voleit pas livrer,
E inz les voleit deftenu e iloc aver.
Une noit apres ico quant ben fu repofe
Li Segreftein de Rameseie vit enveille,
Oift un enfauntile vois dedens le mufter
Sanctus, fanctus, fanctus mult haut ad crie
Si toft cum le matin vint, fi le cuntat al abbe
Quant li abes lentent mult feft paru penfe,
De render les reltkes tot lur ad cumaunde
E il les rendent erraunment, kar tenu ne funt ofex
Quant cil de Burch les ourent, mut funt iorus e lez
Mes li abes Toroud nefteit pas bonure
Kar a ico ke fu remis ren ni ad arufte
Mes il fa aboie tut ad efpar peile,
Kar mult dunad a fes parens de teres e de prez
    DE primes quant laboir a li fu cumaunde,
M. e. L. livercs valout en verite
F al lui ke il efteit a fa fin ale,
A L liveres ains unkes fu penfe.
Vint e vii aunz le tint, mes por le ad amende,
Apres fa moit li moines al rei unt dune
C c c mars de argent par bone volunte,

                                       Pui

Pui aver lui electiun, il lui ad graunte.
Puis enliſtrent Godric le fiere Brand labbe
Mes il ne le tint fors un an, puis fu depoſe
Apres li un moine li reis lur enveiad,
Maheu out anun e le abboie li dunad
E cil le recut, e a Deu mut le merciad.
Quant il un an le out guverne a ſa fin alad.
Puis tint li reis le abboie en ſa mein iv anz

    Dunc fu ſet a Lundres un foit cunſeil ſacex.
Iloc ſunt muz abboies a pluſurs clers dunez.
Enter ices le abboie de Burch eſteit dune
Al priur de Kentuuaibiri Hernulf apele.
Li moines li reſuſtient mut ious e lez
Pui co ke il fu ſage e treſben enſeignez.
En ſun tens tout ioie e graunt chariite.
Le rei e les riche gens mut li unt ame:
E cil al abboie graunt ben ad purchace.
I ceſt abboie noblement vii aunz ad guverne.
Puis li dunad le rei pai bone volunte
E leveſke de Rouveceſtri, taunt lad honure.
E le abboie de Burch puis ad dune
A un moine, Jhon de Sais ki fu apele
Quant recu de moines fu li abes cher
A veire ſen vad a Rume pur boſun del muſter.
En lauter an revcint ben ad eſpleite.
Ben guardad ſa abboie & ben lad guverne

    Lr veil de ſeint Oſuuald li fieres ſunt enter
En le refiertur pur les tables amender,
Puis entra li abes par male deſtine,
E vit ke il ne furent pas a ſa volente
Si lui maudiſt treſtuz, e puis ſen eſt ale;
A la cuit de Caſter toſt ſen eſt haſte.
Un ſerjaunt fu en le peſtrin ſi fu mult curce.
Pui co ke le fu ne art pas a ſa volunte,
Si diſt un mot au deble, cum hume arage·
Quant pur moi ne vulex vus aide li mauſe.
E ſi toſt cum il deble out anume
Par le engin del deble le fu eſt enflaume,
Si ſaut ſus dekes a treff, ſi ardout mult cler,
E ard tuz les meſuns & treſtut le muſter,

        U uu   E en

E en la vile nul mefun ne remift enter,
E mis le truvun efcrift, fi faivun de verite,
Ke ix ruis plenement cel fu rad dure.

ORE eft parempli co ke li maufe
Dift radis a Eilric li moine bonure,
Ke treisfiez le deftruereit par fa mauvefte.
Al primer fiez ferreit robe e les moines encace,
Al auter fiez ferreit ais e treftut deguafte.
A la terce fiez deverent le moines medler,
E chafcun moine auter de fun cutel tuer
Ore funt les deus deftrucciunt tres foiz enuter,
Kar en le tens le abbe Toroud fu ele robe,
E en le tens le abbe Ihon ais e deguafte.
Deu defend le terce par fa pite.
En lauter ann le abbe Ihon dunt afoi parler
Cumenfat le fundemend del nuuel mufter.

DEL mufter ben fere tut fa entente il mift
De rui en rui plenere, mes il le nent par fift.
Par ... anz le abboie ben ad guverne,
T. .... rut, fa alme a Deu foit cumaunde.
... ..rint un abbe de lauter par nun Henri,
L dift ql rei menfunges e fi en admenti
Il dift ke il out pur guere fa abboie deguerpi,
Par co ke il voleit avet le abboie, qui eft ici.
Mes li rei fes menfunges pas ne endi,
Si lui dunad laboie de Burch e ledefi.
E li avaundift abbes quant al abboie vint,
Cil le recut v aunz & par faboidie le tint.

EN le primere an quant il efteit al mufter venu,
Si furunt graunz mufteis oiz en nuz
Par tut la quareme de nuz ne vue de rui
Parmi les champs, parmi les prez mut fu grant hydur,
De Burch defka Stanford en bois tut entur.
Si efterent tuz ners, e alouent cum venuis,
Od nurs chens e od çoines, e ourent graunz ouz.
E efterent xx enfemble, u xxx, u x, e viii
E en grant anguiffe furent les moines de Burch.

PUIS fa parcut le rei de bordif le abbe.
De voider fa tere li ad cumaunde,
E cil fen departat dolent e curce.

INDEX.

2

INDEX.

INDEX.

INDEX.

INDEX.

5

INDEX.

INDEX.

INDEX.

INDEX.

INDEX.

Waling-

INDEX.

Y.

INDEX.

MVSEVM
BRITAN
NICVM